交通抗疫英雄谱

交通运输部政策研究室　编

人民交通出版社股份有限公司

北京

图书在版编目(CIP)数据

交通抗疫英雄谱 / 交通运输部政策研究室编. — 北京：人民交通出版社股份有限公司, 2020.12
ISBN 978-7-114-16986-1

Ⅰ.①交… Ⅱ.①交… Ⅲ.①交通运输业—先进工作者—先进事迹—中国②交通运输业—先进集体—先进事迹—中国 Ⅳ.①K826.16

中国版本图书馆 CIP 数据核字(2020)第 247827 号

书　　名：**交通抗疫英雄谱**
著 作 者：交通运输部政策研究室
责任编辑：崔　建　齐黄柏盈
责任校对：孙国靖　扈　婕
责任印制：刘高彤
出版发行：人民交通出版社股份有限公司
地　　址：(100011)北京市朝阳区安定门外外馆斜街 3 号
网　　址：http://www.ccpcl.com.cn
销售电话：(010)59757973
总 经 销：人民交通出版社股份有限公司发行部
经　　销：各地新华书店
印　　刷：北京交通印务有限公司
开　　本：720×960　1/16
印　　张：22
字　　数：359 千
版　　次：2020 年 12 月　第 1 版
印　　次：2020 年 12 月　第 1 次印刷
书　　号：ISBN 978-7-114-16986-1
定　　价：88.00 元

编 者 按

新冠肺炎疫情发生后，在以习近平同志为核心的党中央坚强领导下，全国交通运输系统广大干部职工认真履职尽责，团结一致，恪尽职守，不畏艰险，勇往直前，全力守护疫情防控“生命线”、全力当好复工复产“先行官”，为统筹推进疫情防控和经济社会发展提供了强有力的支撑保障，涌现出一批可歌可泣、催人奋进的先进典型。经党中央、国务院批准，交通运输部表彰了918名(个)全国交通运输系统抗击新冠肺炎疫情先进个人和先进集体。他们用忠诚、汗水和智慧，谱写了一曲曲感人至深的抗疫之歌。为进一步弘扬他们的先进事迹，激励全行业干部职工学习先进、崇尚先进、争做先进，编写组从受表彰的先进个人和先进集体中，选取了99个典型事迹编制成册，供全行业学习借鉴。

惟其艰难，才更显勇毅；惟其笃行，才弥足珍贵。我们要更加紧密地团结在以习近平同志为核心的党中央周围，增强“四个意识”、坚定“四个自信”、做到“两个维护”，万众一心、众志成城，加快建设交通强国，为实现全面建成小康社会奋斗目标、开启全面建设社会主义现代化国家新征程、实现中华民族伟大复兴的中国梦而不懈奋斗！

目　　录

领导讲话

在全国交通运输系统抗击新冠肺炎疫情表彰大会上的讲话

（2020 年 10 月 23 日）

杨传堂

今天，我们隆重召开全国交通运输系统抗击新冠肺炎疫情表彰大会，主要任务是：深入学习贯彻习近平总书记在全国抗击新冠肺炎疫情表彰大会上的重要讲话精神，隆重表彰全国交通运输系统抗击新冠肺炎疫情先进个人和先进集体，大力弘扬伟大抗疫精神，部署开展学习宣传活动，为实现“两个一百年”奋斗目标和中华民族伟大复兴的中国梦当好先行！

9 月 8 日，全国抗击新冠肺炎疫情表彰大会在北京人民大会堂隆重举行。交通运输行业 52 位同志荣获“全国抗击新冠肺炎疫情先进个人”称号，30 个集体荣获“全国抗击新冠肺炎疫情先进集体”称号，5 位同志荣获“全国优秀共产党员”，11 个集体荣获“全国先进基层党组织”。今天，经党中央、国务院批准，交通运输部授予交通运输系统 609 名同志“全国交通运输系统抗击新冠肺炎疫情先进个人”称号、309 个集体“全国交通运输系统抗击新冠肺炎疫情先进集体”称号。这是经中央批准为数不多的单独进行表彰的行业，充分体现了党中央、国务院对交通运输行业抗击新冠肺炎疫情工作的充分肯定，也是对全行业毫不放松做好疫情防控工作的激励鞭策。经部党组同意，部党建工作领导小组授予 72 名共产党员“交通运输部系统抗击新冠肺炎疫情优秀共产党员”称号，授予 39 个基层党组织“交通运输部系统抗击新冠肺炎疫情先进基层党组织”称号。受国家和部表彰的先进个人、先进集体，是伟大抗疫斗争中涌现出的闪光群体，是 4000 多万交通抗疫大军的优秀代表。在此，我代表交通运输部党组、交通运输部，向受到表彰的先进个人和先进集体表示热烈的祝贺！向为这次抗疫斗争作出贡献的广大干部职工致以崇高的敬意和衷心的感谢！下面，我就交通运输抗击新冠肺炎疫情工作,讲四点意见。

一、交通运输在疫情防控伟大斗争中经受住了历史性考验、取得了阶段性胜利,为全国疫情防控取得重大战略成果提供了坚强保障

过去9个多月,我们经历了一段非常不平凡的历程。面对突如其来的严重疫情,以习近平同志为核心的党中央团结带领全国各族人民,进行了一场惊心动魄的抗疫大战,经受了一场艰苦卓绝的历史大考,付出巨大努力,取得抗击新冠肺炎疫情斗争重大战略成果,创造了人类同疾病斗争史上又一个英勇壮举!有光荣传统的4000多万交通抗疫大军,听党指挥、顽强作战、能打胜仗,在阻断疫情传播和保障交通畅通的双重压力下两线作战,推动交通运输疫情防控工作取得了阶段性胜利,有力发挥了抗击疫情的“先行官”“保障队”“防火墙”作用,为我国抗击新冠肺炎疫情斗争取得重大战略成果提供了坚强保障。

——面对突如其来的严重疫情,我们闻令而动、全员皆兵,坚决把党中央、国务院决策部署落实到位。

疫情就是命令,防控就是责任。全行业闻令而动、迅速集结,形成了部门协同联动、部省合作互动、整体协调推动的联防联控工作格局,构建了有战斗力的工作体系,确保了交通运输疫情防控“一盘棋”、运行“一张网”、作战“一张图”。一是闻令而动,建立科学高效的交通抗疫作战指挥体系。先后召开领导小组会议21次、联防联控机制会议141次、复工复产机制会20次,抓统筹协调、抓部署落实,制定贯彻落实习近平总书记关于疫情防控重要讲话任务分工台账督办任务43项,部署完成1000余项工作任务,确保党中央、国务院决策部署逐一得到落实销号。二是全员皆兵,建立协同有力的交通抗疫作战力量体系。部系统层面,我们在联防联控机制、复工复产机制下设立若干专项小组,组建预备队和应急队,部系统成立1000多支党员突击队,地方各级交通运输部门成立临时党支部、设立党员先锋岗,筑起一道道疫情防控屏障。部际层面,我们会同有关部门成立物流保障办公室、国际物流工作专班和推动产业链协同复工复产工作专班。部省层面,开展视频调度1000余次,形成部省抗疫合力。行业层面,政企互动,同频共振,凝聚起疫情防控强大力量。三是科学施策,建立精准防控的交通抗疫作战政策体系。坚持“一阶段一策略,一领域一政策”,疫情暴发伊始正值春运,着力“断传播途径、保防控大局”;疫情初步遏制后,着力“促复工复产、稳经济运行”;全球疫情大流行后,着力“防境外输入、助国际抗疫”。形成《应对新冠肺炎疫情文件汇编》10册,为交通抗疫提供了政策保障,为行业留下宝贵财富。四是全力以赴,建立坚强有力的交通抗疫作战保障体系。我们强化综合运力保障,统筹发挥各种运输方式合力。强化应急物资保障,为一线人员分配口罩、防护服、医用酒精等,尽力保障行业一线干部职工工作防护所需。强化运行机制保障,建立视频远程调度、每日工作单、晨例会、晚会商等制度,全力为做好疫情防控提供强有力的保障。

——面对突如其来的严重疫情,我们逆行出征、勇当先行,全力驰援打赢武汉保卫战、湖北保卫战。

武汉和湖北是疫情防控阻击战的主战场。一方有难,八方支援。交通运输行业尽出精锐,逆行一线,竭尽全力助力打赢武汉保卫战、湖北保卫战。一是最严措施实施离汉离鄂通道管控。1月23日离汉通道关闭后立即部署暂停发送进入武汉的道路、水路客运,办理涉及武汉的铁路、公路、民航免费退票,联合设立543个环鄂省际公路检疫站点,累计减少900余万人离汉离鄂。二是最高礼遇圆满完成援鄂医护人员运输任务。武汉"封城"以来,我们不讲条件、不计代价,水陆空"生命大通道"日夜不停,累计执行援鄂医护人员运送12.8万人次,确保来自全国各地的4.2万余名援鄂医护人员快速到位。湖北省安排8250辆客车完成援鄂医护人员225万人次市内通勤和出行需求。三是最短时间保障物资快速进鄂进汉。实施"三不一优先",截至6月30日,各种运输方式累计向湖北和武汉运送防疫物资31.9万吨、生活物资127万吨、生产物资579.6万吨,邮政快递累计运送包裹3.98亿件,助力在最短时间内实现了医疗资源和物资供应从紧缺向动态平衡的跨越式提升。四是最大力度支持湖北交通运输发展。我们精准保障离汉离鄂人员有序流动,完成约700万湖北省外出农民工返岗运输保障。靠前指导交通运输疫情防控工作,加大对湖北交通建设支持力度,全力支持湖北疫后重建。

——面对突如其来的严重疫情,我们慎终如始、全力阻击,坚决筑牢人民生命健康的"防火墙"。

我们坚持把人民生命安全和身体健康放在第一位,坚决阻断病毒通过交通运输工具传播。一是全面织密交通防控网。实施"一断三不断"措施,抢前抓早暂停部分客运线路,指导交通工具和场站消毒、通风以及乘客测温、移交等工作,每天有60万~80万交通人奋战在全国2.3万处卫生检疫站,累计排查

1.7 万余名密切接触者。二是坚决筑牢首都疫情安全防线。部署各地暂停发送进出北京的省际道路客运，累计减少进京 300 余万人次。全力做好离鄂人员返京运输和通行保障，全面做好境外返京人员防疫闭环管理。三是严格落实“外防输入”防控举措。实施“日调度”和“零报告”制度，严格陆海空口岸防控，铁路暂停所有国际旅客列车运行，公路口岸实施“货开客关”政策，水运暂停全部口岸客运业务，民航实施“五个一”政策，切实降低国际客流带来的疫情传播风险。安全有序接回我公民，严格把好外防输入关。四是慎终如始抓好常态化疫情防控。动态调整交通工具和场站疫情分区分级防控指南，精准高效应对疫情零星反弹，交通运输常态化疫情防控经受住了大规模客流的严峻考验。

——面对突如其来的严重疫情，我们综合发力、应急优先，全力疏通疫情防控“生命线”。

疫情期间，时间就是生命，保应急运输就是保生命安全。我们统筹各种运输方式，打好组合拳，优先保障应急运输。一是联合成立物流保障办公室。一事一协调，全天 24 小时实体化运转，累计受理并解决 6.3 万项运输保障事项，保障了 50 万批次应急物资、25 万批次民生物资优先通行，为打好全国疫情防控物资保障战发挥了物资运输调度中枢作用。二是发挥综合交通合力。实施铁路“七快速”，公路“三不一优先”，水路“四优先”，民航客运“减而不断”、货运“运贸对接”政策，邮政快递推出海内外“绿色通道”，简化办证工作流程，全国高速公路应急运输绿色通道共通行应急运输车辆约 1273.3 万辆次，船舶证书办结时限缩短为 1.4 天，287 个地市允许所有货车免办通行证直接通行，为生命救援腾出宝贵时间。三是充分用好社会运力。充分发挥国铁集团、中国邮政集团等大型国企和顺丰、京东等骨干民企作用，全力保障应急物资运输。充分调动社会运力参与应急救援，应急运输司机原则上不用 14 天隔离，最大限度保障应急运输运力和人员供给。

——面对突如其来的严重疫情，我们科学防控、全力保通，奋力当好复工复产“先行官”。

疫情防控关乎生命，复工复产关乎生计，交通运输全力当好先行官。一是科学做好春运错峰返程。面对春运返程期与疫情高峰期叠加的严峻形势，我们运用大数据科学预测和引导，采取错峰返程策略，未出现往年的返程客流高峰。我们强化春运返程疫情防控措施，严格控制客座率和出行密度，先后 11 次公告免费退票，减少公众出行约2亿人次，“点对点”运送农民工约608.7万人，极大降低了疫情蔓延扩散风险。二是有序推动行业复工复产。分区分级精准恢复交通秩序，制定防疫工作指南，全力确保交通运输网络通畅。在线进行行政审批、便民服务，分类有序推进交通建设项目应开尽开、能开快开，推动交通固定资产投资率先补齐缺口。前三季度完成交通固定资产投资2.51万亿元，同比增长9.8%，累计增速为近三年同期最高水平。货运增速恢复至正常水平，客运持续恢复，为奋力完成全年目标任务打下了基础，创造了条件。三是为民生和企业纾困解难。留得青山，才能赢得未来；举国同心，定能共克时艰。我们认真落实党中央、国务院为市场主体纾困解难的决策部署，推动3次免收收费公路车辆通行费，79天累计免收车辆通行费1593亿元；减半收取铁路保价、集装箱延期使用、货车滞留等费用；减免进出口货物港口建设费、船舶油污损害赔偿基金等，减轻企业负担超过70亿元；实施免征民航发展基金、财政补贴等举措为航空公司减费降负约100亿元。前三季度可量化措施降低物流成本1200亿元以上。对超过1万家运输企业复工复产情况进行定期跟踪，切实帮助企业纾困解难。四是确保行业安全稳定。密切关注行业重点领域、重点部位和重点群体稳定动态，梳理排查行业矛盾风险隐患，完善多元化解机制，全力维护疫情防控期间行业稳定。

——面对突如其来的严重疫情，我们团结合作、保进保出，为构建人类命运共同体提供坚强保障。

“疫情没有国界，病毒不分种族”，唯有守望相助、同舟共济，才是人间正道。一是综合施策全力保进保出。会同12个部门成立了国际物流工作专班，协调解决国际运输问题40余项。中欧班列货运量实现逆势增长；通过在边境口岸接驳等方式确保国际道路货运正常运行；出台船舶和船员证书延期展期、远程办证、现场培训等措施，建立船员换班绿色通道，畅通港口集疏运体系；采用“点对点”包机、“客改货”等措施提升国际航空运力；开行国际快船运输、开通中欧班列运送邮件等快速提升国际邮件快件寄递能力，有力维护了产业链供应链安全稳定。二是主动分享经验促进抗疫国际合作。推动国际海事组织向174个成员国等推荐多版《船舶船员新冠肺炎疫情防控操作指南》等文件，向40个国家民航部门分享《运输航空公司、机场疫情防控技术指南》，与万国邮政联盟和各国邮政加强交流合作，协调恢复国际邮件互换，分享我国疫情防控和复工复产经验，与多国召开电话视频会议，分享抗疫经验，携手共同抗疫。妥善处置涉外船舶疫情，世界海事组织秘书长林基泽特意发来视频，盛赞中国海事部门的大爱担当。三是全力保障援外物资运输。按照"一国一方案、一单一落实"的原则，制定了43个重点国家援外物资运输保障方案。截至8月底，中欧班列累计运送防疫物资超过4万吨；通过海运发送了6个国家和地区的防疫物资，组织抗疫紧急人道主义援助包机任务45架次，运输物资534余吨，涉及34个国家；执行运输"健康包"航班87架次，运输"健康包"物资近700吨，涉及25个国家，为构建人类卫生健康共同体提供坚强交通运输保障。

二、交通抗疫战线是弘扬伟大抗疫精神的重要战场，要继续当好伟大抗疫精神的践行者

习近平总书记在全国抗击新冠肺炎疫情表彰大会上，深刻总结提炼了生命至上、举国同心、舍生忘死、尊重科学、命运与共的伟大抗疫精神。交通抗疫战线是弘扬伟大抗疫精神的重要战场，交通抗疫大军是伟大抗疫精神的忠实践行者。

——我们坚持生命至上，始终做到应急优先、使命必达。

疫情防控紧要关头，交通线就是生命线。应急优先，是为生命让路；使命必达，是为生命续航。在保护人民生命安全面前，我们不惜一切代价，不讲任何条件，铁路、公路、水运、民航、邮政快递开辟"绿色通道"，特事特办、简化流程、分秒必争，每一次运输到达都可能挽救一个鲜活的生命，每一次物资增援都必定增添一份信心。为了保护人民生命安全，我们什么都可以豁得出来！因为我们党的根本宗旨是全心全意为人民服务，我们办的是人民满意交通。只要人民需要，我们就不遗余力；只要人民满意，我们就一往无前！

——我们坚持举国同心，始终做到丹心报国、同舟共济。

国有难，操戈披甲；人有危，众士争先。疫情期间，4000多万交通人闻令而动、全员皆兵、尽锐出征，誓与全国人民同呼吸、共命运，肩并肩、心连心。大交通总动员，水陆空齐发力，列车飞驰、汽车奔腾、飞机翱翔、巨轮远航、邮政快递穿梭、车船机路港站严防死守，通风、消毒、乘客测温一个人都不能漏，广大交通人舍小家、为大家，冲在前、干在前，全力守护疫情防控"生命线"，为国分忧、为民解难，誓言铿锵、丹心闪耀，绘就了丹心报国、同舟共济的感人画卷！

——我们坚持舍生忘死，始终做到逆行出征、勇当先行。

在抗击疫情这场没有硝烟的人民战争中，交通场站就是抗疫前线，交通工具就是移动战场,路网航线就是战斗一线,交通人就是英勇战士。在祖国和人民最需要的地方,总有交通人奋战的身影。在疫情震中,交通人是逆行一线的“先行官”;在车站、机场、码头、服务区、卫生检疫站,交通人是坚守一线的“防火墙”;在列车、飞机、客车、公交、地铁、出租、轮渡,交通人是奋战一线的“战斗队”;更有数百万快递小哥走街串巷、冒疫奔忙,寄递畅通的背后,是他们在负重前行。以非凡之勇守护“逆行”白衣天使的武汉快递员汪勇,被誉为“生命摆渡人”。更有广大共产党员挺身而出、奋不顾身,让党旗飘在一线、堡垒筑在一线、党员冲在一线,连续奋战倒下的优秀共产党员于正洲、鲁力就是其中的杰出代表。哪有人天生就不怕死?只因有人需要,他们必须选择自己挡在危险前面。这就是交通人,特别能吃苦、特别能忍耐、特别能战斗、特别能团结、特别能奉献的交通人,一不怕苦、二不怕死,顽强拼搏、甘当路石的交通人,更是可歌可泣、可敬可爱、可靠可信的新时代交通人。

——我们坚持尊重科学,始终做到求真务实、开拓创新。

科学是对抗疫情的利器。尊重科学,就是敬畏生命。我们秉持科学精神,遵循科学规律,坚持“一阶段一策略,一领域一政策”,分区分级精准施策,大数据科学引导、春运错峰返程、“点对点”直达运输、无接触配送,等等。正是因为我们尊重科学,有效避免了疫情因交通而扩散,有力捍卫了人民群众的生命安全。尊重科学,既是一种精神和态度,也是一种方法和力量,更是一种求真务实、开拓创新的实践品格,我们要坚持并发扬下去。

——我们坚持命运与共,始终做到守望相助、交通天下。

新冠肺炎疫情以一种特殊形式告诫世人,人类是荣辱与共的命运共同体。守望相助,才能抱团取暖;交通天下,才能共克时艰。全球抗击疫情过程中,交通运输的硬联通,让应急物资畅达全球;交通运输的软联通,助力国际社会联防联控。我们坚持命运与共,向国际社会分享交通抗疫指南,加强援外医疗物资保障,保障供应链稳定畅通,促进国家抗疫合作,充分展示了讲信义、重情义、扬正义、守道义的大国形象,生动诠释了为世界谋大同、推动构建人类命运共同体的大国担当!

伟大抗疫精神,在受表彰的先进个人和先进集体身上得到充分体现,这是我们行业的宝贵财富。我们要崇尚敬仰先进,让伟大抗疫精神浸润到交通人的心中、体现到实际行动中;要关心爱护先进,为他们更好施展才华、展现精神品格、发挥示范作用创造良好条件；要学习宣传先进，挖掘和褒奖我们身边的“平民英雄”“凡人善举”，让伟大抗疫精神在全行业落地生根、蔚然成风，为加快建设交通强国汇聚磅礴力量！

三、在这场波澜壮阔的抗疫斗争中，我们积累了重要经验，收获了深刻启示

——我们深刻体会到，总书记的英明领导和科学指挥，为打好疫情防控人民战争、总体战、阻击战指明了前进方向、提供了根本遵循。

船重千钧，掌舵一人。越是危难关头，越是关键时刻，越能彰显领导核心的作用。面对突如其来的疫情，总书记亲自指挥、亲自部署，统揽全局、科学指挥，带领全党全军全国各族人民在短时间内取得了疫情防控重大战略成果。特别是，总书记高度重视交通运输疫情防控工作，多次作出重要指示，从强调加强道路交通管控、加强乘客健康监测和交通工具场站消毒通风，到强调复工复产交通运输是“先行官”，要打通“大动脉”、畅通“微循环”，再到强调加强陆海口岸疫情防控，加快国际物流供应链体系建设，等等。为我们做好疫情防控工作指明了前进方向，坚定了必胜信心，注入了强大力量。正是有了总书记的英明领导、准确判断、科学决策、亲自指挥，我们才能够万众一心、众志成城，斗志昂扬，取得疫情防控阻击战重大战略成果。

——我们深刻体会到，中国共产党具有无比坚强的领导力，是风雨来袭时中国人民最可靠的主心骨。

万山磅礴，必有主峰。疫情防控之所以能取得重大战略成果，根本在于以习近平同志为核心的党中央坚强领导。在党中央统一指挥下，部党组靠前指导，充分发挥基层党组织的战斗堡垒作用和广大党员干部的先锋模范作用，为交通运输疫情防控取得阶段性胜利提供了坚强政治保证。实践再次证明，办好中国的事，关键在党。只有毫不动摇坚持和加强党的全面领导，才能从容应对各种复杂局面和风险挑战。

——我们深刻体会到，中国人民具有不屈不挠的意志力，是战胜前进道路上一切艰难险阻的力量源泉。

上下同欲者胜，同舟共济者赢。在这场严峻的斗争中，广大交通人与全国人民和衷共济、风雨同舟，凝聚起坚不可摧的磅礴力量。从寒冬到金秋，从武汉到全国，交通运输行业坚持把人民生命安全和身体健康放在第一位，充分依靠群众力量用好社会运力，统筹发挥综合交通合力，为做好交通运输疫情防控工作提供了有力保障。实践充分证明，只有坚持人民交通为人民、靠人民、由人民共享、让人民满意，才能战胜前进路上的艰难险阻，不断增强人民群众的获得感、幸福感、安全感。

——我们深刻体会到，中国特色社会主义制度所具有的显著优势，是抵御风险挑战、提高国家治理效能的根本保证。

制度优势乃国家最大的优势。抗疫中，集中力量办大事的社会主义制度优势得到了充分彰显。我们坚持全国一盘棋，动员全行业力量、调动各方面资源，构建起联防联控、群防群控的防控体系，坚持部际联合、行业同心、长效联动，迅速形成了抗击疫情强大交通行业合力，展现了中国精神、中国力量、中国担当。实践充分证明，只要坚持和完善中国特色社会主义制度、推进国家治理体系和治理能力现代化，善于运用制度力量应对风险挑战冲击，就一定能够经受住一次次压力测试，不断化危为机、浴火重生。

——我们深刻认识到，我国现代化综合交通体系建设的成果，是从容做好交通运输疫情防控工作的基础保障。

基础稳固，才能不惧风雨、行稳致远。新中国成立 70 多年来，我们建成了交通大国、持续推进现代综合交通体系建设的成果，是我们从容应对惊涛骇浪的基础保障。此次战“疫”，我们充分发挥综合交通优势，铁路、公路、水运、民航、邮政综合发力，为交通运输疫情防控提供了重要支撑。实践证明，只要我们沿着现代化综合交通体系建设这条路坚定不移走下去，不断提升我国交通运输综合实力，就一定能加快向着建设交通强国的目标不断迈进。

——我们深刻认识到，建立应急运输协调机制，是做好交通运输疫情防控工作的关键之举。

召之即来，来之能战，战之能胜。疫情期间，我们勇于担当、主动作为，牵头成立物流保障办公室、国际物流工作专班，一个专办、一个专班，为保障路网运行、应急物资运输、维护国际物流供应链稳定畅通凝聚了各方力量，发挥了不可替代的作用。实践证明，建立应急运输协调机制，是确保交通运输防疫工作有效推进的关键之举，应当补短板、强弱项、固优势，加快建设平战结合的应急运输协调保障机制，为统筹疫情防控和经济社会发展提供坚强保障。

——我们深刻认识到，加强交通国际抗疫合作，是保障供应链稳定畅通、做好疫情防控工作的有效途径。

大道不孤，大爱无疆。我们始终坚持命运与共、团结合作，积极分享抗疫经验、运送援外物资、加强联防联控、保障“出口货物出得去、进口货物进得来”，为全球疫情防控和供应链稳定畅通贡献了中国力量。实践证明，只有秉持人类命运共同体理念，坚持多边主义，走团结合作之路，才能更好地保障人员往来、货物运输，共同阻断疫情国际传播，携手共建人类卫生健康共同体。

四、弘扬伟大抗疫精神，奋力为决战决胜脱贫攻坚、全面建成小康社会当好先行

做好当前和今后一个时期统筹疫情防控和经济社会发展交通运输相关工作，必须坚持以习近平新时代中国特色社会主义思想为指导，深入贯彻落实习近平总书记在全国抗击新冠肺炎疫情表彰大会上的重要讲话精神，坚持稳中求进工作总基调，坚定不移贯彻新发展理念，牢牢把握扩大内需这个战略基点，服务构建以国内大循环为主体、国内国际双循环相互促进的新发展格局，统筹国内国际两个大局，办好发展安全两件大事，大力弘扬伟大抗疫精神，扎实做好“六稳”工作，全力落实“六保”任务，毫不放松做好常态化疫情防控，加快推进治理体系和治理能力现代化，奋力夺取抗疫斗争全面胜利，为决战决胜脱贫攻坚、全面建成小康社会当好先行。

*第一，要大力弘扬伟大抗疫精神，为构建新发展格局提供有力支撑。*深入践行生命至上、举国同心、舍生忘死、尊重科学、命运与共的伟大抗疫精神，与弘扬以“两路”精神为代表的新时代交通精神结合起来，与学习受表彰的先进集体和先进个人的崇高精神结合起来，勠力同心、锐意进取，奋力把失去的时间抢回来、把疫情造成的损失补回来，为加快构建新发展格局提供有力支撑。

*第二，要毫不放松抓好交通运输常态化疫情防控各项工作，为夺取抗疫斗争全面胜利提供坚强保障。*秋冬季是各类呼吸道疾病的高发期，境外疫情形势依然严峻。严格落实常态化疫情防控举措，慎终如始，毫不放松抓好交通运输常态化疫情防控工作，继续加强重点地区疫情防控，坚决防止疫情通过交通运输工具传播。严格防控境外疫情输入。继续严格落实公路水运口岸“货开客关”举措，严防疫情经陆海空口岸输入，着力抓好国际冷链运输疫情防控工作。加强入境人员“点对点、一站式”接运。有序做好从业人员疫情防控工作。精准做好国际道路货运驾驶员、国际航行船舶船员、国际民航机组人员疫情防控工作，有组织有秩序做好船员换班。

第三，要扎实做好"六稳"工作、全面落实"六保"任务，为决战决胜脱贫攻坚、全面建成小康社会当好先行。坚决打赢交通扶贫脱贫攻坚战。努力克服疫情、水毁等影响，巩固好"两通"建设成果，防止农村公路、农村客运"畅返不畅""通返不通"，加快完成"三区三州"交通扶贫剩余建设任务，尽职履职做好定点扶贫、对口支援和联系六盘山片区等收官工作。圆满完成"十三五"规划收官工作。认真对标对表"十三五"规划目标任务，紧紧扭住剩余任务，倒排工期、挂图作战、尽出精锐，坚决打好歼灭战，确保"十三五"规划圆满收官。积极服务好扩大内需战略。紧扣"两新一重"，结合综合立体交通网规划和"十四五"规划看得准的项目，提前谋划、主动作为，统筹推进新型和传统基础设施建设，切实把国家扩大内需的战略机遇转化为实实在在的发展成效。

第四，要加快补齐短板弱项，持续推进行业治理体系和治理能力现代化。加快完善交通运输法规与政策体系、应急预案体系。积极推动《海上交通安全法（修订草案）》等出台。加强预案动态管理，完善综合交通运输应急体制机制建设，夯实交通应急基础支撑和队伍建设。全力做好助企纾困工作，不断优化营商环境。认真落实党中央、国务院助企纾困系列政策措施，进一步深化"放管服"改革，不断优化营商环境，真抓实干，督促落实，切实将党中央、国务院真金白银的政策落实到位。加快以科技支撑推进治理能力现代化。加大先进装备和关键技术研发和应用力度。积极推动综合交通大数据共享开放，完善综合交通运输应急保障机制。

第五，要全力保障国际物流供应链稳定畅通，为建设现代流通体系提供有力支撑。要助力构建现代流通体系。认真落实中央财经委员会第八次会议精神，建设现代综合运输体系，形成统一开放的交通运输市场，优化完善综合运输通道布局，加强高铁货运和国际航空货运能力建设，加快形成内外联通、安全高效的物流网络。全力保障国际物流供应链稳定畅通。有效发挥国际物流保障协调机制作用，强化统筹协调，加强供需信息共享，全力保障"出口货物出得去、进口货物进得来"。加快建立现代国际物流供应链体系。加强谋划研究和政策创新，加快提升国际物流与产业链供应链融合发展能力，不断提升我国供应链产业链的稳定性和竞争力。

第六，要在危机中育新机、于变局中开新局，加快建设交通强国。坚决有效防范化解重大风险。按照统筹发展和安全的要求，坚持底线思维、增强忧患意识，站在维护国家安全的高度，未雨绸缪、积极应对，有效防范化解重大风险，全力确保行业安全稳定发展。化危为机培育新发展动能。推动交通运输与5G、物联网、大数据、人工智能等深度融合，当好新基建的先行官和主力军。加快推动疫情中涌现的无人机送货、无接触配送、作业单证电子化区块链应用等交通运输新业态新模式发展。做好谋划和试点工作。高质量编好综合立体交通网规划纲要和"十四五"综合交通运输发展规划，加快推进交通强国建设试点工作。

同志们，惟其艰难，才更显勇毅；惟其笃行，才弥足珍贵！经此艰难一役，更加坚定了我们战胜困难的信心，也练就了我们干事创业的本领。我们要更加紧密地团结在以习近平同志为核心的党中央周围，坚定信心、奋勇向前，不断提高解决实际问题的能力，想干事、能干事、干成事，为实现"两个一百年"奋斗目标和中华民族伟大复兴中国梦当好先行！

在全国交通运输系统抗击新冠肺炎疫情表彰大会上的讲话

（2020 年 10 月 23 日）

李小鹏

为更好地总结经验、鼓舞士气、凝聚人心、以利再战，经中央批准，交通运输部组织开展了全国交通运输系统抗击新冠肺炎疫情表彰活动。今天我们召开表彰大会。主要任务是：深入学习贯彻习近平总书记在全国抗击新冠肺炎疫情表彰大会上的重要讲话精神，隆重表彰全国交通运输系统抗击新冠肺炎疫情先进个人和先进集体，大力弘扬伟大抗疫精神，部署开展学习宣传活动，为实现“两个一百年”奋斗目标和中华民族伟大复兴的中国梦当好先行！

刚才，会议宣读了相关决定，向受到表彰的同志和单位的代表颁发了奖牌、奖章和证书，受表彰的同志和单位的代表作了发言，传堂同志作了重要讲话。请大家认真学习领会、深入贯彻落实好会议精神。

一是要深入学习领会、认真贯彻落实习近平总书记重要指示精神，毫不放松抓好常态化疫情防控，慎终如始统筹推进疫情防控和经济社会发展交通运输各项工作。要坚持以习近平新时代中国特色社会主义思想为指导，认真学习领会和贯彻落实习近平总书记在全国抗击新冠肺炎疫情表彰大会上的重要讲话精神，增强“四个意识”、坚定“四个自信”、做到“两个维护”，始终在思想上政治上行动上同以习近平同志为核心的党中央保持高度一致，保持坚强政治定力和正确前进方向。要毫不放松抓好常态化疫情防控，慎终如始统筹推进疫情防控和经济社会发展交通运输工作，坚持“外防输入、内防反弹”不放松，坚持常态化精准防控和局部应急处置有机结合，严防境外疫情输入，做好从业人员防护，做好各类交通运输工具、场站疫情防控工作，巩固好来之不易的防控成果。

二是要切实增强责任感使命感紧迫感，确保完成服务决战脱贫攻坚、决胜全面建成小康社会目标任务。今年是全面建成小康社会和“十三五”规划的收官之年，也是加快建设交通强国的紧要之年。受到疫情的影响，我们面临的形势更加严峻复杂，肩负的任务更加艰巨繁重。要在以习近平同志为核心的党中央坚强领导下，紧扣全面建成小康社会目标任务，增强信心，鼓足干劲，迎难而上，团结拼搏，扎实做好“六稳”工作、全面落实“六保”任务，奋力把失去的时间抢回来、把疫情造成的损失补回来。确保完成全年的目标任务，确保完成“十三五”收官工作，确保完成交通运输脱贫攻坚各项任务。要牢固树立人民至上、生命至上的理念，全力抓实抓细抓好交通运输安全生产工作。要持续推进行业治理体系和治理能力现代化，深化改革，优化营商环境。要全力推进构建现代物流体系的工作，确保国际物流供应链稳定畅通，为构建以国内大循环为主体、国内国际双循环相互促进的新发展格局作出我们的贡献。要一鼓作气、尽锐出战，为决战脱贫攻坚、决胜全面建成小康社会当好先行。

三是要大力弘扬伟大抗疫精神，凝心聚力加快建设交通强国。在这场同严重疫情的殊死较量中，以受到表彰的先进个人和先进集体为代表的交通人，不怕牺牲、敢于斗争，关键时刻冲得上、顶得住、打得赢，将伟大抗疫精神体现在了平凡的工作岗位上，与全国人民一道绘就了抗疫情、保稳定、促发展的伟大时代画卷。要广泛宣传先进个人和先进集体的感人事迹，弘扬生命至上、举国同心、舍生忘死、尊重科学、命运与共的伟大抗疫精神，在全行业营造学习先进、崇尚先进、争当先进的浓厚氛围，不断凝聚向上向善的交通正能量，形成加快建设交通强国的强大精神动力。

同志们！让我们更加紧密地团结在以习近平同志为核心的党中央周围，大力弘扬伟大抗疫精神，在新时代新征程上逢山开路、遇水架桥，披荆斩棘、奋勇前进，加快建设交通强国，为决战脱贫攻坚、决胜全面建成小康社会、全面建设社会主义现代化国家、夺取新时代中国特色社会主义伟大胜利而不懈奋斗！

表彰决定

中共中央　国务院　中央军委关于表彰全国抗击新冠肺炎疫情先进个人和先进集体的决定

（2020年9月8日）

新冠肺炎疫情是新中国成立以来我国遭遇的传播速度最快、感染范围最广、防控难度最大的一次重大突发公共卫生事件。疫情发生后，以习近平同志为核心的党中央高度重视，坚持人民至上、生命至上，把人民生命安全和身体健康放在第一位。习近平总书记亲自指挥、亲自部署，主持召开一系列会议研究决策、部署工作，作出一系列重要指示批示，为疫情防控提供了根本遵循和科学指引。各党政军群机关、企事业单位和广大人民群众坚持全国一盘棋，坚决服从党中央统一指挥、统一协调、统一调度，坚决贯彻“坚定信心、同舟共济、科学防治、精准施策”总要求，上下同心、全力以赴，同时间赛跑、与病魔较量，迅速打响疫情防控的人民战争、总体战、阻击战，坚决遏制了疫情扩散蔓延势头，统筹疫情防控和经济社会发展工作取得重大成果。

在这场严峻斗争中，广大党员、干部牢记党和人民重托，充分发挥先锋模范作用，不畏艰险、冲锋在前；广大医务工作者发扬救死扶伤、医者仁心的崇高精神，义无反顾、日夜奋战；人民解放军指战员闻令而动、敢打硬仗；广大公安民警、疾控工作人员、社区工作人员忠诚履职、坚守岗位；广大科研人员、新闻工作者、下沉干部、志愿者、企业职工真诚奉献、不辞辛劳；广大人民群众顾全大局、守望相助，以牺牲和奉献、坚持和努力，为全国抗疫斗争作出了重要贡献。他们的英勇表现和感人事迹可歌可泣、催人奋进，彰显了中国共产党领导和中国特色社会主义制度的显著优势，展现了中华民族团结奋斗、自强不息的伟大精神，唱响了中国人民风雨同舟、和衷共济的英雄凯歌。

为大力弘扬在抗击新冠肺炎疫情中形成的伟大精神，充分激发全党全军全国各族人民干事创业的责任感使命感荣誉感，广泛凝聚众志成城、共克时艰的强大正能量，党中央、国务院、中央军委决定，授予童朝晖等1499名同志“全国抗击新冠肺炎疫情先进个人”称号；授予武汉市金银潭医院等500个集体“全国抗击新冠肺炎疫情先进集体”称号。希望受到表彰的个人和集体珍惜荣誉、再接再厉，充分发挥模范带头作用，不断为党和人民事业作出新的更大贡献。

当前，新冠肺炎疫情仍在全球扩散蔓延，我国统筹推进常态化疫情防控和经济社会发展的任务仍然艰巨繁重。党中央号召，全党全军全国各族人民要以习近平新时代中国特色社会主义思想为指导，全面贯彻党的十九大和十九届二中、三中、四中全会精神，以受表彰的先进个人和先进集体为榜样，增强“四个意识”、坚定“四个自信”、做到“两个维护”，更加紧密地团结在以习近平同志为核心的党中央周围，不忘初心、牢记使命，顽强拼搏、勇担重任，为实现全面建成小康社会奋斗目标、开启全面建设社会主义现代化国家新征程、实现中华民族伟大复兴的中国梦而不懈奋斗！

交通运输部关于表彰全国交通运输系统抗击新冠肺炎疫情先进个人和先进集体的决定

交政研发〔2020〕98 号

各省、自治区、直辖市、新疆生产建设兵团交通运输厅(局、委),国家铁路局、中国民用航空局、国家邮政局,中国国家铁路集团有限公司、中国邮政集团有限公司,部管各社团,部属各单位,部内各司局:

新冠肺炎疫情是新中国成立以来我国遭遇的传播速度最快、感染范围最广、防控难度最大的重大突发公共卫生事件。疫情发生后,以习近平同志为核心的党中央高度重视,坚持人民至上、生命至上,把人民生命安全和身体健康放在第一位。习近平总书记统揽全局、果断决策,亲自指挥、亲自部署,以坚定果敢的勇气和坚韧不拔的决心领导全党全国各族人民取得抗击新冠肺炎疫情斗争重大战略成果,创造了人类同疾病斗争史上又一个英勇壮举。交通运输系统深入学习贯彻习近平总书记重要指示批示精神,认真落实党中央、国务院决策部署,坚决贯彻“坚定信心、同舟共济、科学防治、精准施策”总要求,果断实施“一断三不断”工作部署,全力打通“大动脉”、畅通“微循环”,切实发挥了“先行官”“保障队”“防火墙”作用,为统筹疫情防控和经济社会发展工作取得重大成果提供了坚强保障。

在这场严峻斗争中,交通人听党指挥、不畏艰险,冲锋在前、顽强作战。有的同志勇当急先锋、甘作“逆行者”,第一时间奔赴武汉,全力畅通疫情防控“生命线”;有的同志坚守一线、昼夜奋战,坚决阻断病毒传播渠道,为人民筑起生命健康屏障;有的同志临危不惧、风雨无阻,立足平凡岗位拼搏奉献,助力复工复产,默默守护产业链、供应链安全。4000 多万铁路、公路、水运、民航、邮政战线的奋斗者、建设者、创造者守土有责、守土担责、守土尽责,在困难面前豁得出、关键时刻冲得上，以生命赴使命，用大爱护众生，充分展现了新时代交通人拼搏奉献、担当作为的精神风貌，有力弘扬了伟大抗疫精神，与全国人民一道共同推动疫情防控取得重大战略成果。

为大力弘扬伟大抗疫精神，充分激发全国交通运输系统广大干部职工干事创业的责任感使命感荣誉感，广泛凝聚众志成城、共克时艰的强大正能量，加快建设交通强国，经党中央、国务院批准，交通运输部决定授予唐立峰等609名同志"全国交通运输系统抗击新冠肺炎疫情先进个人"称号，授予中国铁路哈尔滨局集团有限公司绥芬河站国际联运交接所车间等309个集体"全国交通运输系统抗击新冠肺炎疫情先进集体"称号。希望受到表彰的个人和集体珍惜荣誉，再接再厉，继续发挥模范带头作用，为交通运输事业发展再立新功。

当前，新冠肺炎疫情仍在全球扩散蔓延，统筹推进常态化疫情防控和经济社会发展的任务仍然艰巨繁重。全国交通运输系统广大干部职工要以习近平新时代中国特色社会主义思想为指导，以受表彰的先进个人和先进集体为榜样，增强"四个意识"、坚定"四个自信"、做到"两个维护"，更加紧密地团结在以习近平同志为核心的党中央周围，弘扬伟大抗疫精神，统一思想、坚定信心，迎难而上、奋力拼搏，加快建设交通强国，为实现全面建成小康社会奋斗目标、开启全面建设社会主义现代化国家新征程、实现中华民族伟大复兴的中国梦而不懈奋斗！

附件：1. 全国交通运输系统抗击新冠肺炎疫情先进个人名单

2. 全国交通运输系统抗击新冠肺炎疫情先进集体名单

交通运输部

2020年10月20日

（此件公开发布）

交通运输部关于开展向全国抗击新冠肺炎疫情表彰交通运输系统受表彰先进个人和先进集体学习活动的决定

交政研发〔2020〕97号

各省、自治区、直辖市、新疆生产建设兵团交通运输厅(局、委),部管各社团,部属各单位,部内各司局:

2020年9月8日,全国抗击新冠肺炎疫情表彰大会在北京人民大会堂隆重举行。交通运输系统52位同志荣获"全国抗击新冠肺炎疫情先进个人"称号,30个集体荣获"全国抗击新冠肺炎疫情先进集体"称号,5位同志荣获"全国优秀共产党员"称号,11个基层党组织荣获"全国先进基层党组织"称号。为深入学习贯彻习近平总书记重要讲话精神,大力弘扬伟大抗疫精神,凝聚加快建设交通强国的强大力量,交通运输部决定,广泛开展向全国抗击新冠肺炎疫情表彰交通运输系统受表彰先进个人和先进集体学习活动。

一、学习他们绝对忠诚、敢于担当的政治品格。面对疫情,交通人听党指挥、闻令而动,坚决把党中央决策部署落到实处,鲜红的党旗在交通运输抗疫一线高高飘扬。向先进学习,就是要深入学习贯彻习近平新时代中国特色社会主义思想,增强"四个意识"、坚定"四个自信"、做到"两个维护",提高政治站位,践行初心使命,全力以赴投入国家富强、民族复兴的伟业之中。

二、学习他们人民至上、生命至上的价值追求。病毒突袭而至,疫情来势汹汹,人民生命安全面临严重威胁。交通人坚持人民至上、生命至上,迅速打响疫情防控的人民战争、总体战、阻击战,筑起了同心战疫的坚固城墙。向先进学习,就是要坚持人民交通为人民,始终与人民心心相印、与人民同甘共苦、与人民团结奋斗,努力建设人民满意交通,让人民群众共享交通运输改革发展成果。

三、学习他们敢于斗争、百折不挠的顽强意志。在这场没有硝烟的人民战争中，交通场站就是抗疫前线，交通工具就是移动战场，路网航线就是战斗一线，交通人就是英勇战士。他们以生命赴使命，展现了敢于压倒一切困难而不被任何困难所压倒的顽强意志。向先进学习，就是要关键时刻冲得上去、危难关头豁得出来，以“越是艰险越向前”的英雄气概和“狭路相逢勇者胜”的斗争精神，坚定不移克服一切艰难险阻，为加快建设交通强国奋勇前行。

四、学习他们科学施策、严谨细致的优良作风。新冠肺炎疫情是对交通运输治理体系和治理能力的一次大考。交通人科学防治、精准施策，打通“大动脉”，畅通“微循环”，当好“先行官”。向先进学习，就是要尊崇和弘扬科学精神，不断适应新情况、新形势、新变化，敢于创新、善于创新，不断增强工作的科学性、预见性、针对性，奋力推进交通运输高质量发展。

交通运输干部职工要以习近平新时代中国特色社会主义思想为指导，认真学习贯彻习近平总书记关于统筹疫情防控和经济社会发展的重要论述，增强“四个意识”、坚定“四个自信”、做到“两个维护”，充分认识向先进学习的重要意义，广泛深入开展学习活动，教育引导广大干部职工以交通英雄为榜样标杆，大力弘扬伟大抗疫精神，以爬坡过坎的韧性、动真碰硬的果敢、实干创新的劲头，更好应对百年未有之大变局，更好肩负起时代重任和历史使命，凝心聚力加快建设交通强国，为实现全面建成小康社会奋斗目标、开启全面建设社会主义现代化国家新征程、实现中华民族伟大复兴中国梦而不懈奋斗！

附件：全国抗击新冠肺炎疫情表彰活动中交通运输系统受表彰名单

交通运输部

2020 年 10 月 20 日

（此件公开发布）

交通运输部办公厅关于表彰交通运输部系统抗击新冠肺炎疫情优秀共产党员和先进基层党组织的决定

交办机党〔2020〕52号

国家铁路局、中国民用航空局直属机关党委，国家邮政局机关党委，部属各单位党组织，部内各司局党组织，中央纪委国家监委驻交通运输部纪检监察组党组织，社团党委：

新冠肺炎疫情是新中国成立以来我国遭遇的传播速度最快、感染范围最广、防控难度最大的重大突发公共卫生事件。疫情发生后，在以习近平同志为核心的党中央坚强领导下，按照部党组部署要求，交通运输部系统广大干部职工众志成城，恪尽职守，不畏艰险，英勇奋战，全力守护疫情防控"生命线"，全力当好复工复产"先行官"，全力打通"大动脉"、畅通"微循环"，为统筹推进疫情防控和经济社会发展工作取得重大成果提供了强有力的支撑保障。

在这次抗击疫情的大战大考中，交通运输部系统各级党组织和广大党员、干部坚决贯彻落实习近平总书记重要指示批示和党中央决策部署，深入开展"党旗飘在一线、堡垒筑在一线、党员冲在一线"突击行动，把投身疫情防控作为践行初心使命、体现责任担当的试金石和磨刀石，经受了一次严格的思想淬炼、政治历练、实践锻炼。广大基层党组织迅速行动、广泛动员、守土尽责，充分发挥政治优势、组织优势、密切联系群众优势，严密筑牢战斗堡垒，广泛成立先锋队伍，以"战时"状态全力打好疫情防控的人民战争、总体战、阻击战；广大共产党员闻令而动、挺身而出、迎难而上，以实际行动践行初心使命，奋力扛起最危险、最艰巨的任务，鲜红的党旗始终在交通运输疫情防控斗争第一线高高飘扬。

为表彰在抗击新冠肺炎疫情中涌现出来的优秀共产党员和先进基层党组织，激励交通运输部系统各级党组织和广大党员牢记初心使命、不懈努力奋斗，经部党组同意,交通运输部党建工作领导小组决定授予付润杰等72名共产党员“交通运输部系统抗击新冠肺炎疫情优秀共产党员”称号,授予武汉铁路监督管理局监管一处党支部等39个基层党组织“交通运输部系统抗击新冠肺炎疫情先进基层党组织”称号。

这次受表彰的优秀共产党员和先进基层党组织,是全国交通运输系统抗击新冠肺炎疫情先进个人和先进集体中的优秀代表。他们以实际行动践行了党的根本宗旨,生动展现了人民至上、生命至上的价值追求,集中体现了中国共产党人敢于斗争、敢于胜利的政治品格,充分彰显了交通运输部系统各级党组织的强大组织力、行动力、战斗力。各级党组织和广大党员、干部都要以受表彰的优秀共产党员和先进基层党组织为榜样,磨砺责任担当之勇、科学防控之智、统筹兼顾之谋、组织实施之能,增强必胜之心、责任之心、仁爱之心、谨慎之心,以学先进、争先进、赶先进的实际行动凝聚实现新时代党的历史使命的强大力量。

当前,统筹推进常态化疫情防控和交通运输高质量发展各项任务艰巨而繁重。交通运输部系统各级党组织和广大党员、干部要更加紧密地团结在以习近平同志为核心的党中央周围,增强“四个意识”、坚定“四个自信”、做到“两个维护”,主动作为、奋发有为、担当善为,把伟大抗疫精神转化为加快建设交通强国、建设人民满意交通的具体行动,为实现全面建成小康社会奋斗目标、开启全面建设社会主义现代化国家新征程、实现中华民族伟大复兴的中国梦作出新的更大贡献!

交通运输部办公厅

2020年10月19日

(此件公开发布)

先 进 名 录

全国交通运输系统抗击新冠肺炎疫情先进个人和先进集体名单

全国交通运输系统抗击新冠肺炎疫情先进个人名单

（共609名）

铁路系统

唐立峰　中国铁路哈尔滨局集团有限公司劳动和卫生部综合科科长

马智慧　中国铁路哈尔滨局集团有限公司哈尔滨站安检车间值班主任

李　刚　中国铁路哈尔滨局集团有限公司哈尔滨客运段乘务科值班员

董建利　中国铁路沈阳局集团有限公司长春站车间主任

赵　慧　中国铁路沈阳局集团有限公司劳动和卫生部科员

曾宪晗　中国铁路沈阳局集团有限公司长春客运段列车长

万金龙　中国铁路沈阳局集团有限公司客运部副科长

屈新力　中国铁路北京局集团有限公司石家庄站值班站长

闫云婷（女）　中国铁路北京局集团有限公司天津站客运员

樊鑫凯　中国铁路北京局集团有限公司天津客运段科长

石　嵘　中国铁路北京局集团有限公司北京铁路疾病预防医学研究中心副主任

张　迪　中国铁路北京局集团有限公司疫情防控办公室协理

尹洪江　中国铁路北京局集团有限公司地下直径线工程项目管理部副主任

刘贵勇　大秦铁路股份有限公司朔州车务段朔州站客运主任

刘素红（女）　大秦铁路股份有限公司侯马车务段临汾西站党总支书记

马永红（女）　中国铁路呼和浩特局集团有限公司卫生监督所综合监督室主任

张志信　中国铁路呼和浩特局集团有限公司包头客运段广州车队列车长

包继静（女）　中国铁路郑州局集团有限公司郑州客运段列车长

白　鹏　中国铁路郑州局集团有限公司洛阳机务段驻线值班员

靳洛民　中国铁路郑州局集团有限公司郑州车辆段客车检车员

郑文杰　中国铁路武汉局集团有限公司汉西车务段舵落口站副站长

韩　燕　中国铁路武汉局集团有限公司汉口车站荆州站站长

谢宇宸(女)　中国铁路武汉局集团有限公司宜昌综合维修段恩施综合维修车间助理变电值班员

蒋德成　中国铁路武汉局集团有限公司武汉电务段汉口车间信号工

胡　刚　中国铁路武汉局集团有限公司调度所供电调度员

陈文春　中国铁路武汉局集团有限公司武昌南机务段武昌南整备车间镟轮工

刘大刚　中国铁路西安局集团有限公司西安客运段列车长

曹向东　中国铁路西安局集团有限公司疾病预防控制所科长

金祥海　中国铁路西安局集团有限公司西安站车间主任

汤浩然　中国铁路济南局集团有限公司济南站值班站长

代　鹏　中国铁路济南局集团有限公司青岛客运段列车长

周婷婷(女)　中国铁路济南局集团有限公司旅行服务所乘务队长

吴　林　中国铁路上海局集团有限公司芜湖车务段站长

康　君　中国铁路上海局集团有限公司苏州站客运值班员

李　权(回族)　中国铁路上海局集团有限公司合肥客运段车队长

孙文忠　中国铁路上海局集团有限公司杭州房建公寓段党支部副书记

郑江风　中国铁路南昌局集团有限公司劳卫部卫生科科长

兰　华　中国铁路南昌局集团有限公司九江车务段小池口站副站长兼车站值班员

杨跃红(女)　中国铁路南昌局集团有限公司南昌客运段直达车队列车员

张真铭　中国铁路广州局集团有限公司长沙车站主任值班员

陈　安　中国铁路广州局集团有限公司广州车辆段客车检车员

钟云金　中国铁路广州局集团有限公司长沙卫生监督所监督员

向恩云(土家族)　中国铁路广州局集团有限公司怀化机务段机车驾驶员

王恒玮　中国铁路南宁局集团有限公司柳州工务段社保管理员

蔡春梅(女)　中国铁路南宁局集团有限公司南宁货运中心货运值班员

胡　俊　中国铁路成都局集团有限公司重庆疾病预防控制所疾控体检科科长

彭志慧(女　侗族)　中国铁路成都局集团有限公司贵阳客运段列车长

樊　杨　中国铁路成都局集团有限公司成都动车段动车组机械师

杨继红(彝族)　中国铁路昆明局集团有限公司昆明铁路卫生监督所科长

马艺嘉(女)　中国铁路昆明局集团有限公司昆明客运段调度员

赵　越(女)　中国铁路兰州局集团有限公司银川客运段高铁车队列车长

张润元　中国铁路兰州局集团有限公司兰州车辆段随车机械师

宋永红　中国铁路乌鲁木齐局集团有限公司霍尔果斯站运转车间机车乘务员

陈　军　中国铁路乌鲁木齐局集团有限公司乌鲁木齐房产公寓段乌鲁木齐乘务公寓工长

海　娇(女)　中国铁路青藏集团有限公司西宁客运段列车长

周　谦　中国铁道科学研究院集团有限公司助理研究员

和毅伟　中铁特货物流股份有限公司郑州机保段机保车乘务员

齐乃峰　铁总服务有限公司房产建筑管理分公司副经理

李　胜　中铁快运股份有限公司武昌站营业部经理

贺宏云(女)　中国铁路专运中心主任科员

田中雨　中铁集装箱运输有限责任公司客户服务中心主任

马利强　中国铁路哈尔滨局集团公司佳木斯站客运车间值班主任

张　岩　中国铁路沈阳局集团公司沈阳客运段科长

刘广耀　中国铁路北京局集团有限公司唐山货运中心经理

韩　琴(女)　大秦铁路股份有限公司介休车务段介休站客运值班员

马利霞(女　回族)　中国铁路呼和浩特局集团有限公司集宁站客运车间行李值班员

刘　征　中国铁路郑州局集团有限公司郑州生活段副班长

张利民　中国铁路武汉局集团有限公司武汉车站武汉客运车间客运员

付润杰　武汉铁路监督管理局综合处二级主任科员

钱　程　上海铁路监督管理局综合处三级主任科员

曲　亮　广州铁路监督管理局综合处一级主任科员

魏文峰　兰州铁路监督管理局综合处一级主任科员

李　鑫　成都铁路监督管理局综合处三级主任科员

李　舜　西安铁路监督管理局综合处二级主任科员

王艳芬(女)　国家铁路局安全技术中心综合处管理岗位七级职员

周　岩(女)　国家铁路局机关服务中心房管物业处管理岗位七级职员

王　彬　国家铁路局机关服务中心房管物业处处长

范　勇　国家铁路局设备监督管理司基础设施监管处二级主任科员

刘轩智　国家铁路局安全监察司综合分析处一级主任科员

刘晓韵(女)　国家铁路局工程监督管理司建设市场监管处一级主任科员

民航系统

葛　鹏　中国国际航空股份有限公司信息管理部程序员

卢　彦　中国国际航空股份有限公司北京飞机维修工程有限公司武汉分公司三级技术员

何冀川　中国国际航空股份有限公司运行控制中心航班运行控制经理

李　维(女)　中国国际航空股份有限公司培训部飞行训练大队在校学员管理经理

王成林　中国国际航空股份有限公司空中保卫支队二大队大队长

孙　蕾(女)　中国国际货运航空有限公司货站事业部行政办公室经理

王春雨　中国国际货运航空有限公司武汉运营基地总经理、党支部书记

王飞宇　中国国际航空内蒙古有限公司飞行部综合业务副经理

凡春雷　中国国际航空股份有限公司湖北分公司A类医疗管理员

贺　刚　奥凯航空有限公司飞行部总经理

李　岩　河北航空有限公司河北航空飞行部航卫中心副主任

庞　伟　北京首都航空有限公司飞行部A330大队杭州中队飞行员

吴　丹　北京首都航空有限公司客舱与地面服务部西安乘务队西安乘务二中队乘务员

徐　涛　中国联合航空有限公司飞行部二分部党支部书记

郝巨伟　山西航空产业集团有限公司后勤保障中心门诊部副主管

裴　楠　中国东方航空股份有限公司北京分公司值机员

崔立刚　中国东方航空股份有限公司北京分公司飞行一分部高级经理

金保全　中国东方航空股份有限公司销售委中心工作组国际区域小组销售管理

郭中平　中国东方航空股份有限公司西北分公司飞行部飞行四分部高级经理

付在文　中国东方航空武汉有限责任公司群团工作部(离退休办公室)部长

姜　静(女)　中国东方航空甘肃分公司客舱服务部综合业务分部高级经理

王　迪　山东航空集团有限公司山航股份飞行部飞行二大队党总支委员、副大队长(经理级)

郭文杰　厦门航空有限公司天津分公司综合办公室副经理

刘　卉(女)　厦门航空有限公司乘务业务部经理

陈志忠　厦门航空有限公司运行总监

赵云飞　春秋航空股份有限公司河北分公司地面保障中心经理

李　超(女)　春秋航空客舱部党总支副书记

高　杰　上海吉祥航空股份有限公司综合管理部航空卫生处副经理

雒　浩　浙江长龙航空有限公司飞行教员

刘启宏　浙江长龙航空有限公司董事长

刘　坤　青岛航空股份有限公司飞行部飞行三分部飞行教员

金东吉(朝鲜族)　江西航空有限公司航卫处经理

王　科　福州航空有限责任公司运行副总经理兼飞行员

张　惠(女)　中国南方航空股份有限公司北京分公司航卫室主任

王晶晶(女)　中国南方航空股份有限公司北方分公司客舱部乘务二分部乘务员

潘晓波　中国南方航空股份有限公司吉林分公司后勤保障部航卫室主任

王　玲(女)　中国南方航空股份有限公司大连分公司客舱部业务室主任

赵建红　中国南方航空股份有限公司南阳基地运行指挥部副经理

罗忠海　中国南方航空股份有限公司湖北分公司运行指挥部经理兼党总支副书记

颜　娜(女)　中国南方航空股份有限公司湖南分公司健康管理高级医师

翟　浩(回族)　中国南方航空股份有限公司广西分公司客舱部一级乘务长、分队长

刘　莹(女)　中国南方航空股份有限公司海南分公司后勤保障部航卫室主任

高　翔　中国南方航空股份有限公司海南分公司运行指挥部副经理

黄小苹(女)　中国南方航空股份有限公司汕头分公司后勤保障部副经理

刘盛龙　中国南方航空货运物流(广州)有限公司货站事业部装卸部装卸二室副主任

丁　胜　中国南方航空股份有限公司保卫部运行协调部副经理

郭　俊　中国南方航空股份有限公司深圳分公司航卫室主任

武　烜(女)　中国南方航空股份有限公司西安分公司后勤保障部航卫室副主任

张　涛　中国南方航空股份有限公司新疆分公司航卫中心主任

旷　晶(女)　海南航空北京基地国际商务主管

石丽君(女)　海南航空控股股份有限公司太原基地航医

赵智龙　海南航空控股股份有限公司总飞行师

李　媛(女　壮族)　深圳航空有限责任公司南宁分公司地服调度员

洪珊珊(女)　深圳航空公司客舱服务部主任乘务长

李朝明　顺丰航空有限公司运行管理专家

赖龙飞　桂林航空有限公司飞行员

曹明玮　四川航空股份有限公司地面服务部国际/地区客运室经理

李志宏　成都航空有限公司总值班经理室副总经理

杨璐遥(女)　华夏航空股份有限公司客舱乘务员

龚　明　云南祥鹏航空有限责任公司健康管理中心副经理

赵　炜(侗族)　瑞丽航空有限公司航卫中心经理

魏　巍　西部航空有限责任公司客舱乘务员

张　斐　重庆航空有限责任公司办公室主任

杜卓明　长安航空有限责任公司人资行政部后勤航卫中心经理

陈　瑶(女)　乌鲁木齐航空有限责任公司乘务长

伍菁蕙　中国货运航空公司 B777 大队副总经理

陈晓辉　金鹏航空股份有限公司运行控制部总签派师

杨建军(回族)　杭州圆通货运航空有限公司培训管理、计划工程师兼放行工程师

徐建军　上海新空直升机有限公司总经理兼总飞行师

吴佰成　九元航空有限公司航站商务代表

白卫理　中原龙浩航空有限公司飞行部副经理

袁永林　湖北楚天通用航空有限责任公司总经理

魏利军　新疆开元通用航空有限公司总飞行师

李雪松　中国民航信息集团有限公司运行中心总经理

裴艳红(女)　中航信北京公司综合管理部经理

王晓斌　中国航空油料有限责任公司华北公司办公室主任

夏俏健　中国航空油料有限责任公司温州分公司业务部经理

秦　力　中国航空油料有限责任公司云南公司昆明航空加油部副经理

阮建平　华南蓝天航空油料有限公司办公室主任/安保部主任

季　硕　华南蓝天航空油料有限公司湖北分公司副总经理

岳新勇　中航油新疆航空油料有限公司办公室主任

曾赴云　北京首都国际机场医院(北京首都国际机场急救中心)院长、党委副书记

于增军　北京首都机场航空安保有限公司大兴国际机场分公司副总经理

王晓楠　天津滨海国际机场急救中心副主任

倪　帅　天津滨海国际机场运行指挥中心标准室主任

杨建海　天津滨海国际机场公安分局副局长

彭彬彬　河北机场管理集团有限公司航空护卫部货邮检查分部经理

葛运珑　临汾民航机场有限公司运输服务部部长

丁云江(蒙古族)　内蒙古自治区民航机场集团有限责任公司呼和浩特分公司机场业务管理部副经理

孙旭阳　大连国际机场集团有限公司应急救援指挥中心副主任

王雪梅(女)　吉林省民航机场集团公司消防急救部医疗急救站站长

蔡山佳　黑龙江省机场管理集团有限公司消防护卫部医疗急救中心主管

包建华　上海浦东国际机场货运站有限公司安全值班室主任

滕艳红(女) 上海机场(集团)有限公司虹桥国际机场公司消防急救保障部东区急救站站长、党支部书记

张　健　上海国际机场股份有限公司安检护卫保障部总经理、党委副书记

戴银祥　东部机场集团南京机场地面服务部装卸科科长

王　磊　东部机场集团常州机场航务管理部经理

甘　卉(女) 江西省机场集团公司运行监控指挥中心急救中心副经理兼运行监控指挥中心团支部书记

宋　军　青岛国际机场集团有限公司航空安保部副部长

常　乐　济南国际机场宾馆有限公司综合科科长

肖　枫　温州机场集团有限公司党委书记、董事长

黄　煌　广东省机场管理集团物流有限公司国际部副经理

张世昕　深圳市机场股份有限公司运行指挥中心党支部书记、主任

张守宽　深圳市机场(集团)有限公司公共区管理部党支部书记、部长

赵彬兵(女) 河南省机场集团河南郑州新郑国际机场有限公司旅客服务部国际值机业务员

吴自艳(女) 河南省机场集团河南郑州新郑国际机场有限公司安全检查站贵宾大队大队长

李为民　洛阳北郊机场运控指挥中心主任

魏崇久　湖北机场集团航空物流有限公司运行保障部货邮保障室副主管

蔡思聪　湖北机场集团建设投资有限公司助理

熊　朋　湖北机场集团有限公司综合办公室主任

杨　武　十堰武当山机场集团有限公司党委书记、总经理

徐佐强　宜昌三峡机场责任有限公司董事长兼总经理

孟　辰　湖南空港实业股份有限公司航空货运分公司国际货站副主任

韦宇生(壮族) 广西机场管理集团南宁吴圩国际机场公司运行指挥中心副主任

唐霞林　广西机场管理集团桂林两江国际机场有限公司运行指挥中心医疗急救科主任

李　茜(女) 海口美兰国际机场有限责任公司飞行区管理部总经理助理

韩江全　三亚凤凰国际机场有限责任公司航务与运行管理部急救中心经理

李　静(女)　广州白云国际机场股份有限公司办公室公共卫生项目经理

李　海　广州白云国际机场股份有限公司运行控制中心危机管理部副经理

林　祥　元翔(福州)国际航空港有限公司地勤公司值机服务部副经理

孙　琼(女)　元翔(福州)国际航空港有限公司空港医院门诊部副经理

孙经纬　四川省机场集团航空地面服务有限公司国际客运项目分队长

苏　晋　成都双流国际机场股份有限公司候机楼管理中心主任

窦　兰(女)　成都空港建设开发服务有限公司保洁养护事业部保洁一部经理

张　强　云南空港飞机维修服务有限公司工程部经理

戴云东(傈僳族)　昆明长水国际机场运行指挥中心副主任

张茂林　重庆江北国际机场有限公司消防护卫部监护部监护员

刘　甄　重庆江北国际机场有限公司医疗救护中心主任

张　鹏　贵州贵阳龙洞堡国际机场股份有限公司副总经理

马　祥(回族)　贵州省机场集团有限公司兴义分公司党委书记、总经理

简书刚　遵义机场有限责任公司党委书记、董事长

单燕菁(女)　西部机场集团青海机场有限公司运行管理部急救中心主任

盛维君(女)　西部机场集团宁夏机场有限公司运行管理部党总支书记、副总经理

李　辉　西部机场集团榆林机场有限公司运行管理部经理

冉梦佳(女)　新疆机场(集团)有限责任公司乌鲁木齐国际机场分公司服务质量管理工作委员会(航站区管理部)航站区运行监管中心副主任

王　利(女)　中国民用航空华北地区空中交通管理局三级助理

焦春连(女)　中国民用航空华北地区空中交通管理局三级助理

袁　飞　中国民用航空华东地区空中交通管理局管制员

胡　炯　中国民用航空华东地区空中交通管理局办公室三级助理

张　妮(女)　中国民用航空华东地区空中交通管理局工会办公室助理

万　华　中国民用航空中南地区空中交通管理局湖北分局塔台管制室主任

吕　浩　中国民用航空中南地区空中交通管理局湖北分局办公室主任

陈国兵　中国民用航空中南地区空中交通管理局湖南分局办公室副主任

陈耀辉　中国民用航空三亚空中交通管理站内保主任

向虹陶　中国民用航空中南地区空中交通管理局办公室副主任

武　美(女)　中国民用航空西南地区空中交通管理局重庆分局后勤服务中心膳食科服务领班

徐飞鹏　中国民用航空西南地区空中交通管理局贵州分局运行管理中心副主任

胡超然　中国民用航空西北地区空中交通管理局三级管制员

马晓璐(回族)　中国民用航空新疆空管局空中交通管制中心飞行服务中心飞行服务报告室管制员

盛　苏(女)　中国民用航空局空中交通管理局北京恒久物业管理有限公司经理兼后勤服务中心主任

王文涛　中国民用航空局机关服务局物管中心副主任

谭海涛　中国民航大学党委办公室主任、校办公室主任、疫情防控领导小组办公室主任

常卫东　中国民用航空飞行学院党委学生工作部(学生处)副部长(副处长)

肇　茜(女　满族)　中国民航报社要闻评论部副主任

范锦辉　中国民用航空局民用航空医学中心助理研究员

张兰红(女)　中国民用航空局民用航空医学中心感染疾病科护士长

许思莹(女)　中国民用航空局运行监控中心飞行计划处高级工程师

赵卫中　中国民用航空华北地区管理局民航山西监管局运输处一级主任科员

姚午伟　中国民用航空华北地区管理局办公室副主任

高　斌　中国民用航空华北地区管理局航空卫生处副处长

王冠钧　中国民用航空华北地区管理局民航河北监管局飞标处副处长

宋玉芳(女)　中国民用航空华北地区管理局运输处副处长

王　鑫(女　满族)　中国民用航空华北地区管理局民航天津监管局行政办主任

平　超(女)　中国民用航空黑龙江安全监督管理局航务管理处一级主任科员

冯占宇　中国民用航空吉林安全监督管理局飞行标准处一级主任科员

朱莉娅(女)　中国民用航空华东地区管理局航空卫生处处长

郭奕柏　中国民用航空华东地区管理局外国航空公司审定和监管处副处长

唐　艳(女)　中国民用航空江苏安全监督管理局航空安全办公室三级调研员

王伟博　中国民用航空浙江安全监督管理局飞标处一级主任科员

郑　磊　中国民用航空厦门安全监督管理局飞标处一级主任科员

王娜儿(女)　中国民用航空中南地区管理局外航处一级主任科员

白云勇　中国民用航空中南地区管理局党办副主任、团委书记

史　航　中国民用航空湖南安全监督管理局运输处一级主任科员

程颖斌　中国民用航空湖北安全监督管理局副局长

李　琦　中国民用航空西南地区管理局成都民用航空医学中心主任

郭建伟　中国民用航空云南安全监督管理局一级主任科员

崔堂民　中国民用航空四川安全监督管理局运输处副处长

彭洁娟(女)　中国民用航空贵州安全监督管理局四级调研员

才　秀(藏族)　中国民用航空西藏自治区管理局昌都站职员

詹学青　中国民用航空西藏自治区管理局运行办副主任

滑　磊　中国民用航空陕西安全监督管理局运输处副处长

朱　焕　中国民用航空新疆管理局运输管理处副处长

吉大鹏　中国民用航空局政策法规司法规处处长

庞东亮　中国民用航空局发展计划司价格处四级调研员

林　琼(女)　中国民用航空局财务司预算管理处(综合处)处长

邸维光　中国民用航空局人事科教司培训教育处处长

刘　瑶(女　朝鲜族)　中国民用航空局飞行标准司民用航空卫生处副处长

梁满杰　中国民用航空局机场司安全处副处长

邮政系统

刘海龙　中国邮政集团有限公司北京市寄递事业部物流业务分公司医药项目部业务主管

刘树东　中国邮政集团有限公司天津市河北区分公司投递员

李　捷　中国邮政集团有限公司河北省石家庄邮区中心局邮件运输中心党

支部书记、经理

赵晋东　中国邮政集团有限公司山西省太原邮区中心局邮件运输中心驾驶员

吕　东　中国邮政集团有限公司内蒙古自治区寄递事业部物流业务分公司调度员

郭洪涛　中国邮政集团有限公司辽宁省沈阳邮区中心局干线运输班班长

孔德平　中国邮政集团有限公司吉林省长春市分公司寄递事业部快递包裹部团队长

陈汉军　中国邮政集团有限公司黑龙江省哈尔滨邮区中心局驾驶员

施　平　中国邮政集团有限公司上海市邮区中心局长途运输分中心驾驶员

王遵义　中国邮政集团有限公司江苏省徐州邮区中心局邮件运输市县邮路班班长

张　旻　中国邮政集团有限公司安徽省合肥邮区中心局邮件运输中心驾驶员

王晓华　中国邮政集团有限公司浙江省分公司机关服务中心驾驶员

鄢春晖　中国邮政集团有限公司福建省福州邮区中心局长途驾驶员

李　鹏　中国邮政集团有限公司江西省南昌邮区中心局驾驶员

朱先刚　中国邮政集团有限公司日照市分公司员工

金立东　中国邮政集团有限公司河南省郑州邮区中心局驾驶员

陈德祥　中国邮政集团有限公司武汉邮区中心局邮件运输中心邮运驾驶员

殷　雄　中国邮政集团有限公司武汉市江汉区分公司揽投站经理

朱　江　中国邮政集团有限公司武汉市洪山区分公司投递站点负责人

郭斌权　中国邮政集团有限公司武汉市武昌区分公司运营管理部经理

余国锋(土家族)　中国邮政储蓄银行股份有限公司五峰县支行业务部经理

刘　强　中国邮政储蓄银行湖北省随州市分行广水市支行党支部书记、广水市武胜关镇泉水村第一书记(兼)

甘国庆　中国邮政储蓄银行股份有限公司湖北省分行纪检员

王　聪　中邮人寿保险股份有限公司湖北分公司市场经营部总经理

蒋永健　中国邮政集团有限公司湖南省长沙邮区中心局驾驶员

陈润都　中国邮政集团有限公司广州市分公司中区邮政局多宝路速递营业部揽投员

蒋德铭　中国邮政集团有限公司广西壮族自治区桂林市寄递事业部营销员

周　秦　中国邮政集团有限公司海南省信息技术局副总经理

尹　柱　中国邮政集团有限公司重庆市涪陵片区分公司马武邮政支局支局长

罗景萍　中国邮政集团有限公司四川省成都邮区中心局驾驶员

张建伟　中国邮政集团有限公司贵州省贵阳邮区中心局邮件运输中心驾驶员

王　强　中国邮政集团有限公司云南省昆明邮区中心局邮件运输中心驾驶员

四郎扎西(藏族)　中国邮政集团有限公司昌都市分公司寄递事业部驾驶员

张忠海　中国邮政集团有限公司陕西省西安邮区中心局邮件运输中心驾驶员

魏　明　中国邮政集团有限公司甘肃省兰州邮区中心局邮件运输中心经理

杨全忠　中国邮政集团有限公司西宁邮区中心局邮件运输中心驾驶员

白立萍(女)　中国邮政集团有限公司宁夏回族自治区青铜峡市分公司投递员

徐贵文　中国邮政集团有限公司新疆维吾尔自治区阿拉尔市分公司党支部书记、总经理

张明月(女)　中国邮政集团有限公司新闻宣传中心(中国邮政报社)编辑记者

田　杰　中国邮政集团有限公司综合部机关服务中心主任科员

白煜冰　中国邮政航空有限责任公司运行标准部副总经理、公司国防动员办公室主任(兼)

白炜翔　中国邮政集团有限公司寄递事业部运营管理部运输管理处副经理

邱纪东　中国邮政速递物流股份有限公司南京集散中心陆侧邮件作业区封发班班长

王晓辉　中国邮政航空有限责任公司飞行部波音 737 一中队副中队长

王　乐　北京顺丰速运有限公司快递员

张来振　北京苏宁物流有限公司网络管理部经理

王贺月(满族)　天津京邦达供应链科技有限公司经理
褚文学(蒙古族)　承德众合速递有限公司总经理
薛全坡　山西顺丰速运有限公司福运经营分部星河速运营业点快递员
阮成强　内蒙古顺丰速运有限公司呼和浩特第十二营业部快递员
张子奇　内蒙古京邦达供应链科技有限公司无人机、无人车操控员
刘乍振(满族)　沈阳中通吉物流有限公司安全员
刘忠鑫　敦化市顺达速递服务有限公司总经理
杨　铭　申通快递哈尔滨市三合路公司负责人
王豪杰　上海中茂快递有限公司业务经理
方　波　申通快递有限公司行政经理
谢兆平　江苏顺丰速运有限公司快递员
钱从松　江苏京迅递供应链管理有限公司南京温泉营业部快递员
熊楚英　宁国市中通速递物流有限公司驾驶员
李庆恒　浙江申通瑞盛快递有限公司转运中心操作组长
杨心宝　浙江京鸿供应链管理有限公司海宁安定营业部经理
连宝洲　大田县韵达快递服务有限公司总经理
梁建文　福州顺丰速运有限公司营运部负责人
宋　戈　杭州百世网络技术有限公司南昌分公司安全主管
余　韬　江西京邦达供应链管理有限公司公共事务总监
崔富山　济南中通仓储服务有限公司总经理
孙连增　山东京东快星供应链科技有限公司聊城东城营业部快递员
赵华岳　河南韵达快递服务有限公司分拨处理中心干线驾驶员
龚　磊(回族)　河南京邦达供应链有限公司豫南片区管理部分区经理
方　勇　湖北京邦达供应链科技有限公司华中区域分公司鄂北车队负责人
张　结　武汉市德邦物流有限公司武汉枢纽中心事业部总裁
吴　勇　湖北顺丰速运有限公司调度高级经理
李教富　湖南京邦达物流科技有限公司长沙片区金星营业部快递员
姚腾蛟　湖南省圆通速递有限公司华中车队队长
周海棠　广东精准德邦物流有限公司顺德车队一组驾驶员
冯雪田　广东京邦达供应链科技有限公司京东华南冷链车队队长

周福祥(壮族)　广西苏宁物流有限公司总经办主任

王光华　顺丰速运重庆有限公司高新营业部快递员

何香兰(女)　重庆苏宁物流有限公司驾驶员

余奎勇　四川京邦达物流科技有限公司运输管理组驾驶员

孙夏义　四川顺丰速运有限公司广元市环城北路速运营业部网点负责人

赵　刚　贵州京邦达供应链科技有限公司公共事务总监

康奇波　云南京邦达物流科技有限公司快递员

魏建彬　拉萨中速快递有限公司总经理

雷高峰　西安顺丰速运有限公司北经城速运营业点快递员

王连柱　石嘴山市天翔速递有限公司驾驶员

姚　辉　新疆京邦达供应链科技有限公司驾驶员

李守国　新疆顺丰速运有限公司副总经理

张伶俐(女　土家族)　北京市邮政管理局市场监管处一级主任科员

吴广磊　天津市邮政管理局市场监管处二级主任科员

张利飞　山西省邮政管理局市场监管处四级主任科员

孟德祥　辽宁省邮政管理局市场监管处处长

万　昌　吉林省邮政业安全中心副主任

丁　瑶　黑龙江省邮政管理局人事处三级主任科员

陈　非　上海市青浦邮政管理局局长

刘中岳　江苏省无锡市邮政管理局市场监管科副科长、江阴邮政管理局副局长(兼)、三级主任科员

郝晓东　安徽省淮南市邮政管理局办公室主任

宋林华　福建省邮政管理局市场监管处三级主任科员

翁国梁　江西省邮政管理局市场监管处副处长

王　栋　山东省淄博市邮政管理局党组成员、纪检组长、副局长

汪玉峰　湖北省黄冈市邮政管理局市场监管科四级主任科员

张雅雯(女)　湖北省武汉市邮政管理局办公室(监察室)主任

刘新华　湖北省鄂州市邮政管理局党组成员、纪检组长、副局长

金胜辉　湖南省长沙市邮政管理局市场监管科科长

杨立妙(女)　广东省广州市邮政管理局办公室主任

许承伟　广西壮族自治区邮政管理局市场监管处处长

黄正晓　云南省德宏傣族景颇族自治州邮政管理局行业管理科(机要通信科)科长

党　辉　陕西省邮政管理局市场监管处处长

王　韬(蒙古族)　国家邮政局市场监管司应急管理处处长

吴晓明　国家邮政局办公室调研室主任

北京市

王宝利　北京公共交通控股(集团)有限公司第五客运分公司第二车队运营副队长

卢洪伟(女　满族)　北京摩拜科技有限公司运维队队长

王　岩(女)　北京京港地铁有限公司安全及质量部高级主管

郑云鹏(女)　北京市首都公路发展集团有限公司八达岭高速公路管理分公司马坊收费管理所党支部书记、所长

毛成富　北京红通力拓供应链管理有限公司总经理

王　迦　北京公联交通枢纽建设管理有限公司东直门枢纽站办公室副主管

姜皓鹏　北京市交通运输综合执法总队第九支队四级主任科员

哈晓喆(女　回族)　北京市交通委员会安全督查事务中心二级主任科员

天津市

张　茳　天津港(集团)有限公司引航中心行政事务部副部长

杨　斌　天津市交通集团大件运输有限公司仓储经营管理部党支部书记、副部长

韩先瑞　天津市交通运输基础设施养护服务中心第四养护分中心副主任

黄红星　天津市交通运输委员会办公室主任

河北省

勾满田　鼎石物流股份有限公司驾驶员

乔　羽　廊坊市新东方客运有限公司驾驶员

王宝焕(女)　石家庄市公共交通总公司六十八路车队34路驾驶员

石向东　河北省交通运输厅协同发展处副处长

山西省

马森林　太原公共交通控股(集团)有限公司电车分公司二车队 305 路驾驶员

王俊民　山西汽运集团晋龙捷泰运输贸易有限公司捷泰快客分公司驾驶员

牛彦峰　山西交通控股集团有限公司安全环保部业务主办

刘树伟　山西省交通运输厅民航综合协调处二级调研员

内蒙古自治区

乌云巴特尔(蒙古族)　内蒙古公路交通投资发展有限公司锡林郭勒分公司贡宝拉格收费所原所长

刘金贵　内蒙古高等级公路建设开发有限责任公司鄂尔多斯分公司经理

骞建军　赤峰市巴林右旗公路路政执法监察大队大队长

王水云　鄂尔多斯市交通运输局党组书记、局长

辽宁省

丁佰林(回族)　丹东市公共交通总公司七公司通勤车驾驶员

穆　秋(女)　辽宁省葫芦岛市绥中县个体货车驾驶员

李成伦　辽渔集团有限公司安全环保部部长

马德峰　大连市交通运输局综合运输处处长

岳　莹(女　满族)　辽宁省交通运输事业服务中心安全应急部高级工程师

姜　辉　辽宁省交通运输事业发展中心道路运输服务中心高级工程师

吉林省

张爱然　通化市长途客运有限公司中道旅游车队驾驶员

徐　保　长春鼎庆经贸有限责任公司液化气车队驾驶员

杨　军　吉林省金管家经贸有限公司董事长

李立冬　吉林省交通运输厅综合运输服务处处长

黑龙江省

孟凡臣　东宁市龙运外运有限公司驾驶员

柳　峰　黑龙江龙运快运有限公司货车驾驶员

王铁刚　黑龙江龙运客运股份有限公司客车驾驶员

姜　涛　北安市道路运输协会雷锋车队队长

赵　斌　黑龙江省交通运输厅运输处副处长

上海市

高照亮　上海交运大件物流有限公司驾驶员

潘颖秋(女)　上海市轮渡有限公司副总经理

顾耀忠　上海沪宁高速公路(上海段)发展有限公司副总经理

徐建平　上海水域环境发展有限公司计划财务部经理

陆洁敏　上海港引航站高级引航员

戴　祺　上海市交通委员会轨道交通处处长、一级调研员

江苏省

徐　明　常州公路运输集团有限公司驾驶员

王洪贵　江苏顺成达物流有限公司驾驶员

董　存　泰州客运集团有限公司定制班车司机班组班长

何　旭　南京地铁运营有限责任公司客运分公司三中心副主任

黄永宁　江苏省高速公路交通运输执法总队宁杭支队第一大队大队长

杨铁民　江苏省交通运输厅航空处副处长

浙江省

应　杭　杭州市公共交通集团有限公司第三汽车分公司六车队 6 路驾驶员

盛爱丰　宁波市镇海公共交通有限公司第二路队 391 路驾驶员

蔡文旺　温州交通运输集团国际旅游车队驾驶员

金礼重　浙江海畅物流有限公司医用氧车队驾驶员

蒋　泳　湖州市交通集团公共交通有限公司三公司总经理

崔屹忠　浙江省公路与运输管理中心副处长、三级调研员

安徽省

潘天平　广德市公路运输公司大客车驾驶员

马呈银　芜湖港口轮渡有限责任公司总经理

刘天旺　安徽交运集团安庆汽运有限公司宿松城市公交分公司经理

赵　辉　安徽省蚌徐高速公路路政大队大队长

张富饶　安徽省交通运输厅民航处四级调研员

福建省

陈智忠　宁德市公共交通有限公司 4 号线路驾驶员

张富荣　三明市交运集团有限公司闽运明溪分公司 1 路公交线路驾驶员

陈　坚　福州市道路运输综合服务中心党委书记、主任

张雄锋　龙岩市永定区交通运输局党组书记、局长

江西省

方向平　宜春公交集团有限公司 9 路外线公交车驾驶员

王福德　江西大通能源服务有限公司车队长

金　玉(女)　江西省高速公路投资集团有限责任公司上饶管理中心鄱阳收费所副所长

刘荣蕃　赣州市公路管理局寻乌分局路政科科长

陶晓军　九江市港口航运管理局城西港区港航综合行政执法大队筹建组组长

王延望　南昌高速公路路政管理支队三大队大队长

熊贻辉　江西省交通运输厅运输处二级主任科员

山东省

于正洲　山东高速集团有限公司(原齐鲁交通发展集团有限公司)淄博分公司收费管理部原部长

管力峰　济南公交集团有限公司 K3 线路驾驶员

亓　峰　济南永昌物流有限公司货车驾驶员

李本恒　烟台市交通运输执法监察支队机场管理所所长

河南省

张红艳(女)　许昌市城市公共交通有限公司 102 路驾驶员

黄全义　邓州市交通运输局执法所执法一中队执法员

李涛帆　郑州黄河公路大桥管理处路政科路政队员

管玉林　鹤壁市道路运输服务中心客运科副科长

郭　飞　新乡市交通运输局执法支队副支队长

孙树迎　南阳市交通运输局运输管理科一级科员

鲁万伟　商丘市交通运输局党委委员、副局长

湖北省

张　艳(女)　湖北顺丰速运有限公司襄阳分公司快递员

喻后洪　武汉市联海实业有限公司出租车驾驶员

吴海入　黄石市城市公交集团有限公司通顺分公司 9 路车驾驶员

李宏瑞　湖北优达物流运输有限公司危废车辆驾驶员

周正虎　荆州市公共交通总公司三分公司 19 路车驾驶员

姚　琴(女)　宜昌市康龙出租车有限公司雷锋车队驾驶员

周建伟　宜昌蓝天气体有限公司槽车驾驶员

周盛江　黄冈市东方运输集团有限公司客运驾驶员

李　波　天门市长虹小汽车出租有限公司出租车驾驶员

周　欣　湖北盛辉物流有限公司长途车队货车驾驶员

胡群焱　潜江市农村公路管理局专业养护队养护员

尹　江　中国邮政集团有限公司恩施州分公司恩施市分公司渠道平台部员工

张士虎　十堰亨运集团有限责任公司党委委员、副总经理

熊　海　孝感合力运输集团有限公司湖北合力通晟物流有限公司经理

胡　军　鄂州市公共汽车公司党总支书记、经理

肖世华　咸宁市枫丹公共交通控股有限公司党支部书记、总经理

潘　蕾(女)　咸宁市新冠肺炎疫情防控指挥部交通组服务热线负责人

刘　杰　仙桃市汽车客运总站党总支委员

戴宗东　湖北机场集团机场管理公司航站区管理部运控中心主管

梁　智　湖北公路客运集团股份有限公司党委书记、董事长

漆　炜　湖北省交通科学研究所软件研发科副科长

胡波涛　孝感市孝南区交通运输局毛陈交通管理站站长

向晓汉　武汉市交通运输局综合协调处(交通战备办)二级调研员

曹　翃(女)　湖北省交通运输厅客货运输处处长、省新冠肺炎疫情防控指挥部交通保障专班运输保障一组组长

王　炜　湖北省交通运输厅办公室主任、省新冠肺炎疫情防控指挥部交通保障专班办公室主任

湖南省

李益仲　娄底市公路路政管理执法支队原支部书记、支队长

龙　兵　常德市货运个体货车驾驶员

邓　云　吉首市佳洲供应链管理有限责任公司危货车驾驶员

银要明　邵阳扬子巴士有限公司一分公司18路公交车驾驶员

彭伟才　衡阳市佳中物流有限公司总经理

郑　超　湖南省公路事务中心党委委员、纪委书记

张俊荣　湖南省交通运输厅安全监督处应急办公室副处长、三级调研员

广东省

杨　键　玖龙纸业(东莞)有限公司货车驾驶员

张健文　广州市公共交通集团有限公司第二公共汽车有限公司二巴一分公司429线路公交车驾驶员

李俊源　地上铁租车(深圳)有限公司货车驾驶员、车队队长

陶杰锋　深圳港引航站船队负责人、引航员

付铁军　广东省南粤交通韶赣高速公路管理中心路政中队长

张晓肇　云浮市交通运输局执法三科副科长(第三执法支队副支队长)

翁兴根　广东省交通运输厅综合运输处党支部书记、处长、一级调研员

广西壮族自治区

张　堃　广西坛百高速公路有限公司服务区管理员

麦小移　北海市祥通运输有限责任公司北海至合浦客运专线车队车队长

陈　静(女)　广西交通投资集团柳州高速公路运营有限公司柳州东收费站站长

覃　敢(壮族)　广西柳州格瑞米智能装备制造有限公司制造一部副部长

韦永昌(壮族)　广西路桥工程集团有限公司市政分公司党委书记、总经理

覃淇锋(壮族)　广西壮族自治区桂西公路发展中心人事科干部

赵振宇　广西壮族自治区交通运输厅安监处副处长

海南省

符菜梅(女)　海南省公路管理局高速公路养护管理中心助理工程师

张冠桥(黎族)　海南省琼州海峡轮渡运输管理办公室主任

重庆市

骆　勇　重庆市汽车运输(集团)有限责任公司六分公司公营车驾驶员

程　强　重庆长途汽车运输(集团)有限公司永北分公司党总支书记、经理

周　鑫　重庆高速公路股份有限公司石忠管理中心党支部书记、主任

罗本祥　重庆城市交通开发投资(集团)有限公司安全管理部、运营管理部经理

董文斌　重庆市轨道交通(集团)有限公司党委委员、副总经理

李　虎　重庆市交通运输综合行政执法总队高速公路第四支队五大队党支部副书记、政治教导员

刘　幸　重庆市交通局公路管理养护处副处长

四川省

孔　骑　四川南充汽车运输(集团)有限公司客车驾驶员

赵国成　成都市蓉城出租汽车有限公司出租车驾驶员

蒲春生　四川省巴蜀危险品运输有限公司驾驶员

卢思吉　四川泸州港务有限责任公司生产作业部调度室调度员

赵小龙　绵阳市公共交通集团有限责任公司营运调度中心主任

巫鹏飞　四川成德南高速公路有限责任公司金堂服务区主任、金堂管理处路产管护与安全科主管

雷　磊　四川省交通运输厅运输管理处处长

贵州省

徐　欧　贵州省毕节高速公路管理处海子街路政执法大队原副大队长

郑金杼　贵阳市公共交通(集团)有限公司小河运营分公司十三车队 67 路

驾驶员

毛凌霞(女)　贵州高速公路集团有限公司营运事业部安顺中心安顺东收费站收费员

李　军　贵州省独山公路管理段麻尾超限检测站站长

云南省

胡永昆　昆明公交集团有限责任公司城市巴士公司44车队驾驶员

李　虹(女)　昆明万能出租汽车有限公司驾驶员

马永平(女)　昆明西管理处安宁西(温泉)收费站站长

王雪垠　云南省交通运输厅路网监测与应急指挥中心副主任

西藏自治区

姚　旭　西藏自治区道路运输管理局客货运管理科四级主任科员

格桑旺杰(藏族)　西藏自治区公路局安全生产管理处副处长

陕西省

张成钢　陕西省交通投资集团有限公司资产经营部干事

杨丹东　商洛市交通运输局运输管理科科长

党卫军　宝鸡市交通运输局运输管理科科长

王建勋　陕西省交通运输厅办公室主任、一级调研员

芦　军　陕西省交通运输厅公路管理处处长

甘肃省

张小东　兰州新区城市公共交通有限公司711路公交驾驶员

李　伟　麦积高速公路路政执法大队路政员

青海省

肖玉福　青海省交通医院副主任医师

王　磊　青海省高速公路运营管理有限公司西宁西主线收费站站长

宁夏回族自治区

周　鹏　宁夏公路管理中心石嘴山分中心陶乐公路养护站党支部书记、站长

刘志伟　宁夏交投高速公路管理有限公司滨河新区收费站党支部书记、站长

新疆维吾尔自治区

何彦成　新疆交投科技有限责任公司系统运维部乌昌片区负责人

王建新　昌吉公路管理局安全监督保卫科科长

于　凯　新疆维吾尔自治区道路运输管理局后勤服务中心职工

吴　东(蒙古族)　新疆维吾尔自治区交通建设管理局机关服务中心经营科副科长

麦尔哈巴·艾尔肯(女　维吾尔族)　新疆维吾尔自治区交通运输综合行政执法局和田执法支队布雅治超站站长

艾山江·哈米提(维吾尔族)　新疆维吾尔自治区交通运输厅安全监督处副处长

新疆生产建设兵团

徐　刚(裕固族)　哈密市红星客运服务有限公司红星4路驾驶员

张　伟　石河子市公共交通有限责任公司一分公司1路车驾驶员

海事系统

王　宁　大连和尚岛海事处综合办公室主任

姜荣军　烟台长岛海事处处长

汪琼莉(女)　舟山海事局政务中心副主任

林　武　福建海事局指挥中心一级主任科员

叶心斌　三亚海事局通航管理处(指挥中心)处长(主任)

苏达志　黑河海事局船舶监督处副处长

耿庆波　深圳海事局船舶监督处三级主任科员

吴晓军　连云港灌河海事处副处长

刘国鑫(土家族)　南海航海保障中心广州航标处船舶管理中心副主任

宁　波　交通运输部海事局船舶监督处处长

救捞系统

杨永锐　交通运输部南海救助局救助船队二副

刘　飞　交通运输部北海救助局党务管理管理八级

郁建荣　交通运输部上海打捞局救捞拖轮船队船长

熊希友　交通运输部烟台打捞局港务管理中心主任

钟松民　交通运输部广州打捞局华天龙工程总监

船级社系统

杜海根　中国船级社武汉分社副总经理

周其新　中国船级社新加坡分社雅加达办事处经理

胡　凯　中国船级社秦皇岛分社验船师

王在忠　中国船级社青岛分社日照办事处验船师

仲晓雯(女)　中国船级社总部办公室主管

长航系统

尹彩霞(女)　长江航运总医院重症医学科护士长

万明叶(女)　长江航运总医院神经内科一病区护士长

左　斌　长江航运总医院骨外科主治医师

杜远敏(女)　长江航运总医院神经内科一病区主任

王　凌(女)　长江航运总医院综合办公室主任

王　凯　长江航运总医院院长、党委副书记

程　璐(女)　中国水运报社有限公司全媒体采访中心主任

杨　冰(女)　长江三峡通航管理局葛洲坝船闸管理处运行主管

汪　璐(女)　长江三峡通航管理局三峡通航指挥中心运行值主管

宋　华　长江宜昌航道局"宜道标305"船长

魏　东　长江口航道管理局"长江口01"船长

李　赟　长江武汉航道工程局经营部部长

毕　洋　长江通信管理局运行保障中心终端管理员

徐　攀　长江海事局后勤管理中心业务科科长

袁忠林　武汉海事局指挥中心主任

侍　嵘　南京海事局办公室四级高级主办

周传喜　长江海事局指挥中心副主任

吴海波　交通运输部长江航务管理局抗疫后勤保障组组长

崔　文(女)　交通运输部长江航务管理局抗疫宣传与舆情监测组组长

李顺利　交通运输部长江航务管理局抗疫综合协调组副组长

交通运输部珠江航务管理局

虞飞虎　交通运输部珠江航务管理局办公室一级主任科员

交通运输部天津水运工程科学研究院

刘俊涛　交通运输部天津水运工程科学研究院办公室主任、机关党总支书记

大连海事大学

周强锋　大连海事大学船舶电气工程学院半军事管理大队大队长

王英杰　大连海事大学保卫处安保中心主任

张世锋　大连海事大学继续教育学院副院长

部机关及部属在京单位

周　馨(女)　中国交通通信信息中心保网中心高级工程师

耿长龙　交通运输部机关文印室主任

常　亮　交通运输部政策研究室新闻中心主任助理

杨晓亮　交通运输部综合规划司投资计划处四级调研员

梁雪峰　交通运输部人事教育司教育培训处处长

温连明　交通运输部水运局港口管理处四级调研员

余兴源　交通运输部运输服务司货运与物流管理处处长

郑怀宇　交通运输部国际合作司亚太事务处处长

潘　星　中国海上搜救中心(中国海上溢油应急中心)应急管理处四级调研员

张兴远　中国海上搜救中心(中国海上溢油应急中心)指挥协调处三级调研员

梁志钢　交通运输部机关服务中心国交物业公司物业部经理

全国交通运输系统抗击新冠肺炎疫情先进集体名单

（309 个）

铁路系统

中国铁路哈尔滨局集团有限公司绥芬河站国际联运交接所车间

中国铁路哈尔滨局集团有限公司满洲里站客运车间

中国铁路沈阳局集团有限公司沈阳站客运车间

中国铁路沈阳局集团有限公司吉林车务段吉林站

中国铁路北京局集团有限公司天津铁路疾病预防控制中心消毒消杀科

中国铁路北京局集团有限公司北京南站客运车间

中国铁路太原局集团有限公司疾病预防控制所疾病控制科

中国铁路呼和浩特局集团有限公司呼和浩特铁路疾病预防控制所体检科（疾控科）

中国铁路郑州局集团有限公司郑州机务段客运车间

中国铁路武汉局集团有限公司江岸机务段信阳运用车间

中国铁路武汉局集团有限公司武汉高铁工务段流芳线路车间

中国铁路西安局集团有限公司西安站西安客运车间

中国铁路济南局集团有限公司济南客运段动车车队

中国铁路济南局集团有限公司烟台车务段烟台南站

中国铁路上海局集团有限公司上海铁路疾病预防控制所职业卫生和环保监测科

中国铁路上海局集团有限公司杭州客运段高铁四车队

中国铁路南昌局集团有限公司福州疾病预防控制所疫情现场处置组

中国铁路南昌局集团有限公司南昌机务段动车一车间

中国铁路广州局集团有限公司深圳车站深圳北车站

中国铁路广州局集团有限公司长沙南车站客运车间

中国铁路南宁局集团有限公司南宁客运段动车一车队

中国铁路成都局集团有限公司成都客运段上海 3 队

中国铁路成都局集团有限公司贵阳车站客运车间

中国铁路昆明局集团有限公司昆明站客运车间

中国铁路兰州局集团有限公司天水车站天水南车间

中国铁路青藏集团有限公司拉萨车站客运运转车间

川藏铁路有限公司川藏铁路工程建设康定指挥部

中铁联合国际集装箱有限公司武汉分公司

中国铁道科学研究院集团有限公司电子所 12306 技术部

铁总(北京)培训中心有限公司餐饮部

中国铁路设计集团有限公司资产经营事业部疫情防控组

大秦铁路股份有限公司大同站客运车间

中国铁路郑州局集团公司南阳车务段耿坡车站

中国铁路北京局集团有限公司北京站客运车间丙班

中国铁路武汉局集团公司机关服务所机关食堂班组

中国铁路上海局集团有限公司徐州站徐州东站

《人民铁道》报业有限公司全媒体采访中心

中国铁路乌鲁木齐局集团有限公司乌鲁木齐货运中心甘泉堡营业部

中国铁路沈阳局集团公司客运部

武汉铁路监督管理局监管一处党支部

沈阳铁路监督管理局监管二处党支部

国家铁路局机关服务中心后勤服务处党支部

国家铁路局装备技术中心铁路机车车辆驾驶人员资格研究所(考试)党支部

国家铁路局运输监督管理司客运监管处

国家铁路局综合司(外事司)局长办公室(督查室、应急办)

民航系统

中国国际航空股份有限公司地面服务部旅客服务中心

中国国际航空股份有限公司运行控制中心总值班室

中国国际航空股份有限公司湖北分公司地面服务部

中国国际航空股份有限公司西南分公司地面服务部

河北航空有限公司空中乘务部

中国联合航空有限公司综合管理部

中国东方航空股份有限公司客舱服务部

中国东方航空股份有限公司运行控制中心

中国东方航空股份有限公司山西分公司飞行部

中国东方航空武汉有限公司运行控制部

东航云南有限公司综合管理部

中国东方航空股份有限公司西北分公司客舱服务部

山东航空股份有限公司地面服务部值机单元

厦门航空飞行总队

春秋航空股份有限公司地面服务部

上海吉祥航空股份有限公司 HO1340 机组

浙江长龙航空有限公司

中国南方航空股份有限公司北京分公司飞行部 A380 分部

中国南方航空股份有限公司北方分公司客舱部

中国南方航空股份有限公司黑龙江分公司客舱部

中国南方航空河南航空有限公司后勤保障部航卫室

中国南方航空股份有限公司湖北分公司地面服务保障部

中国南方航空股份有限公司湖南分公司地面服务保障部

中国南方航空股份有限公司地面服务保障部国际客服部国际服务室

中国南方航空股份有限公司运行指挥中心运行调度中心

中国南方航空股份有限公司新疆分公司客舱部

海南航空控股股份有限公司北京基地北京乘务队

海南航空控股股份有限公司客舱管理部

深圳航空有限责任公司飞行部

顺丰航空武汉防疫运输航班保障团队

昆明航空有限公司飞行部

重庆航空执行重庆市首批援鄂医疗队重要航班机组

贵州航空有限公司地面服务保障部

中航信移动科技有限公司

华南蓝天航空油料有限公司广东分公司

中国航材集团北京华诺航空服务有限公司
上海民航华东凯亚系统集成有限公司
北京首都国际机场股份有限公司运行控制中心党委
首都机场集团公司北京大兴国际机场航站楼管理部党总支
天津滨海国际机场客运服务部
天津滨海国际机场安全检查站
河北机场管理集团有限公司石家庄国际机场分公司
太原国际机场有限责任公司候机楼管理部
内蒙古自治区民航机场集团有限责任公司地面服务分公司
沈阳桃仙国际机场股份有限公司应急救援中心
上海机场(集团)有限公司虹桥国际机场公司
上海国际机场股份有限公司交通保障部
东部机场集团南京机场航站区管理部
杭州萧山国际机场疫情防控前线指挥部
青岛国际机场管理公司
元翔(厦门)国际航空港股份有限公司
青岛直升机航空有限公司
深圳市机场股份有限公司
河南省机场集团有限公司卫生服务中心
湖北机场集团实业发展有限公司
湖南机场股份有限公司长沙黄花国际机场分公司
广西机场管理集团南宁吴圩国际机场有限公司运行指挥中心
广西北部湾航空有限责任公司“白衣天使”护送团队
海口美兰国际机场有限责任公司
成都双流国际机场股份有限公司医疗救护中心
云南机场集团有限责任公司丽江三义国际机场
重庆江北国际机场有限公司医疗救护中心
西安咸阳国际机场股份有限公司医疗急救部
兰州中川国际机场有限公司
西部机场集团宁夏机场有限公司安检护卫部

民航西安医院

新疆机场(集团)有限责任公司乌鲁木齐国际机场分公司安全检查总站

中国民用航空华北地区空中交通管理局综合保障中心党委

中国民用航空东北地区空中交通管理局办公室

中国民用航空华东地区空中交通管理局后勤服务中心

中国民用航空深圳空中交通管理站管制运行部

中国民用航空中南地区空中交通管理局河南分局

中国民用航空中南地区空中交通管理局湖北分局

中国民用航空中南地区空中交通管理局空中交通管制中心区域管制中心

中国民用航空西南地区空中交通管理局办公室

中国民用航空新疆空管局空中交通管制中心区域管制中心区域管制一室

中国民用航空局空中交通管理局疫情防控领导小组办公室

中国民用航空局机关服务局综合保障中心党支部

中国民航大学医院

中国民用航空飞行学院医院

中国民航报社出版社宣教中心网站党支部

中国民用航空局民用航空医学中心民用航空医学研究所党支部

中国民用航空局民用航空医学中心感染疾病科

中国民用航空局运行监控中心运行监控处党支部

首都机场公安局境外输入疫情防控专班

中国民用航空华北地区管理局航空卫生处党支部

中国民用航空华北地区管理局机关服务中心党委

中国民用航空北京安全监督管理局党委

中国民用航空北京大兴国际机场安全监督管理局党委

中国民用航空天津安全监督管理局飞标处

中国民用航空大连安全监督管理局

中国民用航空华东地区管理局运输管理处

中国民用航空上海安全监督管理局

中国民用航空青岛安全监督管理局

中国民用航空湖北安全监督管理局飞行标准处

中国民用航空广东安全监督管理局

中国民用航空深圳安全监督管理局

中国民用航空中南地区管理局运输管理处

中国民用航空中南地区管理局航空卫生处

中国民用航空重庆安全监督管理局飞行标准处

中国民用航空贵州安全监督管理局运输处

中国民用航空四川安全监督管理局

中国民用航空西藏自治区管理局运行指挥中心

中国民用航空西南地区管理局航空卫生处

中国民用航空乌鲁木齐安全监督管理局

中国民用航空局综合司第四党支部

中国民用航空局国际司国际关系一处

中国民用航空局运输司国际航空运输处

中国民用航空局飞行标准司民用航空卫生处

中国民用航空局公安局二处

邮政系统

中国邮政集团有限公司北京市机要通信局交通室

中国邮政集团有限公司河北省石家庄邮区中心局邮件运输中心干线班

中国邮政集团有限公司哈尔滨市寄递事业部同城配送中心

上海邮电医院战疫突击队

中国邮政集团有限公司安徽省合肥邮区中心局邮件运输中心

中国邮政集团有限公司江西省南昌邮区中心局邮件运输中心干线驾驶 1 组

中国邮政集团有限公司山东省济南邮区中心局邮件运输中心干线运输班

中国邮政集团有限公司河南省郑州邮区中心局邮件运输中心武汉邮路班组

中国邮政集团有限公司武汉市寄递事业部物流业务部

中国邮政集团有限公司武汉邮区中心局邮件运输中心

中国邮政集团有限公司武汉市东西湖区分公司

中国邮政储蓄银行股份有限公司仙桃市支行

中国邮政储蓄银行股份有限公司武汉市分行

中国邮政集团有限公司湖南省长沙邮区中心局

中国邮政集团有限公司广州邮区中心局广州—武汉运输专线班组

中国邮政集团有限公司四川省寄递事业部“众志成城　勇士战队”

中国邮政集团有限公司云南省罗平县分公司女子投递组

中国邮政集团有限公司新疆维吾尔自治区乌鲁木齐邮区中心局乌鲁木齐至北京押运队

中国邮政集团有限公司寄递事业部指挥调度中心

中国邮政集团有限公司邮政业务部渠道平台处

中国邮政储蓄银行股份有限公司总务部机关事务处

中国邮政航空有限责任公司飞行部

京东物流北京蔬果保供车队

顺丰速运(天津)有限公司营运部

大连京迅递供应链科技有限公司

吉林省顺丰速递有限公司望云北路速运经营分部

黑龙江省顺丰速运有限公司绥化分公司海伦营业部

圆通速递有限公司品牌传播部

南京苏宁物流有限公司

杭州圆通货运航空有限公司抗击新冠肺炎疫情保障团队

浙江顺丰速运有限公司客服团队

安徽顺丰速运有限公司铜陵分公司

江西顺丰速运有限公司营运部司机组

河南省顺丰速运有限公司信阳市高新区营业部

湖北顺丰速运有限公司武汉分公司

京东物流武汉将军营业部

湖南顺丰速运有限公司国际业务部

广西顺丰速运有限公司疫情应对小组

京东物流海南分拨中心

泸州韵达快递有限公司

云南顺丰速运有限公司文山分公司

兰州顺丰速运有限公司营运部

青海百世快递支援武汉运输队

北京市东区邮政管理局党支部
石家庄市邮政管理局
内蒙古自治区邮政管理局市场监管处党支部
浙江省邮政管理局市场监管处
信阳市邮政管理局
武汉市邮政管理局机关党支部
宜昌市邮政管理局机关党总支
荆州市邮政管理局
重庆市邮政管理局六分局党支部
成都市邮政管理局机关党总支
贵州省邮政管理局市场监管处
乌鲁木齐市邮政管理局机关党支部
国家邮政局邮政业应对新冠肺炎疫情工作领导小组办公室

北京市

北京市地铁运营有限公司运营二分公司北京西站站区
首约科技(北京)有限公司
北京民航机场巴士有限公司
北京市交通委员会安全监督与应急处
北京市交通委员会宣传处

天津市

天津轨道交通运营集团有限公司
天津市港航管理局航务监管处

河北省

河北高速公路集团有限公司石安分公司石家庄收费站
河北省高速公路禄发实业总公司安全管理部

山西省

太原高速公路管理有限公司长风西收费站

晋中市交通运输局

内蒙古自治区

内蒙古自治区疫情防控指挥部交通保障组

内蒙古自治区交通运输综合行政执法总队

辽宁省

辽宁省高速公路运营管理有限责任公司

辽宁省大连路政执法队

辽宁省交通运输事务服务中心港口航运部

吉林省

长春公路客运集团有限公司

吉林省吉高服务区管理有限公司

黑龙江省

绥芬河口岸入境人员疫情防控领导小组货运管控组

哈尔滨市公共交通和出租汽车事业发展中心

黑龙江省交通运输厅疫情防控综合协调组

上海市

上海强生出租汽车有限公司

上海地铁第一运营有限公司 10 号线运营维护管理部 2/10/17 号线虹桥火车站

上海国际港务(集团)股份有限公司振东集装箱码头分公司

江苏省

江苏宁沪高速公路宁镇管理处汤山收费站

苏汽集团有限公司涉外疫情防控交通转运组

江苏省交通运输厅运输管理局

浙江省

嘉兴市国鸿汽车运输有限公司

嘉兴市交通运输局

浙江省交通运输厅运输处

安徽省

安徽皖通高速公路股份有限公司

安徽省道路运输管理服务中心

福建省

漳州市芗城区交通运输局

南平市交通运输局

江西省

江西畅行高速公路服务区开发经营有限公司

江西南昌公共交通运输集团有限责任公司

九江市交通运输综合行政执法支队

山东省

青岛前湾西港联合码头有限责任公司

山东高速服务区管理有限公司青银路潍坊分公司潍坊西服务区

河南省

濮阳市交运汽车客运有限责任公司

信阳市交通运输局

郑州市交通运输局

湖北省

宜昌公交集团有限责任公司

荆州先行旅游客运有限公司

武汉市公共交通集团有限责任公司
襄阳市公共交通集团有限责任公司
黄冈市黄州区农村公路管理局
荆门市东宝区交通运输局
武汉市交通运输局
湖北省交通运输厅支援武汉市工作组

湖南省

岳阳市交通运输综合行政执法支队公交执法大队
长沙市交通运输局
湖南省道路运输管理局

广东省

广东省路桥建设发展有限公司二广分公司丰阳中心站
广州地铁集团有限公司运营事业总部
韶关市交通运输局

广西壮族自治区

广西北部湾投资集团有限公司沿海高速公路分公司
广西壮族自治区北部湾港钦州引航站
广西壮族自治区疫情防控指挥部交通运输协调专项小组

海南省

海南海汽运输集团股份有限公司

重庆市

重庆高速公路路网管理有限公司
重庆公路运输(集团)有限公司
重庆市交通运输综合行政执法总队高速公路第二支队四大队

四川省

四川省汽车运输自贡集团有限公司

四川省交通运输厅高速公路交通执法第三支队一大队

四川省交通运输厅道路运输管理局

贵州省

贵阳汽车客运西站有限公司

贵州省应对新型冠状病毒感染的肺炎疫情防控领导小组社会防控组交通工作专班

云南省

南华县腾龙物流有限公司

云南省交通投资建设集团有限公司新冠肺炎疫情防控工作领导小组办公室

西藏自治区

西藏自治区交通运输厅安全监督处(疫情办)

陕西省

陕西高速集团服务区管理分公司

西安市交通运输局

甘肃省

甘肃省交通运输厅防疫办公室

青海省

青海省公路路政执法总队

宁夏回族自治区

宁夏公路管理中心固原分中心

新疆维吾尔自治区

新疆交通职业技术学院

霍尔果斯口岸国际道路运输管理局

哈密公路管理局

新疆生产建设兵团

国家第 39 紧急医疗救援队后勤保障组(石河子市公共交通有限责任公司)

海事系统

上海海事局船员管理处党支部

广东海事局防控新冠肺炎疫情工作领导小组办公室

救捞系统

交通运输部救助打捞局救助管理处党支部

船级社系统

中国船级社武汉规范研究所党委

长航系统

长江航运总医院

三峡海事局三峡航道局党总支

长江武汉航道局离退休职工服务中心党总支

长江航道局疫情预防应对航道保畅组

长江引航中心党委

武汉阳逻海事处

长航局系统服务社区抗击疫情党员突击队临时党支部

交通运输部长江航务管理局安全管理处

大连海事大学

大连海事大学后勤服务(集团)公司党总支

部机关及部属在京单位

中国交通报社有限公司第一党支部

交通运输部机关服务中心机关第二党支部

交通运输综合应急指挥中心联合党支部

国务院复工复产推进机制国际物流工作专班交通运输部机关临时党支部

交通运输部深化收费公路制度改革取消高速公路省界收费站工作总指挥部工作组临时党支部

全国抗击新冠肺炎疫情表彰活动中交通运输系统受表彰名单

一、全国抗击新冠肺炎疫情先进个人(交通运输系统)

崔建刚　衡水市交通运输局安全监督科科长

李彦涛　石家庄新干线旅游集团有限公司董事长

张光明　锦州市交通运输局安全总监

杨　强　上海市交通委员会执法总队二十四大队大队长

黄　翔　上海市铁路上海站地区管理委员会办公室党组书记、常务副主任

傅仕伟　江苏省高速公路经营管理中心宁淮高速公路南京管理处党总支书记、处长

梁　茹(女)　中国铁路上海局集团有限公司南京疾病预防控制所副所长,主任医师

朱　斌　苏州市交通运输局运政稽查支队一大队大队长

朱林志　南通市交通运输综合行政执法支队综合执法员

凌建锋　镇江市公共交通有限公司党委副书记、总经理

倪小红(女)　杭州萧山国际机场有限公司医疗急救中心经理

梁志埠　福建省运输事业发展中心城运处副处长

李雪燕(女)　山东省交通运输厅运输管理处二级主任科员

余镇威　山东航空集团有限公司飞行部安全技术管理中心技术管理副经理

赵华清　山东省机场管理集团济南国际机场股份有限公司医疗急救中心党支部书记、主任,副主任医师

汪　勇　湖北顺丰速运有限公司分部经理

聂三华　武汉市公共交通集团光谷营运分公司驾驶员

杨　新　武汉航空港发展集团有限公司市政建设集团董事、副总经理

郑　彤　湖北公路客运集团股份有限公司第八运输分公司副经理

张　江　武汉市客运出租汽车管理处企业管理科负责人

李　华　武汉市城市道路维修养护管理站党支部书记、站长

程松松　襄阳市公交集团出租车驾驶员

吴　迪　荆州市沙市区交通运输局党委书记、局长

李红梅　黄冈市正富综合发展有限公司出租车司机

张儒波　广东省交通运输厅办公室主任、人事处处长

余权新　广州番禺莲花山港客运有限公司党总支书记、总经理

彭国生　重庆市交通运输综合行政执法总队高速公路第二支队六大队党支部书记、大队长

李　正　重庆市交通局综合运输管理处副处长

张　犇　西安咸阳国际机场股份有限公司医疗急救部党委副书记、总经理

田玉成　兰州中川国际机场有限公司消防护卫部急救中心主任

李建东　吴忠市交通运输综合执法支队八级职员

郝　慧(女)　新疆机场(集团)有限责任公司乌鲁木齐国际机场分公司急救中心(民航医院)急救站副站长

许宝利　交通运输部运输服务司二级巡视员

孙玉国　武汉阳逻海事处龙口海巡执法大队队长

徐开金　交通运输部长江航务管理局二级巡视员

蔡　飞　长江航道测量中心党群办公室副主任

王　刚　交通运输部路网监测与应急处置中心副主任

周　培　湖北省邮政管理局三级主任科员

张敬钰(女,满族)　中国铁路呼和浩特局集团有限公司呼和浩特客运段列车长

周冬长　中国铁路广州局集团有限公司长沙机务段动车组司机

马凤臣　中国铁路哈尔滨局集团有限公司绥芬河站党委副书记、站长

贾青青(女)　中国铁路武汉局集团有限公司武汉车站客运值班员

徐　龙　中国邮政集团有限公司武汉市江岸区分公司投递员

李卓明(女)　中国民用航空湖北安全监督管理局运输处一级调研员

部　扬　中国民用航空局运输司重大紧急航空运输协调办公室副主任

刘婷婷(女)　中航集团中国国际航空股份有限公司客舱服务部主任乘务长

朱本林　东航集团中国东方航空武汉有限责任公司运行控制部党委副书

记、总经理

田　静(女)　南航集团中国南方航空股份有限公司客舱部乘务七部二分部副经理

吴士泉　中国远洋海运武汉中远海运集装箱运输有限公司总经理

张　浩　中国中铁中铁四局集团中心医院科室主任

张　浩　中国铁建中铁第四勘察设计院集团有限公司副院长

刘宜全　中交集团第二航务工程局有限公司第六工程分公司副经理

二、全国抗击新冠肺炎疫情先进集体(交通运输系统)

天津市交通集团疫情应急车队临时党支部

太原国际机场有限责任公司党委

内蒙古民航机场集团有限责任公司呼和浩特分公司党委

沈阳市交通运输局共产党员突击队

沈阳桃仙国际机场股份有限公司党委

黑龙江省交通投资集团有限公司党委

上海机场(集团)有限公司

安徽民航机场集团合肥新桥国际机场消防护卫部党总支

厦门航空有限公司党委

青岛国际机场集团有限公司党委

长沙黄花国际机场疫情防控联合指挥部

湖南省高速公路集团有限公司

广州白云国际机场股份有限公司党委

三亚凤凰国际机场有限责任公司党委

重庆市渝北区机场疫情防控联动组临时党支部

重庆城市交通开发投资(集团)有限公司

四川航空股份有限公司党委

贵州省机场集团有限公司

云南省交通运输厅新冠肺炎疫情防控工作领导小组办公室

昆明长水国际机场有限责任公司党委

西安咸阳国际机场股份有限公司党委

西安咸阳国际机场新冠肺炎疫情联合防控指挥部

长江航运总医院抗疫一线临时党支部

中国铁路武汉局集团有限公司汉口车站

中国铁路北京局集团有限公司北京西站

北京首都国际机场股份有限公司航站楼管理部

中航集团中国国际航空股份有限公司飞行总队

东航集团中国东方航空股份有限公司上海飞行部党委

南航集团中国南方航空股份有限公司飞行总队 B777 机队

招商局集团“灾急送”应急物流志愿服务队

三、全国优秀共产党员(交通运输系统)

黄　翔　上海市铁路上海站地区管理委员会办公室党组书记、常务副主任

朱　斌　苏州市交通运输局运政稽查支队一大队大队长

许宝利　交通运输部运输服务司二级巡视员

李卓明(女)　中国民用航空湖北安全监督管理局运输处一级调研员

刘宜全　中交集团第二航务工程局有限公司第六工程分公司副经理

四、全国先进基层党组织(交通运输系统)

太原国际机场有限责任公司党委

内蒙古民航机场集团有限责任公司呼和浩特分公司党委

沈阳桃仙国际机场股份有限公司党委

安徽民航机场集团合肥新桥国际机场消防护卫部党总支

厦门航空有限公司党委

青岛国际机场集团有限公司党委

广州白云国际机场股份有限公司党委

重庆市渝北区机场疫情防控联动组临时党支部

四川航空股份有限公司党委

长江航运总医院抗疫一线临时党支部

东航集团中国东方航空股份有限公司上海飞行部党委

交通运输部系统抗击新冠肺炎疫情优秀共产党员和先进基层党组织名单

交通运输部系统抗击新冠肺炎疫情优秀共产党员名单

（共72人）

国家铁路局

付润杰　武汉铁路监督管理局综合处二级主任科员

钱　程　上海铁路监督管理局综合处三级主任科员

曲　亮　广州铁路监督管理局综合处一级主任科员

魏文峰　兰州铁路监督管理局综合处一级主任科员

李　鑫　成都铁路监督管理局综合处三级主任科员

周　岩(女)　国家铁路局机关服务中心房管物业处管理岗位七级职员

刘轩智　国家铁路局安全监察司综合分析处一级主任科员

中国民用航空局

曾赴云　北京首都国际机场医院(北京首都国际机场急救中心)院长、党委副书记

于增军　北京首都机场航空安保有限公司大兴国际机场分公司副总经理

王　利(女)　中国民用航空华北地区空中交通管理局三级助理

焦春连(女)　中国民用航空华北地区空中交通管理局三级助理

盛　苏(女)　中国民用航空局空中交通管理局北京恒久物业管理有限公司经理兼后勤服务中心主任

王文涛　中国民用航空局机关服务局物管中心副主任

肇　茜(女　满族)　中国民航报社要闻评论部副主任

范锦辉　中国民用航空局民用航空医学中心助理研究员

许思莹(女)　中国民用航空局运行监控中心飞行计划处高级工程师

姚午伟　中国民用航空华北地区管理局办公室副主任

高　斌　中国民用航空华北地区管理局航空卫生处副处长

宋玉芳(女)　中国民用航空华北地区管理局运输处副处长

吉大鹏　中国民用航空局政策法规司法规处处长

庞东亮　中国民用航空局发展计划司价格处四级调研员

林　琼(女)　中国民用航空局财务司预算管理处(综合处)处长

邸维光　中国民用航空局人事科教司培训教育处处长

刘　瑶(女　朝鲜族)　中国民用航空局飞行标准司民用航空卫生处副处长

梁满杰　中国民用航空局机场司安全处副处长

国家邮政局

张伶俐(女　土家族)　北京市邮政管理局市场监管处一级主任科员

孟德祥　辽宁省邮政管理局市场监管处处长

万　昌　吉林省邮政业安全中心副主任

丁　瑶　黑龙江省邮政管理局人事处三级主任科员

陈　非　上海市青浦邮政管理局局长

刘中岳　江苏省无锡市邮政管理局市场监管科副科长、江阴邮政管理局副局长(兼)、三级主任科员

郝晓东　安徽省淮南市邮政管理局办公室主任

汪玉峰　湖北省黄冈市邮政管理局市场监管科四级主任科员

张雅雯(女)　湖北省武汉市邮政管理局办公室(监察室)主任

刘新华　湖北省鄂州市邮政管理局党组成员、纪检组长、副局长

杨立妙(女)　广东省广州市邮政管理局办公室主任

王　韬(蒙古族)　国家邮政局市场监管司应急管理处处长

吴晓明　国家邮政局办公室调研室主任

海事系统

王　宁　大连和尚岛海事处综合办公室主任

姜荣军　烟台长岛海事处处长

汪琼莉(女)　舟山海事局政务中心副主任

林　武　福建海事局指挥中心一级主任科员

耿庆波　深圳海事局船舶监督处三级主任科员

刘国鑫(土家族)　南海航海保障中心广州航标处船舶管理中心副主任

救捞系统

杨永锐　交通运输部南海救助局救助船队二副

刘　飞　交通运输部北海救助局党务管理管理八级

船级社系统

杜海根　中国船级社武汉分社副总经理

周其新　中国船级社新加坡分社雅加达办事处经理

胡　凯　中国船级社秦皇岛分社验船师

长航系统

尹彩霞(女)　长江航运总医院重症医学科护士长

万明叶(女)　长江航运总医院神经内科一病区护士长

王　凌(女)　长江航运总医院综合办公室主任

王　凯　长江航运总医院院长、党委副书记

杨　冰(女)　长江三峡通航管理局葛洲坝船闸管理处运行主管

宋　华　长江宜昌航道局“宜道标305”船长

李　赟　长江武汉航道工程局经营部部长

袁忠林　武汉海事局指挥中心主任

侍　嵘　南京海事局办公室四级高级主办

周传喜　长江海事局指挥中心副主任

吴海波　交通运输部长江航务管理局抗疫后勤保障组组长

大连海事大学

王英杰　大连海事大学保卫处安保中心主任

部机关及部属在京单位

周　馨(女)　中国交通通信信息中心保网中心高级工程师

耿长龙　交通运输部机关文印室主任

常　亮　交通运输部政策研究室新闻中心主任助理

杨晓亮　交通运输部综合规划司投资计划处四级调研员

梁雪峰　交通运输部人事教育司教育培训处处长

温连明　交通运输部水运局港口管理处四级调研员

余兴源　交通运输部运输服务司货运与物流管理处处长

郑怀宇　交通运输部国际合作司亚太事务处处长

潘　星　中国海上搜救中心（中国海上溢油应急中心）应急管理处四级调研员

张兴远　中国海上搜救中心（中国海上溢油应急中心）指挥协调处三级调研员

梁志钢　交通运输部机关服务中心国交物业公司物业部经理

交通运输部系统抗击新冠肺炎疫情先进基层党组织名单

（共39个）

国家铁路局

武汉铁路监督管理局监管一处党支部

沈阳铁路监督管理局监管二处党支部

国家铁路局机关服务中心后勤服务处党支部

国家铁路局装备技术中心铁路机车车辆驾驶人员资格研究所（考试）党支部

中国民用航空局

北京首都国际机场股份有限公司运行控制中心党委

首都机场集团公司北京大兴国际机场航站楼管理部党总支

中国民用航空华北地区空中交通管理局综合保障中心党委

中国民用航空局机关服务局综合保障中心党支部

中国民航报社出版社宣教中心网站党支部

中国民用航空局民用航空医学中心民用航空医学研究所党支部

中国民用航空局运行监控中心运行监控处党支部

中国民用航空华北地区管理局航空卫生处党支部

中国民用航空华北地区管理局机关服务中心党委

中国民用航空北京安全监督管理局党委

中国民用航空北京大兴国际机场安全监督管理局党委

中国民用航空局综合司第四党支部

中国民用航空局国际司党支部

中国民用航空局运输司党支部

中国民用航空局飞行标准司党支部

国家邮政局

北京市东区邮政管理局党支部

内蒙古自治区邮政管理局市场监管处党支部

武汉市邮政管理局机关党支部

宜昌市邮政管理局机关党总支

重庆市邮政管理局六分局党支部

成都市邮政管理局机关党总支

乌鲁木齐市邮政管理局机关党支部

海事系统

上海海事局船员管理处党支部

救捞系统

交通运输部救助打捞局救助管理处党支部

船级社系统

中国船级社武汉规范研究所党委

长航系统

三峡海事局三峡航道局党总支

长江武汉航道局离退休职工服务中心党总支

长江引航中心党委

长航局系统服务社区抗击疫情党员突击队临时党支部

大连海事大学

大连海事大学后勤服务(集团)公司党总支

部机关及部属在京单位

中国交通报社有限公司第一党支部

交通运输部机关服务中心机关第二党支部

交通运输综合应急指挥中心联合党支部

国务院复工复产推进机制国际物流工作专班交通运输部机关临时党支部

交通运输部深化收费公路制度改革取消高速公路省界收费站工作总指挥部工作组临时党支部

综述和评论

在大战大考中书写让人民满意的交通答卷

——写在全国交通运输系统抗击新冠肺炎疫情表彰大会召开之际

中国交通报记者姚锋　中国水运报记者孙丹妮

这是一场突如其来的危机，也是一场前所未有的大考！

新冠肺炎疫情是百年来全球发生的最严重的传染病大流行，是新中国成立以来我国遭遇的传播速度最快、感染范围最广、防控难度最大的重大突发公共卫生事件。

以习近平同志为核心的党中央，团结带领全国各族人民，进行了一场惊心动魄的抗疫大战，经受了一场艰苦卓绝的历史大考，付出巨大努力，取得抗击新冠肺炎疫情斗争重大战略成果，创造了人类同疾病斗争史上又一个英勇壮举！全国交通运输行业听党指挥、攻坚克难、顽强作战、能打胜仗，有力发挥了抗击疫情的“先行官”“保障队”“防火墙”作用，为我国疫情防控取得重大战略成果提供了坚强保障，忠实践行了生命至上、举国同心、舍生忘死、尊重科学、命运与共的伟大抗疫精神，书写了让人民满意的交通答卷。

凝聚起交通运输抗疫的磅礴力量

疫情就是命令、防控就是责任！交通运输部闻令而动，迅速动员部署。4000多万交通人全员皆兵、尽锐出征，与全国人民同呼吸、共命运，肩并肩、心连心，全力投入抗疫斗争中。

1月21日，交通运输部建立联防联控机制，启动应对疫情Ⅱ级应急响应。1月25日（农历大年初一），交通运输部党组全面升级行业应急响应，成立应对新冠肺炎疫情工作领导小组，由部党组书记杨传堂、部长李小鹏任组长，统筹开展交通运输疫情防控、服务保障、复工复产、社会稳定等各项工作。一个强有力的作战指挥体系、政策体系、力量体系、保障体系迅速建立并不断完善，实现防控“一盘棋”、运行“一张网”、作战“一张图”。

截至目前，交通运输部共召开领导小组会20次，联防联控机制会议146次，部署完成1060余项工作任务。作为行业疫情防控总指挥部，交通运输部应急指挥大厅的灯光彻夜通明，一条条指令从这里发出，迅速传达到基层、传达到一线，变成应急物资、变成驰援人员、变成安全屏障……

疫情暴发，正值春运高峰，交通运输系统在阻断和保通的双重压力下双线作战。阻断疫情传播是打赢交通抗疫阻击战的重要任务，交通运输部果断实施“一断三不断”，采取最全面最严格最彻底的防控措施，有效阻断病毒传播链条，坚决阻断病毒通过交通运输传播，筑牢人民生命安全和身体健康的“防火墙”。同时，不惜代价，不计成本，优先保障应急运输，建立应急物资快捷运送“保障线”，打通“大动脉”、畅通“微循环”，全力疏通疫情防控“生命线”。

交通运输部坚决贯彻落实疫情防控工作总要求，加强横向联动、纵向互动，统筹铁路、公路、水运、民航、邮政等运输方式，全面调动和指导行业，果断推出公路“三不一优先”，铁路“七快速”，水运“四优先”，民航客运“减而不断”、货运“运贸对接”，以及邮政“快递绿通”等政策措施，形成综合交通整体防控的最大合力，为应急运输接力开通“绿色通道”，无缝隙对接，无延迟转运，用“中国速度”保障最精锐的力量向风暴之眼驰援、最优质的资源向决战之地汇聚。统筹行业优势资源，形成扁平化工作体系，政企互动，同频共振，发挥中央企业、骨干民营企业国家队、主力军作用，千方百计控疫情、畅运输、保安全。

生命至上。疫情期间，时间就是生命，保应急运输就是保生命安全。为做好应急物资运输保障，交通运输部会同工业和信息化部、公安部、海关总署、国家邮政局、中国国家铁路集团有限公司、中国邮政集团有限公司成立了应对新冠肺炎疫情物资保障组物流保障办公室，统筹各种运输方式，建立部省联动的运输保障工作机制，协调解决应急运输通行问题，全力做好应对疫情各类应急物资、生活物资、重点生产物资运输保障。

交通运输部运输服务司货运与物流管理处处长余兴源是物流保障办公室总联络员，大年初一深夜，他在家中接到组建物流保障工作组的指令，立即投入筹备工作。大年初三一大早，来自交通运输部运输服务司、公路局、水运局、海事局的7名工作人员便实现了集中办公，24小时值守，全天候调度，一事一处理，确保需求及时响应、问题及时解决、物资及时送达。截至9月底，物流保障办公室累计受理并解决运输保障事项6.3万项，累计下达紧急运输指令153项，充分发挥了物资运输调度中枢作用。

在湖北保卫战、武汉保卫战期间，各种交通运输方式联动，共完成4.2万余名援鄂医护人员运输任务。截至6月30日，通过铁路、公路、水运、民航、邮政运输方式累计向湖北和武汉运送物资3.8万批、生活物资127万吨、生产物资579.6万吨，邮政快递累计运送包裹7.72亿件，为打赢湖北保卫战、武汉保卫战提供了坚强的运输保障。

各地交通运输部门和运输企业，认真做好交通工具和场站消毒、通风、卫生清洁工作，做好乘客体温检测、发热乘客移交、乘客信息登记等疫情防控措施，全面开展疫情防控工作，每天有60万至80万交通人奋战在全国2.3万处卫生检疫站。

从车站、码头、机场到服务区、收费站、检查岗，全面织密织牢交通运输防控网；从疫情防控最前沿到物资运输保障线，形成了多条战线紧密配合、并肩作战的局面。广大交通人用绝对忠诚和专业精神筑牢交通运输防线，为夺取全国抗疫斗争重大战略成果贡献了力量。

武汉“封城”76天，武汉市交通运输局围绕城市“禁而有序”、阻隔“疏堵结合”的目标，按照“外保顺畅、内保运转”的原则，及时运送医疗、生产、生活物资，实现了城市运转不停顿、不断档；并全力保障医者、患者、应急、商务的有序出行，为武汉保卫战当好“通勤兵”。全市共动员1810辆公交车、250辆大巴、6000辆出租汽车、19600辆货车投入运输工作。在急需大量面对面服务医疗病患人员的关键时刻，大批公交、出租汽车、大巴驾驶员主动请战、争先上阵，涌现出众多的夫妻兵、父子兵。

北京市交通委安全监督与应急处勇挑重担，以饱满的精神状态投入到高标准、高要求、高负荷抗疫工作中。在疫情防控攻坚阶段，全处13名人员分赴6个集中检测点全程工作，组织完成市公交集团、市地铁运营公司、京港地铁公司一线，共计20.8万名从业人员核酸检测任务。

中国邮政航空有限责任公司飞行部全力投入疫情防控战争，飞行人员主动请缨,大年初一骨干力量全部待命,初二首班机组奔赴南京,初三开通广州—武汉抗疫专机航线,从首班执飞武汉紧急运送防疫物资专包机,到首飞宜昌开辟第二个生命救援通道,再到绥芬河口岸告急征战东北,先后承运了新冠肺炎毒株、"干细胞"、体外膜肺氧合机(ECMO)等高危、重要物资,以及转运来自白俄罗斯、荷兰、德国等10余国家的抗疫物资运输任务147架次2550余吨。

2月26日,国航、邮航2架飞机"跨国接力",行程近万公里,历时不到17小时,将16台ECMO从德国顺利运抵武汉,为危重症患者抢救赢得宝贵时间。

让党旗高高飘扬在交通运输抗疫一线

在这场生与死的大战大考前,交通运输系统充分发挥党组织战斗堡垒作用和党员先锋模范作用,广大党员日夜奋战在抗击疫情的最前沿,不惧生死,无畏逆行,让党旗在防控疫情斗争第一线高高飘扬。

交通运输系统各级党组织和广大党员把初心写在行动上,把使命落在岗位上。部党组带领部机关走好"第一方阵",团结带领行业4000多万干部职工,坚决服从党中央统一指挥统一协调统一调度,启动特别重大突发事件战时动员机制,在大战大考中检验了初心使命。

一个基层组织就是一座堡垒。全行业各级党组织深入开展"党旗飘在一线、堡垒筑在一线,党员冲在一线"突击行动,把党的组织和党的工作覆盖到疫情防控工作的各领域、各环节。各级党组织领导班子和领导干部敢于担当、敢于作为,做到守土有责、守土担责、守土尽责。

交通运输部机关综合应急指挥中心联合党支部开展24小时应急处置,国际物流专班临时党支部坚持一事一办,确保物流链畅通,部机关预备队均成立临时党支部,应急待命。

长江航运总医院党委组建抗疫一线临时党支部,支部党员不惧危险,勇当捍卫人民生命安全和身体健康的先锋突击队,同时间赛跑,从死亡线上挽回569名群众的生命。在党员示范引领下,全院医务人员纷纷请战一线,50余名医务人员递交了入党申请书,8名一线医务工作者光荣加入了党组织。

武汉铁路监管局监管一处党支部党员积极响应号召,主动请缨,下沉社区支援疫情防控工作。他们始终坚守一线,走遍了社区4个小区47栋居民楼,积极组织物资团购和转运发放,及时解决居民生活困难,受到群众的交口称赞。

2月24日,东航执行的首班上海市复工包机航班从郑州飞抵浦东机场,将

160 名来自河南的世邦集团员工送抵上海。航班乘务组全程精细化的旅客测温、防护安排，赢得了大家的点赞。从保障中国民航单日规模最大的抗疫运输，到承运上海市规模最大的援鄂医疗队，从接回上海最后一批驰援武汉的医护人员，到远赴罗马护航首个我国支援海外抗疫专家组，都能见到东航客舱人的身影。截至 9 月中旬，东航客舱部已保障各类防疫包机任务 1982 架次，东航客舱的 34 个党组织、近 700 名党员纷纷写下请战书，请缨逆行。

面对严峻的船员正常换班和复工复产问题，上海海事局船员管理处党支部直面困难，主动作为，在部海事局党组的领导下，先行先试，率先推出《上海地区疫情期间船员换班指南》，并和上海市有关部门共同制定了《重点国家来/返沪船舶船员健康管理要求》。在前期做好大量规范制度和预案准备的基础上，上海港采用全流程闭环管理，正式有序开展船员换班，成为全国首个开放中国籍船员境内换班的港口。船员换班的有序开展，有力推动了航运企业的复工复产，确保了海上物流供应链的畅通，受到航运界的高度肯定。

据统计，抗疫斗争打响后，交通运输部系统成立 1000 多支党员突击队，地方各级交通运输主管部门普遍成立临时党支部、设立党员先锋岗，筑起一道道疫情防控屏障。

一个党员就是一面旗帜。广大党员在危难时刻挺身而出、英勇奋斗、扎实工作，真正做到疫情在哪里，就战斗到哪里，充分发挥着“主心骨”作用，用自己的一言一行带动和凝聚着团队。

共产党员、交通运输部运输服务司二级巡视员、道路客运管理处处长许宝利，作为中央指导组第一批成员飞抵武汉，在一线开展物资运输保障协调和指导工作，冒着可能被病毒感染的危险，深入武汉城区调研，在前线连续战斗 60 天。

大年初一，共产党员、安徽省高速公路路政支队蚌徐大队大队长赵辉的母亲突发心梗，被紧急送往上海中山医院救治。同行陪护的赵辉在接到防疫命令后，毅然含泪告别老母亲，连夜驱车奔赴抗疫一线。

疫情防控期间，北京公交集团第五客运分公司第二车队所属的 818 路公交车，是唯一连接北京城区至河北燕郊市民通勤的公交线路，每天最高客流达 3 万人次。从疫情初期至全面恢复运营的 184 天里，共产党员、车队副队长王宝利每天清晨 5 点到白庙检查站和重点站台观察进京客流、现场调度车辆；中午赶回燕郊场站分析当日运营数据，适时调整运营措施；晚高峰再到郎家园站台现场指挥运营,确保车辆满载率。每天步行超过2万,生病也顾不上去医院。他说:“现在正是疫情防控的关键期,太多工作需要处理,我怎么能不在岗位上。”

共产党员、中国铁路上海局集团有限公司苏州站客运值班员康君,刚做完肿瘤手术在家休养。看着疫情形势严峻,他主动请战返回工作岗位,家人不同意。康君坚定地说:“我是一名共产党员,大家都奋战在一线,我也应该尽一份自己的力量。”最终他说服家人,积极投入到工作中。

共产党员、天津市交通运输委员会办公室主任黄红星主动担当抗疫工作“总值班员”,日夜坚守岗位,每天接打上百个电话,始终保持着顽强坚韧的战斗意志。抗疫工作以来拟办、流转文件9000余件,报送疫情信息310期,承办各类会议200余场。

武汉保卫战打响后,武汉机场承担了大规模援鄂医疗人员及物资运输等重大专包机保障任务,作为机场航站区运行“龙头”部门,武汉天河机场航站区管理部运控中心党支部书记、主任戴宗东勇担重任,精心组织,严格落实“一机一方案”的工作要求,组织优化保障流程,制定专项保障措施,全流程统筹协调。每当遇到有风险的保障任务时,戴宗东总是冲在最前线,充分发挥了党员模范带头作用。

7月10日,靠泊在石洞口电厂码头的“瑞克”轮上确诊了2名新冠肺炎病例,上海港引航站多方协调,部署了周密的引领方案。共产党员、高级引航员陆洁敏不畏风险,勇敢逆行,克服当天35摄氏度的高温,精心引领、沉着应对,全程不进食、不喝水,历时6小时终于将该轮安全引领出港。

“随时准备为党和人民牺牲一切”,在抗疫斗争中,对广大共产党员来说,这不再仅仅是一句口号,而是履职践诺的态度,是沉甸甸的承诺,是为党的事业奋斗终身的决心。

共产党员、湖南省娄底市公路路政管理执法支队支队长李益仲从大年初三开始直到去世前的几个小时,一直战斗在疫情防控前线。41天时间里,他每天上路巡查,走遍全市国省干线公路的每个角落,连续奔波3000多公里,不惧危险、英勇奋战,因劳累过度永远地倒下了,年仅47岁。李益仲信念坚定、对党忠诚,用实际行动诠释了一名共产党员的责任与担当。离世前一天,他还围绕“疫情当前,坚定‘四个自信’”的主题在支部讲党课。

关键时刻冲得上去、危难关头豁得出来,交通运输系统广大共产党员以坚定的信念和行动，彰显了“疫情就是命令，防控就是责任”的政治自觉，展现了当代共产党人的英雄本色，用生命诠释了共产党员的忠诚担当！

以生命赴使命　用大爱护众生

在抗击疫情这场没有硝烟的斗争中，交通场站就是抗疫前线，交通工具就是移动战场，路网航线就是战斗一线，交通人就是英勇战士。在疫情防控一线，在祖国和人民最需要的地方，处处都有交通人奋战的身影。

武汉“封城”后，城市摁下“暂停键”，小区封闭管理，居民的生活物资如何保障？无数邮政快递小哥，奔波于武汉各大医院、居民小区，走街串巷、冒疫奔忙，寄递畅通的背后，是他们在负重前行。

中国邮政集团有限公司武汉市洪山区分公司邮递员朱江，从武汉“封城”到“解封”，连续坚守岗位76天，始终奋战在抗击疫情的最前沿。在疫情肆虐的紧要关头，他不惧风险，冲锋在前，与时间竞速、与疫魔赛跑，为28支援汉医疗队和3家医院的一线医护人员及时送上护身“弹药”，共投递防疫物资2.7万件。在物资告急的关键时刻，他与同事克服社区封闭、人员不足等重重困难，为32个社区近160万居民提供不间断的邮政服务，投递各类急需物资14.8万件。

京东物流武汉将军营业部位于武汉市东西湖区，服务范围包括金银潭医院、武汉客厅方舱医院，是疫情防控重点区域。武汉“封城”期间，营业部留守的十几名快递员扛起了平常2倍多的配送量，每天冒着危险奔波在路上。他们将医疗和民生物资及时送往医院和社区，成为当地群众守望春天中的一股暖流。

中国铁路武汉局集团有限公司武汉高铁工务段流芳线路车间负责守护进出武汉的铁路咽喉要道，18名值守人全力确保“队伍随时拉得出去、机具随时能响得起，故障随时能消灭”。疫情防控期间，每天排查线路设备隐患，争分夺秒整治线路设备病害，顺利保证了800余趟列车安全平稳通过，为疫情防控阻击战守好保障补给线。很多工人坚守岗位近3个月没有回家，问他们想不想家？他们回答：“不想是假的，但是我们首先要考虑国家。”

1月23日，武汉启动“封城”管控。当晚，顺丰航空武汉防疫运输航班保障团队便投入战斗，在民航部门支持下，仅用17小时便打通了进入武汉的空中货运通道。1月24日上午，顺丰航空一架全货机率先从深圳起飞，将10吨防疫物资顺利运抵武汉。团队密切协作，相继开通9条国内、国际直飞武汉的防疫物资运输航线,有效保障了平均每天3个武汉防疫物资运输航班的高效运行,搭建起稳定的航空物流通道。

一方有难,八方支援。根据上级安排,新疆石河子市公交公司抽调13名同志,参加国家第39紧急医疗救援队后勤保障组,随新疆生产建设兵团医疗队出征援鄂。经过46个小时3400余公里的星夜兼程,全体人员驾驶医疗车,安全到达武汉客厅方舱医院。后勤保障组随即投入到接送医护人员和搬运医疗物资的紧张工作中。为了确保医护人员及时到岗,后勤组两人一班,24小时工作。在此期间,全国各地大量医疗物资运抵武汉。他们不分昼夜,随叫随到,连续奋战,将1995件医疗物资及时送达方舱医院。

孔骑是四川南运集团高坪分公司的一名驾驶员,在得知需要驾驶员承担进城务工人员返岗务工的运输保障任务时,他不顾亲人的反对,主动请缨,在全国疫情尚未完全控制的情况下,驾驶南充市首班"春风行动"专用车开往广东省东莞市。

疫情防控斗争中,广大交通人舍小家为大家,冲在前、干在前,甘于奉献、勇于牺牲,逆行出征、一往无前。践行了大灾下、逆境中人民交通为人民的初心,弘扬了伟大抗疫精神。

9月8日,全国抗击新冠肺炎疫情表彰大会在北京人民大会堂隆重举行,交通运输系统52位同志荣获"全国抗击新冠肺炎疫情先进个人"称号,30个集体荣获"全国抗击新冠肺炎疫情先进集体"称号,5位同志荣获"全国优秀共产党员"称号,11个基层党组织荣获"全国先进基层党组织"称号。在全国交通运输系统抗击新冠肺炎疫情表彰中,共评选出609名先进个人、309个先进集体,交通运输部系统72名优秀共产党员、39个先进基层党组织获得表彰。他们是4000多万交通人的先进代表,他们用奉献谱写人生乐章,用平凡诠释为民服务,用忠诚坚守职业道德,用使命护生命,用赤胆写忠诚,是可歌可泣、可敬可爱、可靠可信的新时代交通人!

惟其艰难,才更显勇毅;惟其笃行,才弥足珍贵。经此大战大考,进一步锻造了交通运输队伍听党指挥、绝对忠诚的政治本色,进一步丰富了人民交通为人民的深刻内涵,进一步升华了交通人一不怕苦、二不怕死,顽强拼搏、甘当路石的精神品格。实践充分证明,交通运输一支是特别能吃苦、特别能战斗、特别能团结、特别能奉献的队伍,是一支敢打硬战、能打胜仗的队伍,是一支可以让人民群众放心的队伍,有能力有信心为夺取抗疫斗争的全面胜利提供坚强的交通运输服务保障,为决胜全面建成小康社会、决战脱贫攻坚当好先行!

(交通运输部微信,2020 年 10 月 24 日)

伟大抗疫精神是砥砺奋进的宝贵财富

焦蕴平

伟大时代锻造伟大精神。习近平总书记在全国抗击新冠肺炎疫情表彰大会上，深刻总结提炼了生命至上、举国同心、舍生忘死、尊重科学、命运与共的伟大抗疫精神。交通运输是弘扬伟大抗疫精神的重要战场，4000多万交通抗疫大军听党指挥、顽强作战、能打胜仗，为抗击新冠肺炎疫情斗争取得重大战略成果提供了坚强保障。

坚持生命至上使命必达。党的根本宗旨是全心全意为人民服务，在保护人民生命安全面前，交通人不惜一切代价、不讲任何条件，铁路、公路、水运、民航、邮政坚持“一断三不断”，开辟“绿色通道”，第一时间畅通生命通道，逆行出征、一往无前，风雨无阻向前进，以行动践行建设人民满意交通的初心使命。

坚持上下同心丹心报国。国有难，操戈披甲；人有危，众士争先。交通总动员，水陆空齐发力，列车飞驰、汽车奔腾、飞机翱翔、巨轮远航、邮政快递穿梭、车船机路港站严防死守，交通人誓言铿锵、慷慨前行，绘就了丹心报国的感人画卷。

坚持舍生忘死勇当先行。哪有人天生就不怕死？只因祖国需要、人民需要，交通人就舍生忘死、勇往直前。在这场没有硝烟的人民战争中，交通场站就是抗疫前线，交通工具就是移动战场，路网航线就是战斗一线，交通人就是英勇战士，困难面前豁得出、关键时刻冲得上，以生命赴使命，以大爱护众生，书写下可歌可泣、荡气回肠的壮丽篇章。

坚持尊重科学开拓创新。科学是对抗疫情的利器。交通人秉持科学精神，遵循科学规律，坚持“一阶段一策略、一领域一策略”，分区分级精准施策，有效畅通了抗击疫情和复工复产的运输大通道，坚决阻断了病毒传播的交通途径。

坚持命运与共交通天下。大道不孤，大爱无疆。人类是荣辱与共的命运共同体。他们全力运送援外医疗物资，努力保障国际供应链稳定畅通，积极向国际社会分享抗疫的中国交通方案，生动诠释了中国交通的责任担当，展现了讲信义、重情义、扬正义、守道义的大国形象。

惟其艰难，才更显勇毅；惟其笃行，才弥足珍贵。伟大抗疫精神是我们的宝贵财富。人无精神则不立，国无精神则不强。站在"两个一百年"奋斗目标的历史交汇点上，踏上加快建设交通强国的新征程，我们要大力弘扬伟大抗疫精神，传承和发扬交通精神，为实现中华民族伟大复兴中国梦当好先行！

（交通运输部微信，2020年10月23日）

争做伟大抗疫精神的忠实践行者

焦蕴平

病毒突袭而至,疫情来势汹汹。危急时刻,又见遍地英雄。中国人民风雨同舟、众志成城,构筑起疫情防控的坚固防线。“中华民族能够经历无数灾厄仍不断发展壮大,从来都不是因为有救世主,而是因为在大灾大难前有千千万万个普通人挺身而出、慷慨前行!”[❶]习近平总书记在全国抗击新冠肺炎疫情表彰大会上高度肯定各条战线抗疫先进。在这场波澜壮阔的抗疫斗争中,交通抗疫大军是伟大抗疫精神的忠实践行者,涌现出了一批感人至深、催人奋进的先进典型。全国抗击新冠肺炎疫情表彰交通运输系统受到表彰的52名先进个人、30个先进集体,全国交通运输系统抗击新冠肺炎疫情表彰大会表彰的609名先进个人和309个先进集体,以及在其中涌现的优秀共产党员、先进基层党组织,都是全体交通人学习的楷模。要向先进学习,争做伟大抗疫精神的忠实践行者。

要崇尚敬仰先进。疫情就是命令,防控就是责任,全行业闻令而动、迅速集结。有的勇当急先锋、甘作“逆行者”,第一时间奔赴武汉,全力畅通疫情防控“生命线”;有的坚守一线、昼夜奋战,坚决阻断病毒传播渠道,为人民筑起生命健康屏障;有的临危不惧、风雨无阻,立足平凡岗位拼搏奉献,助力复工复产,默默守护产业链、供应链安全。他们以最坚决的行动把党中央决策部署落到实处,让党旗在抗疫一线高高飘扬。他们的名字和功绩,行业不会忘记,国家不会忘记,人民不会忘记,历史不会忘记,将永远铭刻在共和国的丰碑上。

要学习宣传先进。要学习他们牢记使命、勇于担当的政治品格,全力以赴投入国家富强、民族复兴的伟业之中。要学习他们生命至上、以人民为中心的价值追求,让人民群众更好地分享交通运输发展的累累硕果。要学习他们敢于斗争、

---

❶ 习近平.在全国抗击新冠肺炎疫情表彰大会上的讲话[N].人民日报,2020-09-09(2).

百折不挠的顽强意志，生死较量不畏惧、千难万险不退缩。要学习他们科学施策、严谨细致的工作作风，奋力推进交通运输高质量发展。

要关心爱护先进。这是一个崇尚英雄的时代，也是一个爱护英雄的时代。交通抗疫英雄，理应受到敬仰、得到关爱。要大力宣传抗疫英雄的先进事迹，让伟大抗疫精神浸润到交通人的心中、体现到实际行动中。要真情关心、真心爱护抗疫英雄的工作生活，尽最大努力解决实际困难，让他们感到组织的温暖、社会的关爱、行业的尊崇。要给抗疫英雄创造更广阔的奋斗舞台，鼓励他们砥砺奋进、再立新功。

“天行健，君子以自强不息。”广大交通人要以抗疫英雄为榜样标杆，以爬坡过坎的韧性、动真碰硬的果敢、实干创新的劲头，凝心聚力加快建设交通强国，为决胜全面建成小康社会、决战脱贫攻坚贡献交通力量！

（交通运输部微信，2020年10月24日）

统筹做好常态化疫情防控和经济社会发展交通运输工作

焦蕴平

当今世界面临百年未有之大变局,新冠肺炎疫情全球大流行使这个大变局加速演进。习近平总书记对统筹疫情防控和经济社会发展作出系列重要论述,要求不断开创党和国家事业发展新局面。交通人要大力弘扬伟大抗疫精神,听党指挥、顽强奋斗,统筹做好常态化疫情防控和经济社会发展交通运输工作,为决胜全面建成小康社会、决战脱贫攻坚当好先行。

要牢牢把握根本遵循和前进方向。船重千钧,掌舵一人。总书记的英明领导和科学指挥,是打赢疫情防控人民战争、总体战、阻击战的根本遵循,为我们指明了前进方向。要认真学习贯彻总书记关于统筹疫情防控和经济社会发展的重要论述,增强"四个意识"、坚定"四个自信"、做到"两个维护",始终保持坚强政治定力和正确前进方向,始终保持强大信心和昂扬斗志,奋力把失去的时间抢回来、把疫情造成的损失补回来,确保"十三五"圆满收官。

要毫不放松抓好常态化疫情防控。当前,疫情仍在全球蔓延,国内零星散发病例和局部暴发疫情的风险仍然存在,夺取抗疫斗争全面胜利还需要付出持续努力。要慎终如始、再接再厉,坚持"外防输入、内防反弹"不放松,坚持"人物同防",全面落实"五有三严"防控措施,常态化精准防控和局部应急处置有机结合,加快建立疫防控和交通运输工作中长期协调机制,全力保障国际物流供应链稳定畅通,严防境外疫情输入,做好从业人员防护,巩固好来之不易的防控成果。

要为脱贫攻坚全面小康当好先行。冲锋号已经吹响,现在脱贫攻坚到了最后阶段,要保持攻坚态势,克服疫情、水毁等影响,巩固"两通"成果,加快完成"三区三州"交通扶贫规划建设剩余任务,做好定点扶贫、对口支援和联系六盘山片区收官等工作,善始善终,善作善成,不获全胜决不收兵。

要在危机中育新机、于变局中开新局。科学分析形势、把握发展大势，坚持用全面、辩证、长远的眼光看待挑战与机遇，才能变被动为主动、化压力为动力。要办好发展安全两件大事，既要化危为机培育交通运输发展新动能，又要坚持底线思维坚决有效防范化解重大风险。要把困难和问题想得更多一些，把措施和准备做得更充足一些，发扬连续作战、不怕疲劳、不畏艰苦的作风，在疫情防控工作中充分体现人民交通为人民，不断提升治理体系和治理能力现代化水平，蹄疾步稳加快建设交通强国。

踏平坎坷成大道，斗罢艰险又出发。从抗疫斗争伟大实践中汲取凝聚人心、汇聚民力的强大力量，融入交通运输事业中去，我们就一定能在进行伟大斗争、建设伟大工程、推进伟大事业、实现伟大梦想中书写更加壮丽的交通运输新篇章！

（交通运输部微信，2020 年 10 月 25 日）

媒 体 报 道

以生命赴使命

——长江航运总医院抗疫一线临时党支部

本报记者　庄　妍　综合

新冠肺炎疫情暴发后，在位于疫情“震中”的湖北武汉，有这样一支交通系统医疗队伍，他们逆行向险，义无反顾冲上抗击疫情最危险的一线阵地，他们就是长江航运总医院（简称长航总医院）抗疫医疗队。同时间赛跑，向死神抢人。他们以生命赴使命，争分夺秒从死亡线上挽回569个群众的生命，经受住了这场生死抉择的“大考”。

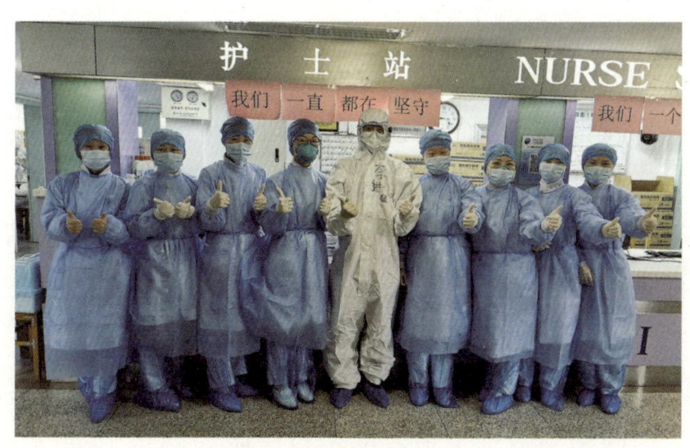

长航总医院抗疫医疗队1

党旗所指，就是冲锋所向！为坚决打赢这场阻击战，在关键时刻、人民最需要的时候，长航总医院充分发挥交通医院生力军作用，全体党员舍生忘死，让党旗在疫情防控一线高高飘扬。

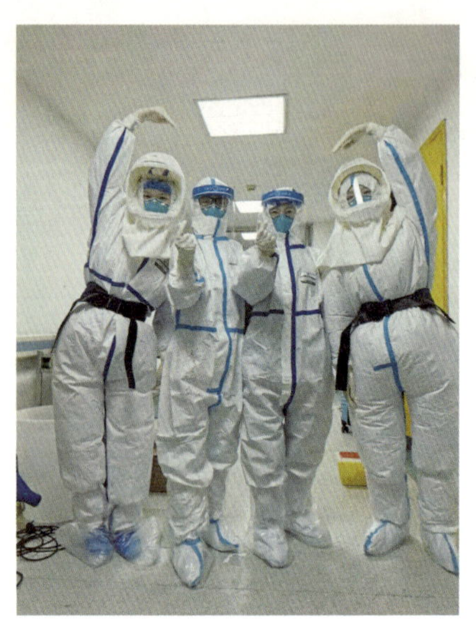

长航总医院抗疫医疗队 2

“作为党员，我们不上谁上”

这是一场大考，与死神搏斗，必须具有钢铁般的意志。

长航局党委周密部署，靠前指挥。长航总医院党委和广大党员干部闻令而动、冲锋在前，奋力投身疫情防控阻击战——

1 月 15 日，成立医疗协调组等 5 个组，整合病房，开始集中收治疑似感染病人；随后，在医院党委指导下，充分发挥党组织战斗堡垒作用，内科党支部和脑科党支部的一线党员联合组建起抗疫一线临时党支部，成立 4 个党小组。

面对生死，谁来担当“领头雁”？

“作为党员，这个时候我们不上，谁上！”许绿叶的话斩钉截铁，也表达了大家的心声。她被推选为临时党支部书记。这位年近六旬的感染科专家组组长，同时担任疫情防控专家组组长，在她的带领下，4 个党小组及支部党员，勇当捍卫人民生命安全和身体健康的先锋突击队。

病毒肆虐，人传人的消息一出，从 1 月 20 日开始，发热门诊患者急剧增加。医院党委迅速组织其他科室紧急支援。

神经内科主任杜远敏从休假中赶来。每天一大早，她就穿上“蒸桑拿”般的防护服、佩戴护目镜、套上橡胶防护手套，赶往发热门诊支援，一待就是一整天。憋气、憋尿、流汗是她的工作常态，为了避免上厕所，渴了只能抿一口矿泉水润润嘴。

1 月 26 日，武汉市卫健委要求调配 10 名医护人员支援武汉金银潭医院。这是武汉首家专门收治新冠肺炎患者的定点医院。网络上，许多人光提到医院名字，就不寒而栗。

哪有人天生就不怕死？只是因为有人需要，他们必须选择自己挡在危险前面。

“我去！”党员熊璇告别新婚丈夫，率先站了出来；段松堂妻子怀孕 4 个月，何晶晶孩子刚满一岁，郭子月正准备举办婚礼，马上出列；白露、赵婵、李蒙、郑丽平、李诗扬、谭亚蕾一呼即应。

一个小时内,医护人员集结完毕!

党组织就是战斗堡垒,带领全体党员和医护人员用血肉之躯,筑起了一道守护生命安全的牢固防线。

“只要有一线希望,就要尽百倍努力”

1月初,新冠肺炎疫情来势汹汹,长航总医院ICU主任、危重症抢救组组长李卜军作为第一梯队“参战人员”进入医院隔离病区。看似平静的隔离病区却充满着危险。在这里,患者突发心脏骤停,冰冷的机器、变幻莫测的病情和火热的救治每时每刻都在发生。为了从死神手里“抢”时间,李卜军时刻冲锋在救治最前沿。

“嘀嘀……”一天晚上11时,ICU隔离病区张雪峰的监护仪上红灯闪烁,报警声响起。此时,他高烧一周未退,出现了严重的呼吸窘迫症,氧饱和度不断下跌,最低只有65%,情况十分危急。正在病区值守的李卜军在来不及充分防护的情况下,挺身而出,为患者施行紧急气管插管,保住了患者生命。

这边患者还没有脱离危险,另一边病房里87岁的张爷爷也出现急性呼吸窘迫综合征。“血氧饱和度76%,进行性血压下降,最低血压78/43mmHg,患者神志已昏迷……”“立即给予气管插管,呼吸机辅助通气,建立中心静脉通道,升压药维持血压!”经过66分钟惊心动魄的紧张救治,李卜军及其抢救团队又一次“抢”回了危重患者张爷爷的生命。

短短十几分钟,他们接连完成了两场艰难且高风险的气管切开手术,两位重症患者从死亡线上被拉了回来。“只要有一线希望,就要尽百倍努力!”汗水顺着李卜军的脸庞滑落。

救治重症患者,是一场负重前行。用自己的风险换人民的希望,却是这群最可爱的人从始至终的无悔抉择。他们就像是阻挡在人们与魔鬼之间的那道防线,让人们心中涌起阵阵暖流,也让更多群众看到了希望。

“别怕,我们一直都在!”

“1、2、3!”抗疫医疗队重症医学科护士许春晖护着患者头部及气管插管,和另外4名护士齐心协力,使患者顺利改变了卧位。看着患者生命体征趋于平稳,大家都松了一口气。

“实施俯卧位通气,是抢救重度呼吸衰竭患者较为有效的措施之一。”许春晖说。这样的操作,她们每天都要进行。每挪动患者一下,大家都要小心翼翼。

重症护理也需要更高的操作技术和体力。除了治疗护理,患者的生活护理也全部由护士完成。每天要为患者擦洗身体,处理大小便、吸痰、喂饭……她们毫无怨言。

那天,病房收治了一位患有自闭症的22岁新冠肺炎患者。刚转入重症医学科时,他呼吸困难,面对陌生的环境十分害怕,经常扯掉无创呼吸机面罩。护士们就轮流守在他旁边,冒着被感染的风险一遍又一遍地帮他戴好,并轻抚他的脸颊安慰:“乖乖的,别怕,这是送给你的礼物,要保护好,别再扯下来了啊!”

因为全家人都被隔离,护士们承担起照顾患者的职责。她们从家里熬汤,带热菜热饭,蹲在他的病床前,一遍遍耐心地说:“孩子,别怕,我们一直都在!”经过十余天的救治,该患者的核酸检测结果由阳性转为阴性,治愈出院。“现在非常好,感谢医生,感谢护士!”出院那天,患者露出了开心的笑容。

日复一日,脸上每天都会留下口罩勒痕;长时间站立,连脱下防护服的力气都没有了。即便如此,她们仍自愿申请到“中心战场”。“护士长,让我去吧!”“我们放弃休假!”“我也是!”……留守在抗疫一线的护士们纷纷请愿,他们在疾病面前的无私大爱深深感动着大家。越来越多的病人撤掉呼吸机,病情平稳下来。

身为医护人员、身为党员,此时此刻,更多的是一种责任。

“我志愿加入中国共产党,拥护党的纲领,遵守党的章程,履行党员义务……”1月31日,老年病科副主任肖鸣、感染科护士陶冰霞在一线入党。在生死考验面前,党员争当先锋。在党员的示范引领下,其他医务人员纷纷请战一线,50余名医务人员递交了入党申请书,8名一线医务工作者光荣加入了党组织,鲜红的党旗在抗疫一线高高飘扬。

(《中国交通报》,2020年9月9日4版)

交通人一刻不能停

——交通运输部运输服务司二级巡视员、道路客运管理处处长、部直属机关工会委员会委员许宝利

本报记者　于　森　综合

1月27日(正月初三),武汉"封城"第5天,交通运输部运输服务司二级巡视员、道路客运管理处处长、部直属机关工会委员会委员许宝利,作为中央指导组第一批成员飞抵武汉,在那里连续"战斗"60天。

许宝利(左二)做好应急物资运输保障

中央赴湖北指导组下设7个组,许宝利和交通运输部派出的另外3位同事都被分在了保障组,重点任务是加强对一线工作的指导,协助湖北省、武汉市做好疫情防控交通运输保障工作。

尽管思想上有所准备,但到武汉后的所见所闻,还是让许宝利心里"捏了一把汗"。许宝利感受到了沉重的担子,他深知,保障湖北特别是武汉市疫情防控

物资需要是重中之重。当前最关键的问题是把党中央的决策部署和交通运输部的各项工作安排落实落地，工作抓小抓细。

在中央指导组第一次全体会议上，他向国务院领导庄严表态：交通运输系统已经进入“战时”状态，做好战前动员，运力储备充足，时刻听从召唤，请领导放心，我们一定将中央的决策部署落实到湖北省特别是武汉市交通运输系统第一线，保证完成应急物资和医疗人员运输任务。

走进防护服生产车间，来到车站码头，深入社区街道，赶赴部队医疗队驻地，与省、市交通运输部门同志商量工作……在最危险的地方，许宝利开启了连轴转的工作模式，他说，病毒通过交通运输工具传播途径要切断，应急运输通道不能断。压实基层防控责任，补齐工作弱项短板。落实要实之又实、细之又细。

坚定必胜信心，进入“战时”工作状态，用战时的举措、战时的速度与时间、与疫情赛跑。医护人员出行难问题是否解决？应急物资接收、装卸、保管、配送责任有没有落实？援鄂车辆驾驶员隔离设施有没有到位？一线员工返岗通行怎么保障？每到一处，许宝利分秒必争，摸清实情，现场办公。

同时，许宝利协调湖北省武汉市有关部门和企业，快速解决援鄂医护人员滞留机场问题；协调解决各地劝返湖北省籍应急车辆问题；帮助口罩生产企业解决运输生产设备问题……类似的协调沟通、指导督导还有很多。武汉“封城”以后，水陆空邮“生命大通道”日夜不停，2 万多名医护人员、数百万吨物资装备从四面八方驰援武汉。

在做好保障组工作的同时，许宝利坚持连夜总结当天调研情况，将地方经验和问题及时向交通运输部报告。“交通运输是生命线，保障政策晚出台一天，应急物资晚运到一天，很可能影响成千上万人的生命安全和身体健康，很多工作要力争做在前头，‘战时’状态就要有战时的打法。”许宝利说。

随着疫情防控常态化，他还帮助企业解决复工复产遇到的运输问题，做好援鄂医疗队撤回交通保障……他的工作受到中央指导组领导高度肯定。

离开武汉，回到北京，许宝利的抗疫脚步仍一刻不停，根据前期工作所得经验，继续为黑龙江、北京等地的防疫工作贡献力量。黑龙江绥芬河、吉林舒兰发生疫情后，国家卫生健康委组织医疗专用车辆及设备前去支援，他协调部公路局和沿线交通运输部门予以保障。北京出现聚集性病例后，他又协调相关省市交通运输部门做好疫情防控工作。许宝利说:“交通工具可以一时停运,但交通人一刻也不能停歇。”

(《中国交通报》,2020 年 9 月 10 日 4 版)

保障黄金水道生命线

——交通运输部长江航务管理局疫情预防应对领导小组副组长徐开金

本报记者　于　森　综合

徐开金(前排右)经常到一线指挥工作(长江航务管理局供图)

在湖北武汉疫情防控"主战场",二级巡视员徐开金作为交通运输部长江航务管理局疫情预防应对领导小组副组长,日夜坚守在长江航运疫情防控第一线,为保障长江黄金水道"水上生命线"畅通作出了突出贡献。

疫情防控既是一场大战,也是一场大考。面对突如其来的疫情,按照部党组和湖北省委、省政府工作要求,长航局迅速成立了疫情预防应对领导小组,徐开金作为领导小组副组长,积极协助组长及时实施了"战时"工作机制和"战时"工作方法,研究提出了长航局系统"12345"战疫总体思路,为长航局系统疫情防控出谋划策。在疫情防控最吃劲的80多天里，他每天吃住在单位，靠前指挥、统筹协调。

他是援汉游轮通航保障的“指挥长”。在武汉抗击疫情最艰难的时刻，徐开金及时对长江干线水上重要物资运输进行调度，协调解决重点物资运转特别是武汉地区船舶运力组织、靠泊装卸、通航保障、船舶过闸等方面困难，有序组织船舶48135艘次，运送1.32亿吨重点物资顺利抵汉。援汉游轮通航保障服务是部党组交给长航局的一项重要任务，徐开金具体负责组织实施。他组织制定援汉游轮通航保障服务方案和现场各专项维护方案，督促指导做好现场维护、航道保障、优先过闸和靠泊期间安全监管、疫情防控等工作，实现了游轮安全、船员安全、水域环境安全。同时，他积极主动与湖北省交通运输厅、武汉市人民政府办公厅、长航公安局、武汉旅发投集团等单位沟通联系，协调做好了游轮靠泊码头、消防安全、生活垃圾及污水收集等工作。

他也是防控措施落实的“调度长”。徐开金协助组长拟定了“三个全力、十个坚决到位”的行业和局系统防控工作重点，实施了“五个严格、五个加强”“四个始终”“四个坚持”等一系列工作措施。他还组织实施了局系统碰头视频会制度和领导小组会议制度，坚持组织编报每一期局系统疫情防控工作简报，共计编发简报82期。疫情预防应对领导小组制定印发40余份疫情防控文件，督促全面落实进一步保护爱护长航总医院医务人员和海事执法、航道维护、三峡保畅、长江引航等基层一线人员的具体措施。他协调湖北、重庆港航管理部门实施长江干线省际客运、载货汽车滚装运输停航措施，组织离鄂离汉通道水上管控，防止疫情通过湖北省和武汉市港口、船舶向外输出。在疫情防控进入常态化阶段后，及时组织做好防境外输入工作，加强境外疫区进江外轮疫情防控，引领7351艘次国外船舶有序驶入长江。组织对3.6万余名职工全面排查，及时送治患病职工。

他还是善后工作与港航企业复工复产的“服务长”。徐开金积极谋划助企纾困办法，推动实施2020年深化港航企业服务保障的22项举措，长江干线港口上半年累计完成货物吞吐量15.34亿吨，比去年同期增长0.6%，交上了一份合格的“长航答卷”。

疫情防控期间，徐开金对长江航运安全工作毫不放松，确保了疫情防控期间长江干线水上安全形势持续稳定。紧盯涉客船舶安全监管不放松，指导长江海事局先后对 544 艘上线营运客渡船实施了停航管制措施；加强船舶吃水管控，严防搁浅、碰撞事故发生，加强锚地、停泊区、过驳作业区巡航检查，严厉打击小交通艇私自上岸行为；克服春运、枯水、冬季恶劣气况多发、疫情防控多重困难，全力做好春运安全保障工作，确保了春运期间 382.3 万人次、120.9 万辆车次出行安全。

（《中国交通报》，2020 年 9 月 10 日 4 版）

昼夜坚守护平安

——长江海事局武汉阳逻海事处龙口海巡执法大队队长孙玉国

本报记者　于　森　综合

在疫情防控的关键阶段，长江海事局武汉阳逻海事处龙口海巡执法大队队长孙玉国，连续150天昼夜坚守在水上防疫和安全监管最前沿，让党旗在疫情防控一线高高飘扬。

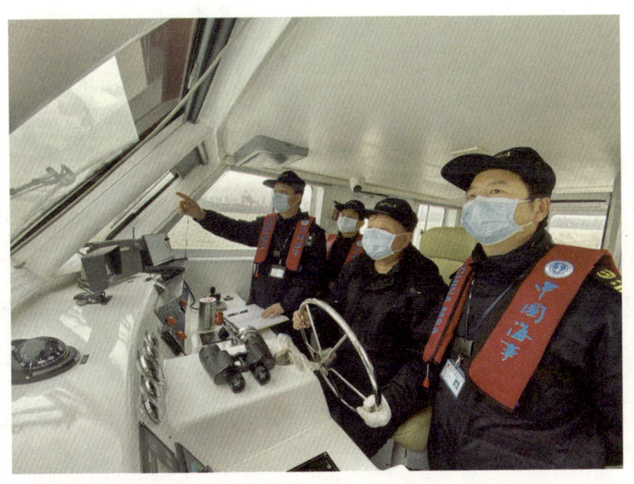

孙玉国(左一)带领党员突击队在辖区巡航执法

“疫情防控和民生保障最重要。我们海事基层一线的任务就是要把上级‘一断三不断’‘四个一律优先’的措施落实好！”孙玉国斩钉截铁地说。

孙玉国所在的武汉阳逻海事处龙口海巡执法大队位于武汉新港核心港区，

辖区内分布着一批大型企业、重要港口、大型锚地，船舶类型包括集装箱、危化品、散杂货等，年均货物吞吐量约4000万吨，其中危化品吞吐量达到350万吨，集装箱转运箱量突破180万标箱，年进出港船舶达2.5万艘次。辖区通航环境复杂、监管任务重、执法难度高。

疫情发生后，2000多公里长江黄金水道成为各地驰援湖北、武汉地区的“水上生命线”。长江海事局按照交通运输部部署，开辟“水上绿色通道”，实施“四个一律优先”，对重点物资运输坚持一律优先网上核查船舶进出港报告信息、一律优先办理危化品货物进出港申报审批手续、一律优先安排对进出港口和通过重点水道船舶的现场维护、一律优先安排对有需求船舶的引航服务，全力维护辖区运输重点物资、疫情防控物资船舶的安全畅通。

长江海事局建立健全与当地港航企业、交通运输主管部门信息沟通机制，及时掌握重点物资、疫情防控物资运输的相关信息，制定和落实安全保障措施。孙玉国带领党员突击队，保障对涉及电煤、成品油和重点生活、生产物资的运输船舶实施绿色通行政策，优先安排这些船舶进出港和装卸作业；对危化品运输船舶进行优先受理、优先审批，最大限度确保物资运输不受疫情影响。

“船员既是我们的监管对象，也是服务对象。只有真心为他们着想，互相理解配合，辖区安全形势才会一直向好。”这句话孙玉国常挂在嘴边。

疫情发生以来，孙玉国带领党员突击队采取了一系列举措为船方提供便利。党员突击队每天早上的第一项工作，就是通过进出港系统核查进港船舶信息，再电话通知船方防疫要求，提醒船方落实主体责任。为了降低船员上岸办理业务的风险，他们推出了港建费远程征收工作，大大方便了船员。在阳逻金控码头，他们利用船舶靠港作业期间进行疫情防控宣传，给每一名船员测量体温并赠送医用口罩；在电厂煤码头，他们向船员了解船上采取的疫情防控措施，提醒船员切实做好消毒工作和身体状况监测。

疫情防控是头等大事，复工复产亦是当务之急。4月8日，湖北武汉解除“封城”，孙玉国第一时间与辖区港航企业、涉水工程单位畅通联系，主动对接解决企业存在的困难和需求，保障复工复产原材料、产品及春耕物资运输。孙玉国对突击队队员们说：“我们要想企业之所想，急企业之所急，为航运企业复工复产保驾护航。”

孙玉国带领党员突击队认真贯彻落实长江海事局支持企业复工复产十项举

措，保障复工复产原材料、产品及春耕物资运输，推动船舶污染物接收服务，全力打造安全畅通的水上交通环境；及时了解掌握湖北省、武汉市关于企业复工复产时间安排和具体要求，与辖区港航企业、涉水工程相关单位时刻保持沟通联系，主动对接解决企业存在的困难和需求，全力支持辖区企业、码头等分段分级复工复产。考虑到复工后船舶流量增加，孙玉国带领党员突击队强化桥区、锚地、码头等船舶集中区的巡查；通过运用 VTS、电子巡航等现代化手段，实时把控船舶航行情况，坚决杜绝船舶并靠、私自施放救助艇、船员随意上下等危险行为。

阳逻海事处辖区航运企业复工复产有序推进，通航秩序井井有条，辖区水上交通安全形势持续稳定。

（《中国交通报》，2020 年 9 月 10 日 4 版）

在“断”与“通”之间追逐时间

——交通运输部路网监测和应急处置中心副主任王刚

本报记者　刘玢妤　综合

王刚(左一)在一线指导工作(王刚供图)

在抗击疫情这场没有硝烟的战争中,公路网就是战斗一线,交通人就是英勇战士。作为交通运输部路网监测和应急处置中心副主任,王刚率先垂范、奋勇在前,在“断”与“通”的双重考验下践行一个交通人的初心和使命。

疫情防控期间,全国公路网运行保障工作对支撑疫情防控、应急资源运输、医患人员运送等方面起着至关重要的作用。自 1 月 21 日交通运输部针对疫情启动Ⅱ级应急响应以来,部路网中心高度重视,全力投入疫情防控期间路网运行保障工作。为贯彻落实交通运输部对防疫应急运输车辆实行不停车、不检查、不收费、优先通行的“三不一优先”政策，保障民生物资、邮政车辆、疫情防控应急资源、医患人员运输车辆优先便捷通行等工作部署，在2月疫情防控形势最严峻时刻，王刚主动请缨，带领工作团队赴内蒙古自治区等地指导调研。

大年初十，开往呼和浩特的高铁上，整个车厢只有王刚一行三人。返京后，因为社区要求居家隔离14天，他们选择“过家门而不入”，寄住酒店。几天后，他们又再次前往山东、江苏调研。为抓紧时间，他们轮流驾驶汽车，马不停蹄自驾千里。2月13日当天，华北地区普降大雾，能见度极低，北京、河北境内高速公路全线关闭。王刚一行只能走国省道，沿途没有服务区，吃喝都得在车里解决，面包、火腿肠就是一天的补给。但是他没有抱怨，只顾着赶路，一刻都不可耽搁。因为他深知：生命救援，刻不容缓。

3月底，按照交通运输部党组部署，为保障抗疫物资运输，打通“大动脉”、畅通“微循环”，王刚带领团队连续38天奋战在高速公路一线。他们深入18个省份调研，摸底排查高速公路网运行问题和技术困难，重点对河南、湖南、江西等湖北周边省份物资运输咽喉要道进行现场指导。他们的工作为离鄂通道重启、援汉防疫物资及时运送提供了坚实的路网保障。为了解决多个省份路网运行、防疫物资运输、突发事件处置存在的共性问题，王刚经常是在赶路途中与多个省份召开在线会议，交流共性问题。在这38天里，他组织召开了几十场跨省视频调度会，常常一开就是五六个小时。

勇当急先锋，甘作逆行者。多年来连续承担重大攻关任务，王刚总是全力投身工作，对家人充满了愧疚，但不得不在紧要关头顶上去。疫情防控期间的路网服务承担保障重任，他更是坚决把工作放在前、把个人安危放在后，坚定“逆行”。经过王刚和团队的不懈努力，自今年1月以来，全国高速公路网平稳运行，湖北周边防疫物资运输畅通。王刚以实际行动，为服务防疫物资运输、应急通行保畅、医患人员运送等作出突出贡献，真正践行了一个交通人的使命与职责。

（《中国交通报》，2020年9月11日4版）

居民居家的定心丸

——长江航道测量中心职工蔡飞

本报记者　刘玢妤　综合

蔡飞在帮助居民搬运生活物资(蔡飞供图)

“我们组建微信群,每天收集居民采购需求,向附近商超下单,再统一配送,确保在疫情防控期间居民生活物资供应保障充足。”2月26日,湖北省委书记应勇、武汉市委书记王忠林到江岸区球场街同庆阁社区调研时,长江航道测量中心职工蔡飞作为社区党员志愿者服务队代表,汇报了志愿者服务工作相关情况。

新冠肺炎疫情发生后,蔡飞克服交通不便等困难,及时从农村老家返回武汉。到达武汉后他就直抵社区,加入江岸区同庆阁社区志愿服务关爱行动队,带领团队多方筹措，为小区居民提供物资团购、药品代购等服务，倾情奉献，为社区居民全力服务。

“阿姨，特殊时期，您尽量减少出门，有需要告诉我们。”“大爷，出门时一定要戴好口罩，勤洗手勤通风。”“奶奶，您家里米面、蔬菜、肉等生活用品还够吗？有需要就及时联系我们。”一句句暖心的问候、殷切的叮咛、耐心的询问，胜似居民居家的定心丸。在服务的过程中，他探索推出了“菜单式团购”“无接触式配送”等服务模式，实现了近千份物资两个小时内配送到户的目标，让居民真正吃上了“放心菜、爱心菜”。这一系列暖心举措让他和团队得到小区居民的高度认可，居民满意度100%。

随着疫情防控形势吃紧，蔡飞在社区的工作量不断增加。按照社区的统一安排，他又临危受命，负责起了对空巢老人，病残群体、隔离和出院人员群体，医护人员家属群体这三个群体人员的“特别关照”工作。在团购物资时帮助老人下单，及时将他们的生活物资配送上门；为重症患者、基础病患者购买药品；帮助大家解决生活中的各种问题，如天然气充值、购买各种自需品……每逢遇到十分棘手的问题，蔡飞都会积极想办法、找渠道、出实招，直到问题圆满解决、居民群众满意为止，蔡飞表示：“民有所呼，我们必有所应。”

他还主动担负起宣传引导工作，定期在居民微信群发送省、市防疫指挥部的通知以及疫情防护知识和辟谣信息，及时解答居民群众的各种问题，安抚居民情绪。对于解决不了的问题，积极向社区反映，并配合解决，看似繁冗复杂的工作，总能被他安排得井井有条。

一个人的力量可以有多大？在蔡飞的鼓舞与示范带动下，志愿团队从最初的2人发展到23人，从服务1个小区拓展至附近3个小区，从服务393户居民扩大到1200余户居民。

在做好社区志愿者的同时，蔡飞加班加点履行好自己的岗位职责。及时组织党员职工成立抗击疫情党员突击队，做好长江航道疫情防控及复工复产工作。组织党员干部向长航总医院捐款，指导各团支部开展抗疫主题团日活动，凝聚航道职工抗疫力量。聚焦航道工程复工复产，撰写新闻稿件30余篇，展现长江航道部门形象。

蔡飞的事迹受到中央和地方媒体宣传报道，央视《焦点访谈》对他进行采访，《光明日报》《湖北日报》等多家媒体先后进行了报道，将他称为“最美志愿者”。

（《中国交通报》，2020 年 9 月 11 日 4 版）

没有危不危险　只有需不需要

——湖北省邮政管理局办公室三级主任科员周培

本报记者　刘玢妤　综合

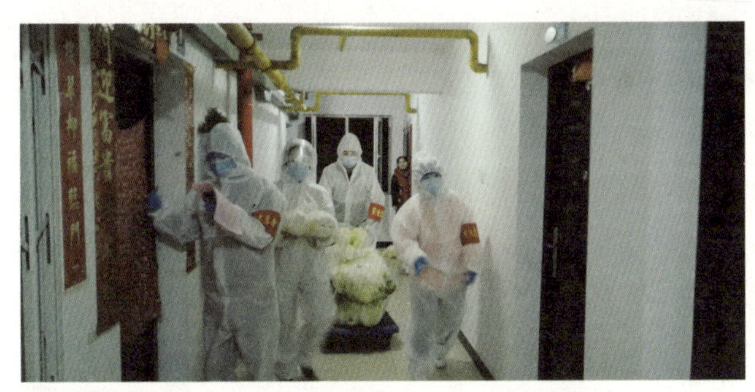

周培(左三)为居民挨家挨户送蔬菜(周培供图)

民用客机空中直飞、铁路专列跨区输送、物流车队千里转运……新冠肺炎疫情发生后，湖北省邮政管理局办公室三级主任科员周培主动请缨到湖北省疫情防控指挥部交通保障组集中办公，积极组织协调交通保障工作，成了众多“逆行者”中的一员。

1月27日(正月初三)，湖北省邮政管理局派员工赴省疫情防控指挥部交通保障组集中办公，协调邮政快递车辆运输寄递应急物资有关工作。闻令而动、迎难而上，周培把4岁的孩子交给家中老人照料，毅然冲上一线。与此同时，周培的妻子在武汉“市长热线”一线处理民声民愿，疫情高峰期工作量剧增，昼夜轮岗值守。夫妻二人坚守在各自的岗位上，并肩作战。

报到第一天，周培就赶上集中办公区因有同事感染新冠病毒，开展消杀。

“看到这种情况，如果说内心没有担忧，那是不可能的。但这个时候没有危不危险，只有需不需要，作为一名党员，越是艰险越要向前。”他说。在疫情高峰期，武汉每日新增确诊病例多达千例，周培没有退缩，与指挥部各成员单位通力协作，连续作战近一个月。

“宁夏邮政运输口罩支援湖北的车辆已到高速公路收费站口，急需放行。”“中通运输一车医疗物资马上抵汉。”……邮政、快递车辆驰援疫情重点地区，不分时段、争分夺秒，周培需要协调多个部门、指导市（州）局，随时在线传递指令、通知联络、协调服务，确保防疫物资和群众生活必需品及时运送，为邮政快递业驰援疫区打通“绿色通道”。疫情防控期间，全省邮政、快递企业共运输疫情防控物资累计 31.15 万吨、发运车辆 8.04 万辆次。

除此之外，他还积极参与推动湖北省疫情防控指挥部发布《关于切实做好全省邮政快递寄递服务基本运行保障的通知》《关于精准有序推动全省邮政快递业复工复产工作的通知》等，助力邮政快递业在降低病毒传播风险、保障防疫物资运输寄递、维系社会正常运行、促进生产流通和居民消费等方面发挥重要作用。

2 月 29 日，湖北省邮政管理局组织了一支由 8 名党员干部组成的党员突击队，下沉防疫力量较薄弱的惠民苑社区。刚结束在省指挥部集中办公的周培又立即加入其中。

惠民苑社区是武汉市最早的公租房小区之一，这里 7000 户居民中有 2000 多户是困难户，独居老人在社区居民中占比近 80%；与此同时，武汉“封城”、小区严格管控，居民购药等实际问题非常突出，工作难度极大。为守好防控的最后一道防线，周培承担起多个角色——封控管理的“守门员”、生活物品的采购员、防疫知识的宣传员、保供物资的搬运工。深夜挨家挨户送菜、送孤寡老人就医，都是他日常工作中的家常便饭。就这样，周培奔走在群众当中，以实际行动践行着初心使命，为党旗增辉添彩。

据统计，他与其他党员一道登记居民购药信息 500 余条、购买药品 1000 余盒，赴银行取款近百余笔，协助登记团购信息 500 余条，为 336 户居民发放爱心菜 7000 余斤。

在繁忙的工作之余，周培也会想起同在一线抗疫的妻子和家中老小，心中无尽牵挂。但是他知道，后方工作做得扎实、细致，才会让跑在路上的邮政快递兄弟多一分顺畅，让每一件快递更接近需要它的地方，所以他将职责使命落实到每一次协调、每一次通话、每一份汇报中。周培坚定地说:“关键时刻,我要做的就是立足本职,做好邮政快递的‘助航员’。”

(《中国交通报》,2020 年 9 月 11 日 4 版)

将物资送到尽可能近的一线

——中国邮政集团有限公司武汉市江岸区分公司投递员徐龙

实习记者　温晓俊　综合

作为国家疫情防控“运输大动脉”不可或缺的“毛细血管”，邮政投递承担着打通“最后一公里”的重任。湖北省武汉市邮政分公司投递员徐龙在抗疫过程中展现了邮政人英雄的一面。

徐龙（左二）搬运抗疫物资（湖北邮政供图）

投送防疫物资

“多走一米，多送一程”

念着是年三十儿，父母都在身边，徐龙和妻子便陪着家人一起吃着年夜饭。虽是个喜庆的节日，两人却各有心事……一场突如其来的新冠肺炎疫情让人措手不及。徐龙是邮政系统的一分子，妻子是名护士，危急时刻，来不及权衡，也顾不上犹豫，两人心照不宣毅然决然请缨“出战”抗疫一线。

徐龙在投递站进行消毒（湖北邮政供图）

考虑到一线有感染的风险，徐龙让父母和孩子住到家里，妻子住到医院安排的隔离酒店，自己搬到父母家。

稍作安顿，徐龙和妻子便投入到抗疫一线，妻子去了湖北省中西医结合医院商职分部，徐龙申请加入上海路投递站的应急突击队，在一线投递医疗物资，24 小时随时待命。他所在的投递点位于江岸区，是武汉邮政在市区内较大的网点，承担着武汉市中心医院等 4 所收治新冠肺炎患者定点救治医院、15 个发热门诊、2 座康复方舱医院和 14 支外省（区市）医疗救援队防疫物品的运输投递任务，还要保障辖区居民生活物资的及时投递。

疫情形势越来越严峻，武汉各大医院口罩、防护服、核酸检测试剂等重要医疗物资不断告急，徐龙每天穿梭于这座城市十几个小时，为各大医院运送防疫物资。2月17日，徐龙所在站点收到5件由湖南长沙捐赠给武汉协和医院的载物爬楼机，每件重达百斤，高一米多。面对这批特殊医疗物资，徐龙主动请缨，和同事第一时间送达医院，并协助医护人员将爬楼机放置在滑轮床架上。“我们多走一米，多送一程，他们就能省点时间、省点力气，去救更多的病人。”徐龙说。“多走一米，多送一程”也成为他投送防疫物资中的一个自我要求。

武汉不仅防疫物资匮乏，老百姓的生活物资也十分紧缺。疫情防控期间，有不少民营快递企业暂停营业，只有邮政仍然坚守一线，徐龙不仅要投递医疗物资，还要兼顾到老百姓的生活物资。有一天中午，徐龙刚完成上午的医疗防疫物资紧急运输任务，便接到一个用户的电话。对方说显示当天到站的邮件是家人用于治疗心梗的药物，是否可以帮忙找找。徐龙挂断电话放下手头的事情以最快的速度找到包裹，立马给用户送到家。用户收到包裹后连声感谢：“这是家里老人的救命药！实在是太感谢了！特殊时期，你们一定一定要注意自己的安全啊！”

徐龙说，连日来听到用户说的最多、最感动的一句话就是：“注意安全！”

在单位，他每天来得最早、走得最晚。早上5点半就起床，6点多开车去单位，赶在同事上班前，给院子里的电动车、机动车消毒。“我过去早一点，他们就可以多睡一会儿。”徐龙说，“非常时期，每个人都想做点什么，这也是我们的家。”

奔走在抗疫一线的徐龙，每天能和妻子互报一声平安，偶尔能和孩子打个视频电话，就已经很满足了。

随到随送　指哪送哪

“穿上这身军装，就要对得起头顶上的国徽。”徐龙永远不会忘记当年军营里听到的这句话。也许是曾经当过兵的缘故，徐龙身上总有一种神圣的使命感和责任感。

危险就在身边，疫情就是命令！面对疫情，邮政人当第一时间挺身而出。徐龙所在的上海路投递站与收治新冠肺炎患者的武汉市中心医院隔街相望，仅200米之遥。虽然危险就在身边，但徐龙没有退缩，而是率先报名参加了所在站点的应急突击队，主动要求去最危险的地方，将物资送到尽可能近的一线，用实际行动诠释了“哪里有需要，哪里有召唤，邮政人就出现在哪里，就保障到哪里”的担当和奉献。

徐龙坦言，自己也担心过被感染，但是更要“对得起这身衣服”，“不可能说遇到咳嗽的用户就不给他派件”。“以前在部队穿一身绿，现在邮政也是一身绿，都是一样的，都要对得起身上穿的衣服。”作为一名抗疫战士，现在能做的只有全力以赴。

突如其来的疫情打破了原有的秩序，此时上海路投递站的投递任务，已经没有了固定的投递时间和线路，更没有固定的投递计划。邮政投递业务瞬时进入“战时”状态，所有的防疫物资，随到随送，指哪送哪。为全面打好这场战役，所有突击队员也必须进入“战时”状态——24 小时随时待命，第一时间为一线的医护人员提供充足的防疫物资。

徐龙每天坚持高负荷工作 12 小时以上。其间，他至少 3 次出入医院“红区”运输物资，累计运输、投递各类物资 7000 余件，还主动接送医务人员上下班。不仅如此，他每天还为近百户居民投递米面油、新鲜果蔬等生活物资，行程达 60 公里之多。利用不多的休息时间，他自愿承担了 30 余次其他区域居民生活物资的转运和投递任务。

徐龙用实际行动践行了邮政人“平时是信使，战时是战士”的庄严承诺。接收过投递物资的医护人员都亲切地称他为生命的“摆渡人”。

（《中国交通报》，2020 年 9 月 15 日 8 版）

驻守前沿　义无反顾

——湖北公路客运集团股份有限公司第八运输分公司驻天河机场应急工作专班副组长郑彤

本报记者　潘庆芳　通讯员　黄跃华

回武汉的旅客为郑彤(左一)点赞(郑彤供图)

76 天驻守在武汉天河机场,转运滞留旅客,接送援汉医疗队……新冠肺炎疫情发生后,郑彤义无反顾地站在了抗击疫情的最前沿。

随时待命　高效运转

疫情初起,郑彤担任湖北公路客运集团股份有限公司(简称湖北省客)第八运输分公司驻天河机场应急工作专班副组长,自 1 月 23 日起驻守在武汉天河机场,负责与机场对接,传递信息、统筹运力,转运疏散滞留机场的旅客、全国驰援武汉的医疗队及防护物资、从境内外回汉的旅客以及各国撤侨人员。

郑彤

2月9日清晨，湖北省客接到武汉市疫情防控指挥部运输保障工作组下达的最大规模运输任务：转运16个省区市26支医疗队伍共5000人。

5000名医护人员集中抵汉，如何以最快的速度安全有序地将医护人员送到指定地点，是此项任务的一大难点，尤其是在航班信息不准确、医护人员目的地比较分散、很多宾馆没有复工复产无法接待等情况下。

当天上午8时，郑彤调集了20辆客车。为了能及时接送援汉医疗队，郑彤不断调整确认每个流程，确保医护人员随到随走。当天，郑彤带领第八运输分公司运输团队圆满地完成了武汉市防疫指挥部分派的2300名医护人员运输任务，安全、高效地将医护人员送至指定位置。

在这次5000人的转运中，有2700名医护人员被分配至9个方舱医院所在的行政区安排接转。但由于各种客观原因，医护人员到达机场时，各行政区接转车还未到达。外面下着雨，气温很低，医护人员在冷风中等待，郑彤看在眼里、急在心里，他并没有因为运输任务完成就回家休息，而是带领团队随时待命。

直到19时，郑彤接到通知，要求湖北省客协助转运2700名医护人员。郑彤立即启动应急预案,安排人员引导医护人员登上早已集结的车辆,主动联系各行政区,对接目的地。运输过程中,临时增派的任务不断,直至第二天凌晨4时30分,郑彤与他的团队才完成所有的任务。

正因为湖北省客在这次重大运输保障工作中的专业、高效,武汉市疫情防控指挥部特别要求,从2月11日起,湖北省客成立医护人员包机转运公路客运工作专班,全国各地援鄂、援汉医护人员专机到汉的转运工作由湖北省客负责协调运输。

主动担当　无畏前行

2月份起,疫情肆虐,昔日繁华的武汉街道,空无一人。此时,随着运输任务的增加,郑彤所在团队接触、运送的人员日趋复杂,感染风险不断增加。郑彤仍每天往返于机场出站口和运输车之间,在他的世界里,只有完成任务,义无反顾。

3月19日,在全球疫情持续蔓延的非常时期,400余名返汉人员从泰国乘坐飞机于20时、21时、24时先后抵达武汉天河机场,经过核酸检测和体温检测后,由各区负责派车接到指定隔离点进行隔离观察。

境外回汉人员比较复杂,机场方面设立了隔离区。为了与机场及各区对接工作,郑彤主动担当,只身前往隔离区。同事王毅回忆道:"隔离区非工作人员不能入内,本来我和郑经理一起去的,但我也怕,郑经理看出我有顾虑,就对我说'你别去,我去,咱俩保一个'。我到现在都还记得当时的情景,真的非常感动。"

郑彤虽然是管理人员,但在人员远远不够的情况下,他自觉地"一岗多责"。每个任务航班到达前,他带领团队等候在出站口,引导医护人员上车;每当出车达5辆时,他跟车保安全;回机场后督促消毒人员为每一趟车辆消毒,监督驾驶员做好防护;晚上驾驶员休息时,他还在调配下一次任务……

他就像一根链条,穿起整个运输环节;他也像一个陀螺,不停地高速旋转。截至4月8日,郑彤调度2285台车辆参与防疫交通保障,运送人员6万余人次,运输物资287.25吨,实现了交通运输保障零差错、零事故。

(《中国交通报》,2020年9月16日6~7版)

一岗多职 同心战疫

——湖北省荆州市沙市区交通运输局党委书记、局长吴迪

特约记者 方 庆 本报记者 杨丽芳 通讯员 俞良进 殷 华

雨雪天,吴迪(左一)和一线人员共同值守(吴迪供图)

疫情暴发后,作为一名基层交通运输行业管理者,吴迪闻令而动。第一时间启动响应机制,召开党委会,紧急部署防控工作,成立综合协调、现场督察、后勤保障3个工作小组,成立5个工作专班,对先行集团长途汽车站、红门路客运站等入口开展防控,并连夜制定了《沙市区交通运输局新型冠状病毒感染肺炎的防控工作方案》……沙市区防控指挥部交通组工作以最快速度展开。

面对疫情防控复杂形势,按照省市"一断三不断,限人不限货"的工作要求,

吴迪协调公安、卫健、城管等多个部门及乡镇，在辖区范围内的高速公路、国省道及农村公路等重要部位设置交通卡点312个。在他的带领下，沙市区防控指挥部交通组共检测人员514266人次、轿车111153辆次、货车183327辆次。

吴迪

每日电话记录上百条、工作微信记录数百条、手机计步上万步、睡眠不过三四个小时；物资奇缺，他想方设法；人手不够，他亲自参加防疫物资搬运。吴迪忍着复发的旧病坚持奋战64个昼夜，凝聚全系统力量，担当起交通保障主力军。

交通保障组微信工作群是他指挥协调的一块重要阵地，沙市区防控指挥部交通组相关部门、乡镇发布的工作信息，他总是第一时间回应，第一时间处理。因为放不下卡口一线工作，哪怕是深夜，他仍然随时关注微信工作群信息。

他一岗多职，奔波在抗疫一线。抗疫前期，物资基本靠自筹，困难远非人们所能想象。吴迪千方百计筹集物资，夯实后勤保障基础。他既是“后勤部长”又是“管家”，严格监督物资领用发放，保证每件物资都用在一线。人手不够的时候，大雾天他紧急调配人员，增加测温枪，亲自指挥车辆通行；大雪天，他和一线人员同值守。

他是咨询员，“荆易行”平台线上审批启动了，他第一个接听电话，为群众解答交通出行政策；他是后勤员，每当有物资运来，第一个冲上去搬。“想不了那么多，我必须顶上去。”吴迪说。

为服务复工复产，在吴迪带领下，沙市区交通运输局“点对点、一站式”开通客运直达班线（包车），做好交通运输安全保障服务，共组织20辆客运车辆将470名务工人员运送到深圳、杭州等地。

（《中国交通报》，2020年9月16日6～7版）

主动请缨 火线逆行

——福建省运输事业发展中心城运处副处长梁志埠

本报记者 林 慧 实习记者 温晓俊 综合

梁志埠加班制定工作方案(梁志埠供图)

对福建省运输事业发展中心城运处副处长梁志埠而言,2020 年是不平凡的一年,他不仅组建了属于自己的小家,更在抗疫的战场上留下了闪光的印记。

第一时间奔赴抗疫战场

疫情来临时,梁志埠正处于新婚假期。在意识到疫情防控形势趋向严峻的关键时刻,他瞬间回到 2008 年汶川地震去灾区支教志愿服务状态,主动请缨、火线逆行，连夜驱车200多公里，第一时间奔赴抗疫战场，投入到交通检疫工作中。

梁志埠

交通检疫组作为福建省应对新冠肺炎疫情工作领导小组7个工作组之一，由交通运输、公安、卫健、民航、铁路、海关等18个单位和部门共同组成，梁志埠就是交通检疫组办公室的一员。交通检疫组办公室成立初期，时间紧，任务重，人手紧缺。他主动和其他同事一起，承担起制定疫情防控工作方案、工作措施，起草新闻发布会材料，编写综合材料，报送工作进展情况等工作。这段时间，经常一天工作就是16个小时以上，甚至通宵、连续工作近30个小时，同事们都说："一向形象清爽的梁志埠似乎憔悴了不少。"

他不仅积极参与制定全省交通检疫方案，承担起交通检疫组第一次全体会议记录、第一次新闻发布会、第一期防控进展报告、第一份督导工作方案、第一期督导通报等综合性材料起草工作，还积极参加实地暗访、一线服务，推动"三不一优先""一断三不断"等政策落地见效，切实打通"大动脉"、畅通"微循环"。面对严峻的防疫形势，作为主要起草人，梁志埠全程参与制定全省高速公路、普通国省道、民用机场、火车站、港口客运站、海上运输等关键通道、关键环节的检疫操作规范、工作措施。

这一系列方案落地后，福建省通过交通运输、公安、卫健、铁路、民航等部门密切协作，充分发挥“空、铁、公、水”立体交通网络防控作用，对入闽人员、车辆进行全面检测，做到每车必检、每人必查；紧盯交通运输工具和场所，在机场、车站、码头、收费站、道路关卡等地设立查验点、核验区，严格落实旅客体温筛检等防控措施，有效防止疫情通过交通运输环节传播。

从家门前移到境外人员入境第一线

作为参加疫情防控的精兵骨干，在防止境外疫情输入的紧要关头，梁志埠从福建省交通检疫办综合组临危受命，紧急被抽调至联络组，在最短时间内迅速承担并圆满完成驻外人员方案制定、驻外工作机制建立、境外入闽人员防控措施制定等工作，有力保障福建省派驻省外重点口岸27个驻外工作组（小分队）工作的有序开展，成功将疫情防控第一道防线从家门前移到境外人员入境第一线，为疫情防控取得重大战略成果发挥了积极作用。

从战“疫”打响的那一刻起，梁志埠始终以高度负责的态度，主动要求把最苦、最难的工作留给自己，以实际行动展现了交通人“召之即来、来之能战、战之能胜”“胸怀大局、团结协作、勇于先行”“特别能吃苦、特别能战斗、特别能担当”的优良作风。

参加全国抗击新冠肺炎疫情表彰大会后，他这样说：“这份荣誉不仅仅属于自己，更属于全省交通运输行业，是福建省全体交通人日夜付出、持续奋战、共同努力的结果。”

（《中国交通报》，2020年9月16日6~7版）

铿锵玫瑰　一线绽放

——山东省交通运输厅运输管理处二级主任科员李雪燕

本报记者　蔡筱懿

李雪燕

表彰大会结束的下午，记者联系上李雪燕的时候，她已经在回单位的路上。“我只不过是做好自己应该做的，是个普通人。比起抗疫一线的医护工作者，我还差远了。”轻描淡写一句话，却让记者深受触动。

女子本柔,遇战则刚。新冠肺炎疫情发生以来,李雪燕作为山东省交通运输厅新冠肺炎疫情处置工作领导小组办公室联络员,如一朵铿锵玫瑰,在工作岗位上绽放着温柔而又坚定的力量。

“那段时间省内道路客运站全部封闭,每天差不多接40到50个电话。”李雪燕的办公电话作为山东省交通运输厅运输管理处热线,既负责交通工作专班协调联络、信息报送及应急运输,还要协调国际运输保障,来电接连不断。

“对各类咨询、投诉、求助她都主动安抚。耐心细致与雷厉风行的工作态度让大家刮目相看。”李雪燕的同事们说,“有位老乡急着去江苏打工,由于交通不便心里有气,连续打了三四天电话来骂人。我们向他解释当前防疫工作的重要性,对他的情况表示理解,并告诉他可以通过乘坐火车的方式出省。一来二去,最后这位老乡表示‘服从大局,期待疫情快点结束,你们也不容易’。”遇到这样棘手的问题,李雪燕总是主动上前,用温暖的言语化解特殊时期群众的焦躁情绪。对经手的每一件应急运输任务,她都想方设法解决,确保做到群众满意。

“有一天,有位务工人员通过电话寻求帮助,在电话结束的时候说了一句‘那么晚还在工作,辛苦了’。那一瞬间,我鼻子一酸,深深觉得自己做的每件事无关大小,都是如此有意义。疫情期间,货车驾驶员为运输防疫或生产生活物资,奔忙于途中,只要接到他们的电话,不管多晚我都立即联系处理。我就该为他们服务好,尽己所能帮助他们。”

如今李雪燕的办公桌上,依然堆放着上百份文件。这是疫情防控和复工复产期间,她查阅的资料。在疫情防控常态化形势下,山东省交通运输厅运输管理处汇编精准扶持交通运输企业复工复产政策清单,制定全省交通运输行业常态化防控工作细则,及时解决外资外贸企业国际运输问题,组织协调专班成员加密班列班次、新开国际航线航班等,为稳外贸、稳外资提供坚实的交通运输保障。

短暂的采访接近尾声,李雪燕说:“我还有一堆任务,实在没有时间继续接受采访了。在我们交通队伍里,还有无数更优秀的人。夺取抗疫斗争全面胜利还需要付出持续努力,大家一起加油吧!”

(《中国交通报》,2020年9月16日6~7版)

闻令而动　守门先锋

——江苏省苏州市交通运输局运政稽查支队一大队大队长朱斌

李海峰　王云冬　邓雄鹏

朱斌

冲锋在先、攻坚在前，带领团队圆满完成疫情防控阻击任务，江苏省苏州市交通运输局运政稽查支队一大队大队长朱斌被苏州百姓誉为“守门先锋队”队长。

朱斌(左)在抗疫一线(朱斌供图)

红色螺丝钉铸成铜墙铁壁

新区出口,是整个沪宁高速公路沿线通行车流量最大,也是苏州外来车辆进城数量最多的高速出口,是苏州的“西大门”,每天通行车辆最高近万辆,承担着外防输入的巨大压力。被任命为沪宁高速公路苏州新区出口查控点工作组组长后,朱斌说:“请领导放心,让我去,我能行!”凝望眼前川流不息的过检车辆和身后灯火辉煌的姑苏城,他在心里暗暗立下了军令状:一定要在这里筑起一道牢不可破的“防火墙”,坚决守护好这座城市里的1500万人民!

从此,他便像钉子一样钉在了沪宁高速公路苏州新区出口,坚守56个日夜,带领团队累计检查车辆超过17万辆次,检测人员40多万人次,并成功实现了工作零差错、队员零感染和运作零事故。

听党指挥,能打胜仗!传承“支部建在连上”的优良传统,1月30日,朱斌火速成立苏州道路防控一线首个联防联控临时党支部。他将组织建设、先锋培树、组织生活、服务群众相结合,创新党建“四项工作法”,将防控组来自6个不同系统的300多人在最短时间里拧成了一股绳,恰似防疫堡垒上的一颗颗“红色螺丝钉”,铸成了坚不可摧的铜墙铁壁,形成了分工协作“一盘棋”、多方联动“大防控”的新局面。

2月1日下午,一辆53座的外地大客车被拦停检查,一眼望去,车厢里坐满了乘客。当时正是疫情防控最紧张时刻,面对封闭拥挤的空间、情况不明的驾乘人员,工作人员们只配备了简易的防护装备,未知风险极高。“我来!”朱斌当即从工作人员手中抢过测温枪,大踏步走进车厢,其他人也都陆续跟进,顺利地完成了检测工作。

2月10日后,苏州迎来高速返程高峰,车辆不断增多,沪宁高速公路苏州新区出口日均查控车辆超过8000辆次。面对这样的工作负荷,实在吃不消了,就在行军床躺一躺,他说:"只有待在现场,心里才踏实,在这里了解情况更及时、更精准,哪里有空缺自己可以迅速补上。"

"战场"转换 接续战斗

3月22日,沪宁高速公路苏州新区卡口按照部署全体撤防。苏州市交通运输局运政稽查支队一大队承担了原本两个大队的监管区域,队员们也承担了越加密集的值班备勤任务。

面对疫情防控和道路运输市场监管的双重压力,朱斌依然是那句"我是党员,我先上",带领全体队员投入新的战斗中。在复工复产后的道路运输市场秩序综合治理中,沪宁高速公路苏州新区卡口建立的联防联控体系和经验再次派上用场。苏州市交通运输局运政稽查支队与公安、城管等部门并肩作战,依靠多部门的联勤联动,既解决了任务重、人手少的现实困难,又有效增强了执法效能,整治行动累计出动执法执勤人员100余人次,查处非法营运"黑车"10余辆。

普通之中见精神,平凡之中见品格,挑战之中见信仰。如果说,15年的军旅生涯,给予朱斌坚毅和勇敢,近12年的交通履历和数月的战疫时光,便淬炼了他政治过硬、闻令而动、逆行而上、敢于胜利的工作作风和人生信条。受到表彰后,他说:"我只是做了一名普通交通执法人员、一名普通共产党员该做的事情,党和国家却给了我这么高的荣誉,我深受鼓舞也倍感压力。荣誉是大家的,每个人都是英雄。"

(《中国交通报》,2020年9月16日6~7版)

夜以继日　尽心为急

——湖北省武汉市客运出租汽车管理处企业管理科科长张江

郭　佳

张江

1 月 23 日至 5 月 31 日，武汉战疫期间，作为湖北省武汉市客运出租汽车管理处企业管理科科长，张江全程参与疫情期间 6000 辆出租汽车的征集和调配工作。没有休息日，不分白天黑夜，在这场抗疫斗争中，张江以尽心为急。

老百姓出行有了预约车

大年三十，张江在各个出租车企业间跑了整整一天，专门落实出租汽车消毒点的建立、消毒设备配套、驾驶员防护等情况。晚上，一个电话打过来，“明天，全市机动车将禁行，市里要求迅速安排6000辆出租汽车前往社区保供，你马上到处里开会、做准备。”二话不说，张江拿起外套出门往单位赶。实际上，在疫情刚开始吃紧的时候，张江已将巡游车、网约车企业做了摸底。“车去哪里调？人从哪里找？怎么进这些社区？防护怎么做？”在去单位的路上，他心里已有一个方案。

张江与同事们立即电话动员出租汽车企业，时间紧，又逢过年，企业的部分管理人员和驾驶员并不都在武汉中心城区。武汉有2.5万辆网约车，张江决定最好能让网约车参与进来，有了他们的加入，离6000这个数字就越来越近。

满城征集出租汽车的同时，张江还要考虑全市1159个社区每个社区安排多少辆车、这些车如何分配、驾驶员的防疫物资如何到位、如何便捷地与各街道社区对接……大年夜的这场紧急部署会，一直研究讨论到第二天凌晨2时。

那一天起，武汉各个社区的老百姓出行，都能通过社区提前预约，免费乘坐出租汽车到医院看病、去药店买药。这一切便利背后，离不开张江一夜一夜的忙碌。

“事情处理不完，我哪敢睡觉！”

“协调的工作、紧急的工作肯定放在白天，晚上再做全市出租汽车保障的相关统计工作。”张江说，每天各个企业会派出多少辆车、车辆做哪些工作、还需要哪些支援，这些信息都会汇总到他这里进行统计；同时，出租汽车在街道社区服务情况也由他统计。看似简单，但又繁杂又耗时耗精力。

“好在我记忆力不错，脑袋转得还利索。”张江对自己的工作能力有十足信心。但是，家人对他的身体却满是担心。心脏不好的张江身体里搭着两个支架，医生叮嘱，除了按时吃药，生活还要有规律，不能太劳累，要多休息。“全社会各个岗位都忙得团团转，我难道跑去休息？”张江摆了摆手，“肯定不可能！医生的叮嘱暂时先放放，以后再说。”

武汉市复工复产不久，出租汽车驾驶员们对疫情期间的承包费减免问题很困惑。能把政策解析得十分清晰接地气，是张江的本事。“驾驶员们的诉求有道理的，我帮忙协调解决；要是遇到不讲道理的，我跟他们慢慢讲。”张江说，“我拿出文件，一条一条地讲，让他们不懂就问，越问越清晰，越是清晰，驾驶员的误读误解误会就越少。”

那一天,张江从上午 9 时开始,与部分驾驶员代表就疫情期间承包费减免问题一一进行交流解释,直到中午 12 时。大家听得心服口服,不仅自己听明白了,有的驾驶员代表还表示,回去都可以向其他驾驶员解释了。

出租汽车驾驶员为百姓出行提供保障,可晚上他们回家时,却常常因小区出入口的防控工作人员不清楚情况,被拒之门外。问题最终反映到张江的手机上,他带着驾驶员的信息,先向区里反映,再到街道协调,通过社区、小区一层层传递,最终让驾驶员“有家可归”。“常常从晚上 9 时协调到深夜 12 时。手机微信上的信息,不处理完,我哪敢睡觉呢!”张江说,“我要是睡着了,辛苦一天的驾驶员在寒冬里回不了家,那不是寒了他们的心。”

(《中国交通报》,2020 年 9 月 16 日 6 ~ 7 版)

使命在肩　初心未改

——重庆市交通局综合运输管理处副处长李正

本报记者　蔡筱懿

李正

“曾经在北京读书，这次重回北京，经过天安门，心情无比激动。虽然时过境迁，但初心未改。”乘车经过长安街的时候，李正在手机上记录下了当时的心情……

每年春节是运输行业最忙的时候，40 天的春运是交通人必经的“战役”。从

2011年起，李正年年参加重庆市春运调度，俨然是一位春运的“老兵”。但李正形容今年的春运：历历在目，惊心动魄，众志成城。“今年春运从1月10日开始，重庆市交通局综合运输管理处开展综合运输协调会，研判客流，协调铁路、民航与城市交通的中转接驳。直到1月19日，重庆市政府召开紧急会议，疫情防控形势越发严峻、武汉‘封城’等消息接连传来。”李正所在的“全市春运办”转换角色，调整为“交通疫情防控办”。

李正（右）向公交车驾驶员了解情况（李正供图）

李正和他的“战友们”将办公室、轨道站、交通综合枢纽当作战斗阵地，争分夺秒，不分昼夜。为抢占先机，李正连续一周持续工作到凌晨两三点，每天工作16个小时以上，收集信息、汇总研判形势，在全国率先实施四项刚性举措：首批暂停省际客运线路、首批公共交通强制佩戴口罩、首批取消疫情期间老年人免费公交卡、首批实施铁路民航进出站“双向”检疫。

“在最忙的几天，一天没喝一口水，工作告一段落才觉得自己已经快脱水了。为协调轨道站防控，电话一直没断过，一天下来接打100多个电话已是常态。”李正笑着说，“今年也是最‘糊涂’的一年，开水泡面对付着就是一餐，累了就在躺椅上‘歪一歪’，节过完了没也不知道。”但提起工作的内容和具体数据，李正熟记于心：“在大家的努力下，疫情期间铁路、民航进出站建立‘双向检测’

机制，21 个高速公路入境通道、76 个国省道设置防疫检测站；长途客运量由每天 110 万人次下降到 4 万人次，主城公交轨道客运量由每天 790 万人次下降到 40 万人次；公铁水空检测旅客 1375 万人次，移送发热就医 506 人。面对如此大的人员流动压力，我们都稳住了。今天这份荣誉，属于所有重庆交通人。”

疫情防控期间，重庆市交通局全力保障医疗物资供应和生产生活必需品供应，协调完成 18 艘船舶 6.4 万吨航空煤油港口作业、驰援湖北粮油蔬菜和防控物品 5000 吨、运送应急物资 2.2 万吨、通行跨省车辆 190 万辆次。复工复产后，重庆市交通局协调公安等多部门及时清除公路物理硬隔离和不合理防疫检测点，恢复货物运输，分区分级恢复城市公共交通、出租汽车、网约车运行，在全国首批恢复省际客运班线和省际包车，安排 2356 辆次省际包车运力、356 辆次市内应急运输运力，开行市内应急运输线路 21 条，累计运送旅客 3.5 万人次。

望着眼前沉甸甸的奖章，李正心中依然有个遗憾。“军功章也有家人们的一半。妻子疫情期间因胆结石住院手术，我没有时间照顾她，今后一定多陪陪她，多陪陪家人。”正是有无数舍小家为大家的交通人，才阻断了病毒在公共交通上的传播，确保道路通畅，打通应急物资运输通道，保障群众生产生活物资供应。

（《中国交通报》，2020 年 9 月 16 日 6～7 版）

为爱周转　争分夺秒

——招商局集团“灾急送”应急物流志愿服务队

杨　极

“灾急送”为防疫救援物资提供免费应急运输和仓储支持

1月26日，招商局慈善基金会、中国外运联合推出的救灾应急物流品牌“灾急送”启动一级响应，中国外运全线备勤，调动华中、华东、华南、东北、西南、西北等区域公司及恒路物流等约25个城市网点为社会各界支援湖北防疫救援物资提供免费应急运输和仓储支持。

行动中，招商局系统各单位近600位“灾急送”志愿者或参与指挥调度，或贡献技术建议，或负责一线运输，或办理保险保障，争分夺秒，日夜兼程，完成了各种急、难、险、重运输任务。

招商局"灾急送"应急物流志愿服务队

中转仓确保物资高效集散

新冠肺炎疫情暴发时值春节假期,全国各地物流运输资源紧缺,加之武汉周边道路封锁,海内外侨胞、港澳台同胞支援湖北的医疗防护及生活保障物资运输和中转仓储问题十分棘手。

为确保社会各界的爱心能够速达湖北抗疫一线,"灾急送"运作指挥中心依托中国外运湖南公司,在距离湖北最近的口岸城市湖南长沙建立第一个"灾急送"集散枢纽中转仓。

被确认为"灾急送"集散枢纽后,中国外运湖南公司副总经理郑李辉在朋友圈进行了货车驾驶员招募,留下了自己的联系方式。"提前招募有使命感和过硬技术的驾驶员备勤"是他和所在的湖南公司历次参与水灾、地震等灾害支援行动留下来的基本判断和第一时间的规定动作。不负众望的是,这一次货车驾驶员们像郑李辉一样选择为湖北挺身而出。

"灾急送"的第一批爱心物资从长沙中转仓发运。1月25日8时,"灾急送"运作指挥中心收到武汉大学广州校友会请求,需将其筹集的一批重约0.5吨、总共200件口罩运至武汉。物资由该校友会从湖南宜章自行运至长沙仓库,指挥中心迅速安排中国外运湖南公司做好接应准备。1月27日6时30分,在郑李辉调度下,转运小组到达仓库,准备叉车、托盘,把口罩搬运到了仓库。经过辗转,物资以最快的速度运抵武汉大学人民医院与中南医院。

此后,阿联酋中国商会、巴西华人协会、肯尼亚爱心企业、吉隆坡爱心人士等捐赠的物资陆续通过“灾急送”长沙中转仓转运，交付给湖北武汉、黄冈、咸宁等地22家医院，共发车30辆次，运量400多吨，助力湘雅医院援鄂医疗队物资运输4批次，接驳境外支援湖北物资7批次。

迅速响应运输需求

为给战斗在疫情一线的医务人员和公安干警在不能充分就餐的情况下补充体能，中国人口福利基金会拟将爱心企业捐赠的近2700箱巧克力从上海浦东发至武汉。此批货物重量达15000公斤、体积约为105立方米，在运力紧张的情况下，中国人口福利基金会志愿者程炜紧急联系了“灾急送”平台。

2月11日中午12时，中国外运华东公司运输车辆准时到达浦东提货处，一个半小时完成装车任务。2月12日中午，货车抵达武汉，将爱心巧克力一一送至指定地点，总运输成本由招商局慈善基金会提供资助。

2月13日下午1时，“灾急送”接到西门子医疗需求，当日急需将2套用于新冠肺炎诊断、筛查的CT设备从上海分别运往武汉市第六医院和武汉太康医院有限公司。接到需求后，“灾急送”在20分钟内迅速响应，调集中国外运华东公司车辆，3个小时后到达指定接货工厂，装运物资并协调办理车辆通行证。当晚6时，“灾急送”车辆顺利发车驶往武汉。

在高频、高效响应疫情防控支援的66天里，“灾急送”出动救援车辆240余辆、驾驶员270余名，累计为150余个海内外爱心组织或捐赠个人发运抗疫物资8926立方米、3679吨，为社会各界提供价值347万元的物流服务，支援了湖北省46个区县医院、福利机构、社区等基层防控单位的紧急物资需要；同时，兼顾全国疫情防控部署，特别支援了发往贵州毕节、福建漳州、辽宁大连、黑龙江哈尔滨以及北京、广东、重庆等地的紧急物资运输需求。

（《中国交通报》，2020年9月16日6～7版）

傲霜斗雪　温情绽放

——湖北省黄冈市正富综合发展有限公司出租汽车驾驶员李红梅

夏　彬

李红梅(夏彬供图)

2020年春节,新冠肺炎疫情来袭,本该有的喜庆也陡然“降温”,人们的心情好似蒙上了一层“霜雪”。然而,寒冬中还有着许多暖意冲破阴霾,他们勇敢“逆行”,坚守在自己的战场上,用一往无前的勇气与疫情作斗争。

在湖北黄冈交通运输行业,就有这样一支“红梅”,傲立“霜雪”上,她就是黄冈市正富综合发展有限公司出租汽车驾驶员李红梅。她用自己的坚毅和温情,温暖服务群众,被表彰为全国抗击新冠肺炎疫情先进个人,黄冈市总工会授予她“黄冈五一劳动奖章”。

果敢出车

新冠肺炎疫情暴发早期，黄冈“封城”。为保障城区群众应急出行，黄冈市交通运输局发出征集令，组建应急保障车队。李红梅看到后，毫不犹豫就报了名。当她和家人说要出车服务时，家人极力反对。

但是，她并没有“安心”。“越是在关键时刻越要站出来，如果大家都待在自己的小家里，只求平安，那‘疫魔’永远都赶不走，生活总也不能回归正常。我们出租汽车驾驶员是服务人民、服务社会的，现在正是需要我们的时候，我想去，也必须得去。”真情而坚毅的话语，打动了家人。

随时待命

参加应急保障车队后，李红梅主动要求到最危险的前沿阵地去，往返于隔离点和医院，转运新冠肺炎密切接触者和治愈出院者。

工作期间，为了节约防护物资，渴了，咽点口水；饿了，先忍一忍；困了，车里打个盹儿；想上厕所了，忍了又忍。一天 22 时 30 分左右，她接到指挥部通知到路口镇接送密切接触者，在与路口镇做好工作对接后，到达密切接触者家中已是 23 时 30 分。但这户居民心有顾虑，不愿意前往隔离点，她和随行的工作人员一道，足足做了 3 个小时的工作才说服他们，等到送去集中隔离点时都已经凌晨 4 点多了。

因抗疫需要，她每天 24 小时待命，一起做志愿者的同志劝她休息一下，她却报之一笑，然后毅然转身，领受任务奔赴“战场”。

情暖人心

2 月 10 日开始，40 多个日日夜夜，李红梅凭着娴熟的驾驶技术、丰富的道路经验，每天都奔波在战疫路上。每天至少接送病患 3 次，最多时达十余次，有时从早晨一直忙到深夜。一个多月里，她共转运新冠肺炎密切接触者和接送新冠肺炎治愈出院者 200 多人次。每一次服务，她都做到上车有迎言，下车有送语。虽然口罩和防护服遮盖了她的容颜，但人们一定能感受到她的笑容和温暖。

自 2003 年从事出租汽车驾驶工作以来，李红梅始终坚持以诚挚态度服务于每一位乘客，热心帮助老弱病残人士，关心关爱同事，得到了同行“的哥”“的姐”

的普遍赞誉。在此次抗击新冠肺炎疫情中，她无惧危险，使命必达，她绽放“红梅”傲雪的气节，彰显了黄冈“的姐”的风采！

（《中国交通报》，2020年9月22日8版）

坚守前沿阵地　护航复工复产

——黑龙江省交通投资集团有限公司党委

王　婧　特约记者　陈晓光

疫情防控应急运输车辆优先通行(特约记者陈晓光供图)

身穿荧光绿工作服,24 小时风雪无阻守护在高速公路收费站,和卫健、公安部门一起认真查验过往车辆;默默守候在机场、车站、医院,随时提供转运接送服务;值守在边境口岸,承担临时过境通道滞留旅客运输任务;发出一辆辆进城务工人员包车助力复工复产……这就是黑龙江省交通投资集团有限公司(简称黑龙江交投)组织的战疫铁军。疫情防控期间,他们以坚定果敢的勇气、坚韧不拔的决心、忘我奉献的精神、迅捷有力的行动,为阻断疫情蔓延贡献了交通力量。

2020年1月28日，面对突发的新冠肺炎疫情，黑龙江交投党委响应号召迅速行动，对疫情防控工作作出重要部署，要求作为疫情防控前沿阵地的高速运营公司、资产经营公司、龙江交通和龙运集团4家权属企业，集中人力、物力、财力，不计代价地持续开展疫情防控工作。次日，黑龙江交投党委向集团各级党组织和广大党员发出倡议书，号召大家切实增强打赢疫情防控阻击战的政治责任和使命担当，充分发挥集团各级党组织在疫情防控工作中的战斗堡垒作用和集团广大党员同志的先锋模范作用。

千钧之力、万众一心，不惧危险、迅疾行动。高速运营公司和龙江交通严格落实疫情防控期间免收全国收费公路车辆通行费政策，将全省高速公路作为抗击疫情的前沿阵地，所有收费站出口全部抬杠放行，协同配合地方政府、卫健防疫等部门昼夜开展联防联控。疫情防控期间，出动22万余人次，不仅全面承担全省4500余公里高速公路联防联控任务，还完成了应急运输保障等重要任务。

2月初，黑龙江交投"护航"公益行动正式启动，广大交投人积极为援鄂医疗队捐款、为医护人员家属送米送菜，上门服务，关心关爱，以实际行动为医护人员送去暖心关怀。与此同时，黑龙江交投党委发出了组织在哈党员到社区报到的号召。各级党组织迅速响应，共组织2020名党员下沉社区参加志愿服务3750次。扫码测温、维持秩序，黑龙江交投党员树起了一面面旗帜，凝聚起排山倒海、所向披靡的无穷力量，产生了率先垂范、身先士卒的强大效应，鲜红的志愿服务袖标给这个寒冷的冬日带来了无尽的温暖。

一手抓疫情防控，一手抓复工复产。2月26日，黑龙江交投党委召开专题会议，部署了支持企业复工复产相关工作，黑龙江交投"护航"行动正式开启，包括开设"护航通道"、实行"护航通行"、建立"护航驿站"、组建"护航车队"、发布"护航信息"、提供"护航救援"、成立"护航志愿队"、开辟"护航物资港"，八项措施全力保障企业复工复产。遇到交通管制时，他们增派车辆引导护航；突降暴雪时，他们除雪保通从不言苦；在寒冷的冬夜，他们守候在医院门口，接送医护人员平安回家；在进城务工人员返岗无门的时候，他们及时与市地政府对接，为省内外进城务工人员返岗复工提供"点对点"护航直通车的运输保障；在援鄂医疗队返程回乡时，派出车队为援鄂医疗队保驾护航。

黑龙江交投1.5万余人攥指成拳、共克时艰。黑龙江交投人用铁的信念、铁的团结、铁的纪律、铁的作风凝聚起磅礴的力量，用执着和坚守搭建起联防联控的安全线、关心关爱的温暖线、紧急救援的生命线、复工复产的保障线。

（《中国交通报》，2020 年 9 月 23 日 4 版）

我的班车为你们而来

——湖北省武汉市公共交通集团光谷营运分公司驾驶员聂三华

本报记者　潘庆芳　通讯员　倪望明　苏丹丹

聂三华荣获“全国抗击新冠肺炎疫情先进个人”称号(本报记者潘庆芳供图)

疫情防控初期,武汉实行严格的交通管制,所有的公交线路停止运行。街头偶尔看到行驶而过的公交车,此时它是接送医务人员的班车。武汉公交集团光谷营运分公司驾驶员聂三华,就是其中一位班车驾驶员。

“因为你们,我对战胜这次疫情信心十足,我的班车为你们而来。”1 月 27 日至 4 月 16 日的 81 天里,聂三华安全行驶 1.2 万余公里,运送医护人员 2.5 万余人次、抗疫物资 800 余件,多次收到医护人员的点赞。他用入党时的初心、坚守工作岗位的责任心、战胜疫情取得胜利的信心，诠释了一名党员对社会责任的担当和爱国爱岗爱家的情怀。

电话就是“集结号”

1 月 23 日，武汉公交暂停营运。1 月 26 日，武汉公交集团光谷营运分公司组建战疫党员突击队，1995 年入伍、2006 年转业、41 岁的聂三华当即报名。1 月 27 日，聂三华背着行军被褥，开着私家车赶到公交 739 路的起点站——珞雄路公交场站备勤。1 月 27 日至 30 日，他早出晚归接送完上下班的医护人员，公交场站调度室里的两个长条凳铺上行军被褥，就成了他的床。1 月 31 日，新疆援汉医疗队进驻武汉大学人民医院东院，聂三华和同事也住进酒店，往返酒店与医院之间，接送医疗队员们上下班，那床行军被褥又被他带到酒店。“这床行军被褥陪了我整整 20 年!”聂三华说。他在武汉搬过两次家，每次搬家，他都会丢掉一些旧物，但这床行军被褥却一直留着。

聂三华还是急诊小分队队员，碰到晚上需要出急诊任务的指令，他就开着私家车将医护人员送到医院。2 月 15 日 21 时 30 分许，聂三华接到新疆援汉医疗队专家于朝霞电话，要紧急赶到另外一家酒店，接浙江援汉医疗队专家王国彬、潘向滢赶往武汉大学人民医院东院救人。“时间绝对不能耽误!”聂三华发动自己的私家车。当天晚上，于朝霞和王国彬、潘向滢在医院为抢救重症病人前后忙碌了近 4 个小时。

聂三华将这种紧急救人电话比作战场上的“集结号”，从 2 月 15 日到 3 月中旬，他一共收到 15 次集结指令。“救命事大!”为不耽误时间，聂三华每天都像以前在部队一样，将袜子、裤子和外套依次叠好放在床头的枕头边，接到指令可以迅速出门。“1 分钟穿好衣服，1 分钟下楼发车。”聂三华说。

无论何时医务人员接到紧急救人的电话需要用车，他都随叫随到。他用实际行动践行入党誓言，在平凡的工作岗位上展示了新时代共产党员的光辉形象。

稳一点再轻一点

酒店距离医院 9 公里，新疆援汉医疗队有 146 名队员。一辆车平均每天跑 8 趟，一个人、一辆车、一条专线与 146 名医务人员，结下千里援助的情缘，携手共同画出保卫大武汉的同心圆。每天最早一班车是 7 时 10 分从酒店发车，最晚的一班车要到 23 时 40 分回酒店。“平均每天要跑 8 趟，最多时一天曾跑了

24趟。”

聂三华觉得自己的工作比医护人员轻松得多。每当收末班，看到医护人员一上来就靠着椅子睡着了，他会尽量将车速再控制稳一点，进站停车尽量再轻一点，尽量让这些最可爱的人能得到更好的休息。为方便医护人员乘车，聂三华将车辆班次、发车时间和自己的手机号码，打印在纸上张贴于车前门处。如果哪位队员错过了班车，一个电话他会立即就位。

以军人的标准严格要求自己的一言一行，坚持用心服务好每一位乘客。十多年来，聂三华安全行车39万公里，保持着“零事故、零违章、零投诉”的“三零”纪录。“公交车是城市文明与城市形象的窗口，作为窗口工作人员，我们理所应当通过自己的一言一行，自觉为城市文明与城市形象代言，努力开好每一趟车，服务好每一位乘客。”聂三华说。

（《中国交通报》，2020年9月23日4版）

守护生命线　当好先行官

——云南省交通运输厅新冠肺炎疫情防控工作领导小组办公室

本报记者　王兴梅　通讯员　杨宛钰

领导小组办公室荣获“全国抗击新冠肺炎疫情先进集体”称号(杨宛钰供图)

“把疫情防控工作作为当前最重要的工作来抓!”今年年初,新冠肺炎疫情突如其来,云南交通运输行业闻令而动,第一时间成立了云南省交通运输厅新冠肺炎疫情防控工作领导小组办公室(简称领导小组办公室),统筹协调全省交通运输行业疫情防控工作,在疫情防控、运输保障、复工复产、边境防输入等方面,迅速构筑起一道牢不可破的防线。

作为全省交通运输行业疫情防控工作的枢纽,领导小组办公室的成员们冲锋在前,以责任担当、坚守之心直面疫情。他们一方面密切关注疫情的发展情况，精准研判形势，适时调整策略，另一方面及时落实疫情防控各项工作，压实基层防控责任，切实做到守土有责、守土担责、守土负责。

作为领导小组办公室主任，云南省交通运输厅综合运输处处长欧阳学兵始终把责任扛在肩上，在本该与家人团圆的大年三十就回到了工作岗位，组织协调疫情防控相关工作。这位有着30年党龄的老党员，凭借过硬的工作作风、扎实的业务能力、严谨的工作态度，为年轻干部们做出了履职尽责、担当奉献的表率。

起草文件、参加会议、整理材料、外出调研……自抗疫以来，王雪垠每天的行程安排得满满当当。在疫情防控的关键时刻，他的妻子不幸得了重病。尽管心里万分惦记着妻子，但他丝毫没有放松手中的工作。在陪伴妻子远赴上海完成治疗后，王雪垠第一时间回到岗位上。他舍小家顾大家的敬业精神深深感动了大家。

莫飞凭借多年工作经验，及时解决和认真答复关于应急运输、通行证办理、交通受阻等问题。疫情防控期间，他每天高度专注，强化与多部门、区域、多种运输方式协同，及时沟通反馈重点物资运输情况，确保接到应急运输任务后，能够即时响应、即时就位，高效顺畅、安全有序完成运输任务。

李俊充分发挥专业特长，每日收集处理43家行业部门203项数据，形成10份数据报表分别报送有关部门，以准确、可靠、及时的数据为依托，推动疫情防控工作更加科学化、精细化，充分体现“数战数决”的高效与精准。

“90后”杨宛钰，尽管相较于其他几位成员年纪轻、经验少，但面对困难却没有表现出一丝一毫的畏难心态。在高强度、高要求的办文、办会、办事要求的磨练下，她用心钻研、迅速调整，不断提高工作能力，展现了新时代交通青年敢于担当、善作善成的宝贵品质……

他们是领导小组办公室全体干部拧成一股绳、投身疫情防控阻击战的缩影。在疫情防控工作中，领导小组办公室全体成员及交通运输战线的广大干部职工们履职尽责，全力守护疫情防控生命线，为全面打赢疫情防控人民战争、总体战、阻击战提供了坚强的交通运输保障。

（《中国交通报》，2020年10月14日4版）

一声乡音　无限深情

——南航集团中国南方航空股份有限公司客舱部乘务七部二分部副经理田静

冯鲁婧

田静(南航客舱部供图)

“各位亲爱的老乡们,我是本次航班的乘务长。让我们一起为我们的家乡、这座美丽的城市祈福。武汉加油！湖北加油！中国加油!”2 月 1 日 22 时 17 分,在中国南方航空股份有限公司 CZ3001 航班上,南航客舱部主任乘务长田静在她 25 年的飞行生涯中,第一次用武汉话做了客舱广播。

自新冠肺炎疫情发生以来,田静始终坚守岗位,多次在蓝天上“逆行”,执行多个急难险重航班任务,接回滞留海外中国公民 500 余人,用实际行动体现出共产党员在关键时刻冲得上、豁得出的宝贵品质,也因此荣获“全国抗击新冠肺炎疫情先进个人”称号。

时光回溯至1月31日晚，南航接到中国民用航空局关于运输滞留普吉的湖北籍旅客回国的包机任务。全体员工立即行动，投入相关保障工作，准备在次日中午执行包机任务。

2月1日0时37分，南航客舱部向乘务员们发出了一封集结令。正准备休息的田静看到后，马上用手机发出了请求执行任务的邮件。作为一名武汉人，更作为一名党员，她想为家乡尽一份力，做点力所能及的事情。

7时45分，南航客舱部从421名报名者中选拔出了5名乘务员，其中3名为党员。田静担任此次包机航班的乘务长。“在做好自己及同事们的自我保护的前提下，通过我们的行动，让回家的湖北亲人们感到温暖，感到强大祖国对他们的关怀，齐心协力共同抗击疫情。”接到任务后，田静深感自己身上肩负的责任。

同时，此次包机任务由南航客舱部党委书记王薇带队。南航综合保障部和南航客舱部进行了充分的后勤保障，让她对执行此次任务信心满满，而同事们不畏艰辛、坚守岗位的精神更是让她感受到了温暖与力量。

在集结令发出后13个小时，航班从广州白云国际机场起飞，并于2月1日16时49分落地普吉。经过跟机医务人员的健康检查后，89名湖北籍乘客登上飞机，在19时11分踏上了回家的征程。飞机下降前，田静的“武汉味”客舱广播让回家心切的乘客们感受到了浓厚的乡情，不禁热泪盈眶。

这趟“逆行”的特殊航班任务圆满结束后，田静与同事们又马不停蹄，踏上了抗疫的新征程。疫情防控期间，全体南航人始终以战斗的姿态冲锋在前，全力以赴，为疫情防控和复工复产贡献南航力量。

（《中国交通报》，2020年10月14日4版）

严守口岸"国境线"

——中国铁路哈尔滨集团有限公司绥芬河站站长兼党委副书记马凤臣

时振刚　曲艺伟

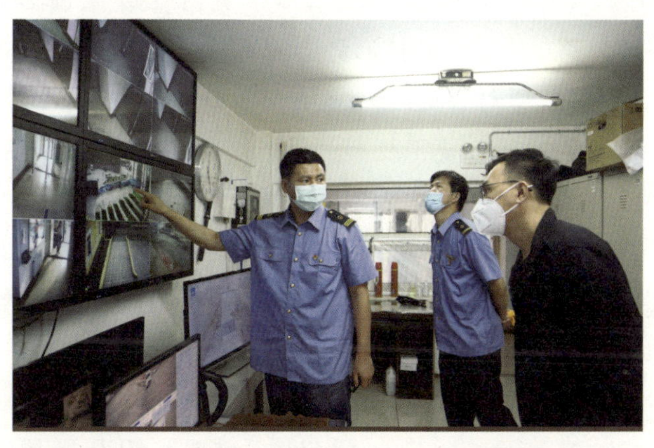

马凤臣(左一)疫情防控、复工复产两手抓(曲艺伟供图)

今年4月,从俄罗斯回国在绥芬河公路口岸入境的中国公民有多人被确诊为新冠肺炎病例,让绥芬河口岸一度成为全国疫情防控的焦点。外防输入,内防扩散,哈尔滨铁路局集团有限公司绥芬河站站长和铁路站区负责人马凤臣深感责任重大。

针对俄罗斯远东地区疫情输入风险增加的实际,绥芬河站将出境工作人员由51人压缩至6人,由每3天出境1次调整到了每班在境外连续工作21天。员工出境在国外工作时,实行二级防护,入境后实行集中隔离医学观察14天。

马凤臣多次与俄方格罗迭科沃站站长电话沟通联系，并向哈尔滨铁路局集团有限公司外事部和防控指挥部汇报，协调俄方入境人员在绥芬河站每班连续工作 14 天，大大降低了疫情输入的风险。由于措施得力，绥芬河站职工与疫情病例实现了零接触、零传播、零风险。

随着国内外疫情形势的变化，马凤臣带领全站职工和家属建立常态化防控机制，精准防控疫情传播扩散。

在疫情防控重点时期，他通过组织职工提前休假、实施“工时银行”“网格化”管理等措施，压缩岗上人员，包保关键岗位，落实防控责任。马凤臣统筹站区防疫管理，制定《绥芬河市铁路站区新冠肺炎疫情防控一体化工作方案》，每日了解站区职工的健康情况，由车站统一对出境机车乘务员、列检等工作人员进行集中隔离管控。他还积极争取地方政府支持，调拨大量口罩、护目镜、防护服等防疫物资，配发到关键岗位。

路地携手，筑牢防线。马凤臣组织站区工作人员积极协调配合地方政府，开展进出站旅客扫码、测温等工作，在车站设置 3 处留验站，安排专业防疫人员上岗。4 月，绥芬河公路口岸疫情防控形势严峻，他与地方防疫指挥部建立联系机制，及时掌握转运信息，手对手交接、专人专区管理，安全转移入境人员 82 人。

一手抓疫情防控，一手抓复工复产。马凤臣密切关注格罗迭科沃站的车流情况，确保口岸运输畅通。在俄罗斯远东地区防疫物资和果蔬紧缺时期，绥芬河站将出境的医用口罩和果蔬列为重点运输物资，实行当日清车、当日装车、当日办理出境手续，最短时间内开出，先后向格罗迭科沃站发运 8 车医用口罩和 78 车果蔬物资，解了俄方的燃眉之急。

（《中国交通报》，2020 年 10 月 21 日 3 版）

甘为路石二十载　倾尽韶华护畅安

——追记湖南省娄底市公路路政管理执法支队支队长李益仲

实习记者　袁东伟　本报记者　张召学
通讯员　梁高武　刘　云　苏　敏

李益仲(右)参加"路政在现场"节目

清明来临,湖南省娄底市公路建设养护中心的大楼里,手持鲜花的人们驻足凝视,在5楼会议室鞠躬默哀。而405办公室办公桌上摆满的资料还在等待着它们再也等不到的主人——娄底市公路路政管理执法支队支队长李益仲。

3月7日深夜,如果选择放下手头的工作,他或许能早点休息挽救过载的心脏。

世上没有如果。从1月27日(大年初三)到3月7日,在疫情形势最严峻的那段时间,李益仲连续奔波3000多公里,处置各类影响公路安全畅通事件109起,每3天调度一次全市国省干线公路各站所防疫工作。

春暖花开,李益仲却因过度劳累,心脏骤停,宝贵的生命定格在47岁。在这41天里,娄底市干线路网没有出现一处“封路”、一处阻断。

41天坚守践行初心使命

直到去世前,李益仲一直都在连轴转,用实际行动诠释了一名共产党员的责任与担当。

在娄底市公路路政管理执法支队继任支队长洪峰的办公室里,我们见到了“李益仲同志生前行程活动明细表”,表格上记录着李益仲从大年初三返岗以来的全部行程。疫情防控、保通保畅、复工复产、超限超载治理……每一项工作都有李益仲的身影。

1月27日,返岗的第一天,李益仲便前往一线开展疫情防控工作。从涟源市区到伏口镇梅城交界处,从龙塘检测站到良溪检测站,连续奔波293公里的李益仲,晚上又回到市公路建设养护中心撰写总结材料。

“每次基层督查,他都要做大量前期工作,白天奔波在防疫卡口,晚上还要加班整理督查资料,非常辛苦!”娄底市公路建设养护中心办公室主任刘文赋说。

常言道“每逢佳节胖三斤”,可在生命的最后41天里,李益仲却瘦了很多。他先后2次带队开展地毯式巡查确保公路畅安,3次开展路面治超和路面源头治超暗访工作。

殚精竭虑做好本职工作,李益仲努力帮助企业解决复工难题。

“我们采石场是全市最大的一家,他连我的一包烟都没收过。”娄底市文正建材有限公司坝塘采石场负责人贺碧如介绍,2月28日,采石场提出复工验收申请。李益仲第二天一早便率领市、区两级治超办工作人员带着公章前往采石场联合验收。

验收现场,他带领同事仔细查看该企业防疫工作开展情况、治超台账、源头管理系统等,验收合格后,当场“通过”并盖好公章。

“平日里和善可亲,但发现问题一抓到底,绝不松手。”这是同事给李益仲的评价。

今年年初,李益仲发现娄星区234国道沿线路段马路市场出现反弹,立即交办整治，多次电话督导，先后 3 次实地暗访。

“全力以赴履行职责，在防疫一线践行初心使命！”3 月 6 日，李益仲围绕“疫情当前，坚定‘四个自信’”的主题，给同事们上了一堂党课。走下“讲台”，李益仲还要赶往湖南省公路事务中心汇报工作。

晚上 6 点多，李益仲返回娄底，来不及休息，直接回到办公室，又投身到起草交通“顽瘴痼疾”整治方案工作中，一直忙到晚上 10 点多。

“3 月 7 日是周六，我到办公室取材料，看到他一早就在办公室起草周日去新化县督查暗访的工作方案，没想到这竟是最后一面。”回忆起这一幕，同事胡杜娟热泪不止。

3 月 7 日晚上 10 点，把资料带回家的李益仲还在挑灯夜战。“明天上午 9 点还要去新化，要注意身体，早点休息。”同事胡琼妮是最后一个与李益仲通电话的人。按照原计划，3 月 8 日，她将与李益仲前往新化县暗访，并慰问一名病倒在岗位上的公路人。

挂断电话不久，李益仲感觉有点累了，可这一躺下就再也没有起来。

这个春意盎然的季节，却因他的离去而变得黯然失色。3 月 13 日，娄底市委追授李益仲“全市优秀共产党员”称号。

21 年锤炼出公仆品质

“时间的三大杀手，拖延、犹豫不决、目标不明确。”随手翻开李益仲的几个笔记本，短短几行字记录了他对自我严格的要求和时刻渴望进步的动力。

1999 年 11 月，李益仲从官庄养路工班开始，掀开了他 21 年的公路人生。工作地点离家 42 公里，且交通不便，没有顺风车时，李益仲只能徒步去上班。但无论刮风下雨、严寒酷暑，总能在官庄路段看到李益仲身着红色养路标志服、戴着草帽工作的身影。

2001 年 10 月，李益仲被任命为收费班长，是当时收费站学历最高的人，被誉为“秀才”，收费站的规范化管理规章制度都出自这位“秀才”手中。

2003 年 12 月，李益仲以笔试、面试双第一的成绩考到娄涟公路管理所。在管理所，工作能力强、能吃苦的李益仲身兼数职，人事股长、财务出纳、办公室主任……多项工作井井有条。在每年办公室、人事、财务三大工作考核中，娄涟公路管理所一直位列前三。

2014 年 10 月，李益仲被抽调到娄底市治超办工作，担任路面综合组常务副组长。洪峰记得,有一次他们去暗访,被一家违规企业的几十号人围了起来。李益仲不慌不忙亮明身份,掏出执法证,现场宣讲相关法律和政策。最后,企业主认识到错误,接受处罚,保证严格管控"双超"。

2016年9月,娄底市公路路政管理执法支队挂牌成立,李益仲主持路政支队工作。娄底市公路建设养护中心主任刘文伟说:"不管在哪个工作岗位,他不计个人得失,苦干实干,任劳任怨。"2015年、2017年、2018年,李益仲先后3次被评为"全市治超工作先进个人"。

在治超执法工作中,他总是敢为人先、敢于担当。2017年3月1日,李益仲带队在涟源市渡头塘镇开展治超流动执法。当晚,现场查获4辆涉嫌违法超限超载运输车辆,驾驶员非常不配合。"李队果断跳上其中一辆车,当起了押车员。"娄底市公安局交警支队驻治超办民警赵理仁回忆道。由于李益仲的果断出击,4辆车最终消除了违法行为并接受处罚。

"被处罚对象都说李队'油盐不进',说尽好话都没用。"赵理仁表示,李益仲私下平易近人,但执法时严格要求,不留情面。2018年5月至2019年5月,李益仲在主持路政支队全面工作的同时又兼任和家超限检测站负责人。公正严明的李益仲用实际行动得到了大家的拥护和敬佩。

"李队多次到工地检查指导,还和过磅员、驾驶员面对面交流,真情关心大家的生活和驾乘安全。"娄底市凯佳建材有限公司负责人刘新锦说。2019年,湘中国际物流园建筑工地运输建材的货车经常超载超限,两个月内该工地货车驾驶员共被罚20余万元,时常发生驾驶员围堵路政执法人员事件。李益仲主动协调娄底市经开区管委会、负责供货的娄底市凯佳建材有限公司和驾驶员多方座谈。通过协调,运输方积极改正,该工地从超载重点治理工地变成样板工地。

2019年6月,李益仲被任命为娄底市公路路政管理执法支队支队长,直到殉职,他的路政支队长试用期还没过。

李益仲走了,但他提出的"三地两路"联合工作方案获得高度认可,形成了治超"娄底经验"。从2015年开始,娄底市的治超水平一直在全省名列前茅。仅今年1月4日至3月6日,全市共检测车辆12316辆次,查处超限超载车辆144辆次,卸载超限超载货物2422吨,实现了抗疫、治超两不误。

强制休息令不让悲剧重演

服从意识强、担当精神强、责任心强,这是刘文伟对李益仲的评价。"冲锋在前,任劳任怨,敢做善为,我为有这样的同志而感到骄傲!”作为李益仲的领导,刘文伟回忆,每次安排工作,李益仲都认真执行,从不讨价还价。

3 月 8 日得知李益仲离世的消息,周五晚上还跟李益仲沟通工作的刘文伟,愣了良久才回过神来,怎么也不愿意相信好端端的一个大活人,怎么就没了。

看到医院开具的死亡证明——劳累过度、压力过大,猝死离世。刘文伟连说了三个后悔。周五从长沙汇报完工作返回中心,李益仲显得不那么精神,在汇报完工作后,他停顿了一下才缓缓站起身来。如果能早点发现,强制他休息,也许不幸就不会发生。可惜,世上没有如果。

由于正处疫情防控期间,3 月 8 日下午,李益仲的遗体便被送去火化,他的部分家人朋友甚至没来得及见他最后一面。

不要政绩带血,也不要英雄牺牲。“没有任何东西比干部职工的生命更可贵。”刘文伟说。娄底市公路建设养护中心准备制定一个强制休息令,科学规范作息时间,加强健康管理,明确工作人员工作多长时间必须休息;晚上 10 点之后,无特殊情况不允许工作影响到生活,周日原则上不加班。

斯人已逝,生者如斯。

在 21 年的公路工作中,李益仲用生命谱写出最精彩的奉献人生。刘文伟说:“李益仲冲锋在前,任劳任怨,敢做善为,充分表现了一个共产党员敢于斗争、敢于奉献、敢于胜利的政治品格。”

如今的娄底市公路建设养护中心,大家缅怀李益仲,学习李益仲。刘文伟说,同事们为李益仲感到骄傲和自豪,将会把对他的缅怀和思念转化为做好公路工作、服务经济社会发展大局的力量,为娄底市和湖南省公路事业的发展贡献娄底公路力量。

(《中国交通报》,2020 年 4 月 4 日 1 ~2 版)

筑牢三道防线　搭建健康出行通道

中国铁路北京局集团有限公司天津站客运员
闫云婷

闫云婷(本报记者李宁摄)

作为交通运输一线的一名普通铁路职工,疫情发生后,我第一个向党支部递交了请战书,第一批冲上车站防疫最前沿,担负起出站口测温和到站发热旅客处置工作,亲身经历了交通抗疫行动。在以习近平同志为核心的党中央的坚强领导下,广大交通人听党指挥、不畏艰险、以疫为令、众志成城,以坚定果敢的勇气和坚韧不拔的决心打赢了这场惊心动魄的阻击战,为统筹疫情防控和经济社会发展提供了坚强保障。

面对突如其来的疫情,中国国家铁路集团迅速成立疫情防控领导小组,建立三级联动的疫情防控组织体系,组织动员 200 多万干部职工积极投身疫情防控工作。天津站作为首都疫情防控的一线单位，认真落实防控要求，筑牢进站、车上、出站三道防线，细化测温、消毒、通风三项措施，打造旅客安全出行环境，守住进京第一道关口，取得了疫情零传播、职工零感染、处置零失误的成绩。

疫情防控期间，无数铁路人毅然冲锋在最前沿，以生命赴使命，夜以继日、拼尽全力，用血肉之躯筑起了抗击疫情的“钢铁长城”。我们每班工作 12 个小时，为两三千名旅客测量体温。测温岗就是我们的阵地、我们的战场，我和同事们坚持做到不漏掉一个对象、不简化一个环节、不放过一个疑点。

我们还自编了《旅客乘车防疫服务小手册》，购买了口罩和洗手液，及时提供给有需要的旅客。疫情防控形势最严峻的那段时间，我很少回家，只能通过手机视频问候父母。有一回，妈妈太想我了，就悄悄跑到车站，隔着出站口的检票闸机，默默地看着我。

艰难困苦，玉汝于成。我们交通人与全国人民一道，同呼吸、共命运，肩并肩、心连心，全力守护疫情防控“生命线”。今后，我将继续大力弘扬伟大抗疫精神，恪尽职守、担当奉献，为南来北往的旅客搭建起一条安心、暖心的健康出行通道。

（《中国交通报》，2020 年 10 月 26 日 2 版）

坚守一线两月余　力保“一断三不断”

湖北省十堰亨运集团有限责任公司党委委员、
副总经理张士虎

张士虎(本报记者李宁摄)

1 月 24 日,湖北十堰开始执行最严格的疫情防控措施。作为一名“老交通”,我立刻意识到:交通“断”是为阻断疫情,但是物资不能“断”,老百姓生活不能“断”!抗疫一线逆向而行的勇士们需要应急物资保障,全市 350 万父老乡亲需要生活物资供应!

我当即决定在集团内紧急征集抗疫志愿者,不到 2 个小时,报名者就达 500 余人。我们迅速成立突击救援队领导小组和应急物资运输、生活物资保障、综合物资调运 3 个运输突击小分队,开通抗疫物资高效配送通道,为公路检疫卡口值守人员运送帐篷、棉被,为医院配送口罩、防护服等医疗物资,为驰援武汉的爱心人士转运防疫物资，为社区居民配送生活物资。

60天里，我吃住都在单位，没有回过家，每天凌晨5时起床，接送员工到生产一线，指挥调度防疫物资运输。为了确保运输安全，我多次组织驾驶员开展业务培训，强化安全意识，并及时给予心理疏导。

关键时刻冲得上去、危难关头豁得出来，是交通人的英雄本色。2月2日至8日，我们接到十堰市疫情防控指挥部紧急指令，要前往仙桃运输急需的口罩等防疫物资。我立即带着驾驶员冒雪连夜赶路，为了保证行车安全，我不敢合眼，不时和驾驶员交谈，以免他犯困。饿了，以泡面充饥，困了，就睡在车里。没有搬运工，就自己动手装车，最终圆满完成任务。在十堰“封城”到全面“解封”的两个多月时间里，我带领团队累计运输物资3000多吨。

十堰所辖五县一市均为国家扶贫开发工作重点贫困县。我们积极投身复工复产，助力脱贫攻坚。得知县域扶贫基地产品滞销，我主动与扶贫办对接，发挥物流通道、电商平台及线下实体店优势，将香菇、蔬菜等农产品运进城。几个月来，农副产品销售额达600多万元。

中华民族能够经历无数灾难仍不断发展壮大，就是因为在大灾大难面前，有千千万万个普通人挺身而出、慷慨前行。我们将继续弘扬伟大抗疫精神，顽强不屈、勇往直前，为夺取抗疫斗争全面胜利提供坚强的交通运输保障。

（《中国交通报》，2020年10月27日2版）

和死神搏斗　不负生命所托

长江航运总医院重症医学科护士长尹彩霞

尹彩霞(本报记者李宁摄)

面对疫情,我们每时每刻都在和死神搏斗。很多时候,重症医学科就是抗击疫情、拯救生命的最后一道屏障。疫情最严重的那些日子,我们医护人员的工作量比平时增加了3倍。我院共接诊了3620名发热病人,收治563名新冠肺炎患者。

除了精心为患者做护理,我们还为患者读家书、拍视频发给家属、给患者送小礼物、在家里为患者煲汤……在那段时间,我们不仅是医护人员,更是患者的亲人。我们以实际行动践行"人民至上、生命至上"的医护使命,为抗疫斗争贡献了交通人的一份力量。

面对疫情,我们也曾害怕过。但身为党员,作为护士,面对病人生命所托,我们不能退缩。金银潭医院是武汉市最早集中收治新冠肺炎患者的定点医院，也是疫情“风暴眼”。1月22日，我接到紧急通知，需要派8名骨干护士增援金银潭医院ICU。给护士们打电话的时候，我很为难，她们中有的孩子刚断奶，有的新婚燕尔，有的孩子小且无人照料，但她们没有一个人推辞，不到一小时全部集合到位，到达金银潭医院后一刻不停投入战斗。

疫情初期，医疗物资缺乏。为节约防护用品，我们就多人共用一套防护服，一整个班不吃不喝，下班后用开水泡冷饭将就一顿，汗透的防护服能挤出小半桶水。在医院最困难的时候，我们得到了交通运输部党组的亲切关怀，抗疫物资、生活物资、爱心捐款源源不断地送到医院，心理援助队24小时为我们服务。一套套防护服、一副副护目镜、一包包口罩、一瓶瓶酒精，给了我们温暖和力量。

没有从天而降的英雄，只有挺身而出的凡人。经历了疫情大考，我们更加体会到身为交通人的自豪和担当。我们将不忘初心、牢记使命，弘扬伟大抗疫精神，推动医疗卫生事业进步，为加快建设交通强国贡献力量。

（《中国交通报》，2020年10月28日2版）

坚持“四保”防范疫情经航空途径传播

中国民用航空局飞行标准司民用航空卫生处副处长

刘　瑶

刘瑶(本报记者李宁摄)

新冠肺炎疫情发生以来,中国民用航空局认真贯彻习近平总书记重要指示批示精神,按照党中央、国务院联防联控机制统一部署,坚持“认真、科学、冷静”的工作原则,按照“保安全运行、保应急运输、保风险可控、保精细施策”的“四保”要求,民航人逆行而上,始终坚守在疫情防控最前线,展现了交通人的责任担当。

作为民航局疫情防控核心业务处室,民用航空卫生处在飞行标准司坚强领导下,发挥航空医学专业优势,坚持实事求是优良作风,以高度敏感性第一时间向中南地区提出相关防疫要求,并在国内率先要求一线从业人员佩戴口罩。

民用航空卫生处集中民航防疫专家，编制出台航空公司和机场两本不同类型疫情防控技术指南，指导科学防疫；根据疫情发展和实战总结进行5次改版；科学引入民航安全管理中基于风险的分层管理理念，按照航班防疫风险分级制定防疫措施，得到旅客、航空公司和机场的好评，并被国务院联防联控机制技术指南全文引用和收录，被国际航空协会向全球航空公司推荐。高效快速协调，推动百余个民航单位和定点扶贫的新疆于田、策勒，与13个省份的口罩供应商对接，及时提供口罩等防疫物资。

民用航空卫生处积极参与抗疫期间国际航空运输政策制定，协助制定航班调整“五个一”、指定第一入境点等关键政策，创造性引入金融系统熔断经验，制定航班熔断和奖励政策，以“组合拳”实现关口前移；建立五部委处级工作专班机制，系统整合航班情况、入境旅客和确诊病例信息，连接信息孤岛；指导机组流行病学调查，对航空器、机场环境采样分析，深入开展航空医学科学研究。

民用航空卫生处3次参与中国与世卫组织全球疫情形势研判会，50余次参与国际民航组织各类专家研讨会，发出中国声音；积极促进将我国抗疫经验转化为国际标准，果断出台客舱载货技术标准，保障产业链、供应链稳定，并被世界民航业认可。

当前，疫情仍在全球扩散蔓延，抗疫不获全胜，决不轻言成功。交通人要继续弘扬伟大抗疫精神，迎难而上奋力拼搏，为实现中华民族伟大复兴的中国梦不懈奋斗。

（《中国交通报》，2020年10月29日2版）

疫情“风暴眼”中保寄递畅通

湖北省武汉市邮政管理局机关党支部副书记
张雅雯

张雅雯(本报记者李宁摄)

身处疫情“风暴眼”当中,湖北省武汉市邮政管理局冲锋在前、战斗在前,用实际行动践行“人民交通为人民”的初心使命,让党旗在疫情防控第一线高高飘扬。

1 月 23 日,武汉市邮政管理局成立抗击疫情工作领导小组。机关全体党员立即行动,保基本寄递服务、保“绿色通道”畅通、保应急物资配送、保行业防疫落实。大年初一,机关党支部担心企业网点运营困难,组织党员干部走访慰问企业。一家企业网点负责人发现附近医院有确诊病人,建议我们不要过去。党支部书记徐兵说:“必须去,人家敢在那里上班,我们为什么不敢过去。”

走访期间我们发现，由于派送人手不足，居民网购的日常生活用品在网点大量堆积。武汉市邮政管理局迅速联系该企业负责人，指导企业组织好人力派送，当天就解决了积压问题。

武汉“封城”后，在最严密的疫情防控措施下，邮政快递企业车辆通行遇到了一些困难。武汉市邮政管理局立即对接相关部门，市场处的文寒峰和何妍两位党员主动请缨，配合武汉市交通运输局、公安交管局连夜制定“逐辆审核、逐辆报备、逐辆放行”的通行模式，指导企业办理电子通行证，24 小时不间断协调车辆通行，确保“绿色通道”畅通。

疫情防控期间，武汉市邮政管理局配合小区升级隔离措施，组织寄递企业积极对接商店、超市开展团购配送，公布 386 个营业网点信息，指导企业设置 1557 个小区无接触快件接收点。

面对疫情大考，党员干部主动担当，冲在一线，到任务最艰巨、群众最需要的地方去。机关党支部 11 名党员干部主动下沉社区，切实发挥党员先锋模范作用。除了当好“站岗员、接线员、代购员、宣传员、搬运员”外，还主动当起了邮快件投递的“协调员、消毒员、秩序员”。

实践有力证明，任何时候，只要坚持和加强党的领导，就没有战胜不了的困难。武汉市邮政管理局将继续大力弘扬和践行伟大抗疫精神、交通精神、“小蜜蜂”精神，为加快建设交通强国奋力前行。

（《中国交通报》，2020 年 10 月 30 日 2 版）

践行初心使命，努力担当作为

——北京市东区邮政管理局党支部书记廖凌竹

记者　黄桥茜

“这个荣誉代表了大家对东区局党支部的肯定。”得知被评为“先进基层党组织”后，北京市东区邮政管理局党支部书记、局长廖凌竹表示，未来党支部全体党员还将持之以恒，在岗位上作出更大贡献。

东区局负责北京市东城、朝阳和通州三个区的行业监管工作。东城区地处北京市中心城区；朝阳区是北京对外交往重要窗口，承担入境隔离观察的任务；通州区是北京城市副中心……廖凌竹坦言，全局只有10名工作人员，辖区内情况复杂，任务繁重。为了确保疫情防控主体责任落实到位，2月以来，所有工作人员处于“连轴转”的工作状态，放弃节假日，赶往网点一线连续开展督导检查，共开展疫情防控检查680余家次，出动检查人员2000余人次。

春节后，东区局组织了对近3万名返京的邮政、快递从业人员的拉网式排查。廖凌竹回忆，到2月9日，朝阳区1.1万名快递小哥已经到岗9000余名，有力支持了复工复产。

6月北京新发地疫情发生后，防控形势陡然严峻。为了加强全行业疫情防控和快递小哥权益保护，所有快递小哥都可以免费接受核酸检测。廖凌竹还记得，那几天北京出现了大风、暴雨、酷暑等恶劣天气，全局干部职工克服困难集体上阵，参与辖区统筹安排和现场组织。6月18日至25日，北京首批完成检测的10万名快递小哥中，有3.9万名来自东区局辖区内，核酸检测结果均为阴性。

“尽管人少任务重，但东区局每一名党员干部都发扬了担当和奉献精神。”廖凌竹表示，疫情防控虽取得阶段性胜利，但国外疫情还在蔓延，秋冬季疫情防控形势严峻，做好常态化疫情防控依然不能放松。“东区局党支部将持之以恒，发挥基层党支部堡垒作用和党员模范带头作用，继续为做好疫情防控和行业稳定运行贡献力量。”廖凌竹说。

（《中国邮政快递报》，2020年10月26日2~3版）

忙而有序，为企业雪中送炭

——内蒙古自治区邮政管理局市场监管处党支部书记李埃

记者　谢思东

“我能作为先进基层党组织代表接受颁奖感到特别激动。能获得这个荣誉，与团队每个人的辛勤工作分不开，是大家团结一致，上下一盘棋共同奋战的

结果。"内蒙古自治区邮政管理局市场监管处党支部书记李埃在接受记者采访时难掩激动之情。

新冠肺炎疫情暴发以来,内蒙古局市场监管处党支部在局党组的领导下,快速反应,主动协调,第一时间落实各项防控和复工复产工作部署,在全国范围内率先实现从业人员防疫物资配备、车辆通行和快递入区投递,率先实现乡镇以上100%复工复产,全区邮政快递业未出现一起疑似、感染病例。

突发的疫情令快递企业措手不及。1 月 27 日,当快递企业面对道路无法通行、小区封闭管理等情况束手无策之时,李埃和同事们连夜与自治区疫情防控指挥部及相关部门沟通,进行蹲点式对接。28 日凌晨 2 时,他们终于将所有材料准备齐全,为企业申请到了通行证。企业负责协调的人员拿到通行证后激动地快要哭出来了,说他们是雪中送炭,解了企业的燃眉之急。疫情期间,内蒙古局所做的大量工作得到了企业的认可,进一步拉近了与企业之间的距离。

"这场战'疫'充分体现了我们整个团队团结一心、勇于担当的精神。作为基层党组织,在需要的时候第一时间冲上前做好各项工作是理所当然的。我们的工作虽然紧张忙碌,但忙而有序,并且这番忙碌得到了企业的普遍认可,这让我们感到很欣慰。"李埃说。

(《中国邮政快递报》,2020 年 10 月 26 日 2 ~3 版)

荣誉属于过去，未来要作更大贡献

——国家邮政局办公室调研室主任吴晓明

记者　李　平

“目前抗击疫情取得了阶段性胜利，作为普通一员能够参与其中，作出自己微不足道的贡献，回头想一想，非常自豪。”获得表彰后，国家邮政局办公室调研室主任吴晓明感慨地说。

“大年三十那天，一连接到3个电话，要向国办报送政务信息，当时就觉得疫情比较严重了。”跟家人做好解释工作后，他大年初一便坐火车连夜赶回北京，一下火车就直奔单位，参加国家邮政局应对疫情相关工作会议，投入到了紧张的抗疫工作当中。

疫情期间，吴晓明负责撰写汇报材料和重要讲话材料，包括国务院第84次常务会议的《关于邮政快递业服务新冠肺炎疫情防控和复工复产情况的汇报》，将行业抗疫工作中的堵点难点和有关建议及时反映给中央，这是近年来首次由国家邮政局在国务院常务会议上主汇报工作，充分体现了邮政行业在疫情防控和服务社会生产生活方面发挥的重要作用。

吴晓明还积极抢抓疫情类信息选题热点，组织同事坚持每日上报行业抗击疫情工作动态，及时将行业在保障抗疫物资和居民基本生活物资运递、保障国际寄递物流渠道畅通、推动行业疫情防控和复工达产等方面的动态反映给中央。

吴晓明组织编写《邮政政务信息（专报）》8期，及时将湖北武汉、北京等地严格疫情防控、推动复工复产、保障寄递渠道畅通等方面的22项政策文件和各地好的经验做法转全系统参阅。

“感谢党的教育和培养，感谢组织的信任和关心，感谢同事们的帮助和支持，虽然荣誉是给了我个人，但所有的工作都是大家团结一致完成的，成绩是属于大家的。”吴晓明说，荣誉证明的是过去的成绩，将来要为行业发展作出更大的贡献。

（《中国邮政快递报》，2020年10月26日2～3版）

数据报表的背后是共产党员的坚守

——北京市邮政管理局市场监管处一级主任科员张伶俐

记者　李　平

5岁的小男孩淡淡，安静地坐在书房门口的小板凳上，等妈妈忙完工作陪他玩。他的妈妈是北京市邮政管理局市场监管处一级主任科员张伶俐。前段时间，张伶俐一下班就把自己锁到书房加班。隔一会儿，淡淡就在房门外喊“妈妈”，张伶俐只好说“妈妈一会儿就来”。结果，每次都食言。

“抢走”妈妈的是一张张密密麻麻的数据报表。疫情发生之初，为北京市政府一线防控部门提供数据，支撑精准防控是北京局交给张伶俐的重要任务。

全行业春节期间有多少从业人员返京？全行业从业人员中有多少人在外租房居住？北京市两个部门先后向北京局提出数据需求。

企业第一轮数据报上来后，张伶俐发现普遍存在数据不全、质量不高的问题，于是开始对十几家企业逐家检查指导。整理数据时，张伶俐在工位上一坐一整天，回家又直接进入工作状态，把孩子哄睡了起床继续干，连续多天工作到凌晨3点多。“当时感觉眼都快瞎了。”张伶俐笑着说。

经过至少3轮审核，对个别数据质量差的企业进行了不下6次指导，张伶俐向有关部门提供了合计约6.8万条人员信息。基于北京局提供的信息，北京市大数据专班先后两次共筛出23条一级风险和二级风险人员数据。张伶俐随即根据推送的数据，迅速对风险人员开展排查并每日跟踪风险人员健康状况，直至提交解除隔离证明。

张伶俐还主动监测行业疫情，每天都会跟全市主要品牌快递企业一一核实疫情防控工作情况，并及时报告国家邮政局和北京市有关部门，一坚持就是150多天。

“现在下班后终于有时间陪孩子了。但如果工作需要，我仍会保持‘战时’状态，坚守共产党员的使命和初心，为邮政业发展贡献力量。”张伶俐说。

（《中国邮政快递报》，2020年10月26日2～3版）

冲得上、打得赢，是邮航人的担当

——中国邮政航空公司副总经理、飞行机长、飞行教员封进智

记者　武　琪

12292 架次、29231 小时，他们用白昼与暗夜交织成网的飞行助力打赢新冠肺炎疫情阻击战。

中国邮政航空公司副总经理、飞行机长、飞行教员封进智代表邮航团队受到

表彰，他在接受记者采访时表示："接到紧急任务，对公司整体运行提出了更高的要求，但无论是飞行员团队、机务团队，还是运控团队、地面网络保障团队等，大家在非常时期表现出来的专业水平、敬业态度令人动容，很多人不顾个人安危第一时间冲锋抗疫一线，谁都有家、谁都有家人，但是为了大家的'家'，我们尽力了，也为能够在关键时刻挺身而出感到骄傲和自豪！"

在这个团队中，有连续工作60天，南下武汉、北上满洲里、东抵日本韩国，执飞重要防疫物资运输45架次的主力机长王晓辉；有独自承担4个老人、2个幼儿赡养抚育义务，奋战一线，77天没有回过家的复工复产首发机长唐郭伟；也有紧盯运行保障每一个细节，在150多个日日夜夜里为保安全、保正点、保防疫而费尽心思的调度主任宋磊；更有每一位一同穿过雨雪，迎来杨柳抽枝和繁花簇锦的"战友"。

对于获得表彰，封进智说："在国家需要时，在急、难、险、重的任务面前，我们能够冲得上、打得赢，体现了邮政人、邮航人的担当；这次抗击疫情任务又一次证明了这一点，获得的荣誉和表彰是党和人民对我们工作的充分肯定，我们一定发扬邮航光荣传统，按习近平总书记所说发扬'生命至上、举国同心、舍生忘死、尊重科学、命运与共的伟大抗疫精神'❶，勠力同心、锐意进取，牢记使命，砥砺前行！"

（《中国邮政快递报》，2020年10月26日2~3版）

❶ 习近平. 在全国抗击新冠肺炎疫情表彰大会上的讲话[N]. 人民日报，2020-09-09(2).

坚守在武汉疫情重点防控区的“蒙面骑士”

——京东物流武汉将军营业部快递员李华斌

记者　武　琪

从新冠肺炎疫情出现到基本得到控制，京东物流武汉将军营业部始终是全国最繁忙的快递站点之一。退票返岗、“逆行”配送、买菜买药，甚至带着居民的宠物去看病，营业部站长钱冉昊与11位快递员坚守站点，每天将医疗物资和民生物资送往金银潭医院和附近的居民区，成为当地居民守望春天中的一股暖流。

“11位快递员，扛起了比平时多一倍的配送量，轮流无间断值班，奔波在站点到医院、站点到小区之间。”钱冉昊在接受记者采访时说。

他记得第一个返回站点的是李华斌。根据公司的运营安排，春节期间安排了快递员值班，但得知武汉“封城”的消息后，已经回乡的李华斌和妻子商量了一下，决定提前坐高铁返回武汉，一忙就是几个月，原定值班7天的他，直到武汉最终“解封”才稍微有了点休息时间。

当疫情取得阶段性胜利，当街头来来往往的行人多了起来，一路陪着武汉这座城战斗到底的人，终于笑了。10月23日，李华斌代表团队参加全国交通运输系统抗击新冠肺炎疫情表彰大会并受到表彰。对于获得此项荣誉，他为团队感到骄傲和自豪：“这次能代表京东快递武汉将军营业部来领这个奖，感到非常荣幸，这不是我一个人的荣誉，是对疫情期间所有奋战在一线的京东快递小哥们的认可。我记得在疫情最严重的那段时间，有人叫我们‘蒙面骑士’，也有人说我们是‘逆行者’，但其实我们只是想做好自己分内的事情，让周边社区的居民能尽快收到生活物资，让他们安心而已，谈不上有多伟大。我们特别高兴地看到昔日那个充满烟火气的武汉又回来了，我们将一如既往地为周边居民提供有速度更有温度的快递服务。”

（《中国邮政快递报》，2020年10月26日2~3版）

在普通岗位上，也能为抗疫作贡献

——中国邮政集团有限公司北京市寄递事业部物流业务分公司医药项目部业务主管刘海龙

记者　武文静

“作为一名共产党员，能够获得这个奖项我很高兴，也非常激动，此时此刻，我想用三个词来表达我的心情，一是感谢，二是信任，三是支持。感谢各级领导和同事们共同的努力和付出。”中国邮政集团有限公司北京市寄递事业部物流业务分公司医药项目部业务主管刘海龙在会后接受记者采访时说。

“疫情防控是一场看不见硝烟但却生死攸关的激烈战斗，是一场只能打赢、必须打赢的决胜之战，没有谁是‘局外人’，没有什么事儿是‘分外事’。”刘海龙说。回想起当时的场景，至今历历在目。大年初三22时，国药集团有一批防疫药品发往武汉，作为这次防疫药品配送的主管，刘海龙在接到任务后便紧急联系部门防疫小组的其他成员。第二天早上6时，抗疫药品拉运小组成员全部集结到位。他们争分夺秒，与时间赛跑，当天就把防疫药品顺利送达武汉。

就这样，整个春节期间，刘海龙和他所带领的这支抗疫药品拉运小组一直在竭尽全力配合国药集团拉运配送抗疫药品，从未停歇。大年初七，刘海龙所在的医药项目部市内配送小组就已全面复工。每天6时到单位后，他为每位员工测量体温，认真消毒，观察员工的身体情况。他时常叮嘱大家，在为抗疫作出贡献的同时一定要保护好自己。此外，刘海龙所带领的团队还承担着国药集团为北京周边地区拉运防疫物资的任务。

“所有的努力基于人，所有的信心源于人，所有的成效来自人。不管是抗击疫情的哪一个环节，坚守在岗的人都是令人尊敬的‘逆行者’。正是因为他们在自身岗位第一线的辛勤付出，抗击疫情才有了走向成功的基础。”刘海龙说，虽然自己不能像医护工作者一样去武汉一线支援，但能在普通的工作中为抗疫作贡献，仍感到无比骄傲和自豪。

（《中国邮政快递报》，2020年10月26日2～3版）

抗疫故事是写作的不竭动力

——中国邮政集团有限公司新闻宣传中心《中国邮政报》社编辑记者张明月

记者　范云兵

“新冠肺炎疫情期间，有太多真实动人的抗疫故事，这是最生动的爱国主义教育，也是我写作的不竭动力。”张明月是《中国邮政报》的一名记者，自疫情出现到武汉“解封”，她共编辑40万字左右的内容，发布相关文章近200篇。其中超过10万阅读量的有10余篇，部分稿件被《人民日报》、新华社、中央电视台等媒体转发，形成了正面舆论引导。

疫情暴发之初，中国邮政第一时间开通绿色通道运输抗疫物资。随着一批批物资的运输、投递，一批批平凡英雄的涌现，大量的新闻素材随之出现。

1月23日，《中国邮政报》首篇报道邮政抗击疫情的文章《国家需，邮政在！

防疫物资在路上!》在微信平台发布,张明月首次提出“国家需,邮政在”口号,后续被多家媒体广泛使用。

“投稿已收到,再跟您核实一下。”大年三十晚上,春晚即将结束,年夜饭越来越凉,张明月还在用电话、微信多方沟通,希望第一时间把邮政人的战“疫”故事告诉大家。从大年初一到初六,她每天只休息四五个小时,人“长”在了手机上,电脑“长”在床头上。为了确保信息的真实准确,她不断与各地通讯员联系,与父母的对话只有“快吃饭”“知道了”。

“抗疫一线才更忙碌,也真的危险。”张明月说。当时有一篇《一位武汉邮递员的战“疫”日记》的稿件,主人公是在全国抗击新冠肺炎疫情表彰大会上受表彰的徐龙。里面有一张他戴着口罩隔空和女儿比心告别的照片,当时因为他临时回家给父母送生活用品,不敢近距离接触孩子,就只能远远地和女儿自拍一张。“看见这张图眼睛就湿润了,徐龙的眼神有无奈,有思念,还有坚毅。很多身在一线的人,都用这个眼神在跟家人告别。”

张明月说,参加抗疫的医务人员中有近一半是“90后”“00后”,他们有一句话感动了中国:2003年非典的时候你们保护了我们,今天轮到我们来保护你们了。

“我也是90后,这段经历为我今后的奋斗发展提供了明灯,也是我最大的收获。”张明月说。

(《中国邮政快递报》,2020年10月26日2~3版)

只要踏实肯干，每个岗位都会精彩

——北京顺丰速运有限公司快递员王乐

记者　曹　丹

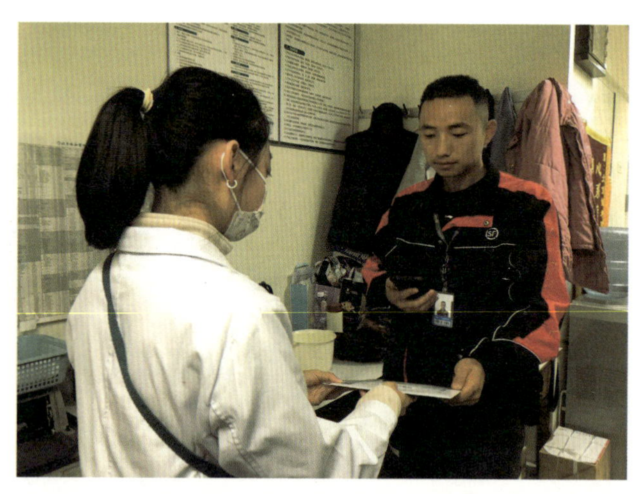

“把这份荣誉作为继续前进的动力，当太阳照常升起，我们奋斗不息。”获得荣誉的北京顺丰速运有限公司快递员王乐在对未来的思考中，已明确了方向。

“送快递不仅仅是一份工作，在关键时刻，更是一份担当。只要踏实肯干，每一个岗位都会精彩。”32岁的王乐，对已经从事了5年的工作有深刻体会。王乐在今年春节新冠肺炎疫情肆虐之时，舍小家、顾大家，全力以赴坚守在物资保障的战线上。

王乐的主要工作是负责北京协和医院快件的收派。疫情最严峻的时候，向医院派件的压力和困难不言而喻。当王乐得知医院在防疫物资供给与输出方面受阻时，他当机立断决定组建志愿团队。“众人拾柴火焰高”，王乐把自己的想法告诉了其他同事，得到了大家的积极响应。很快，由王乐、张中华、王建辉、王晓斌、张迪、任少鹏、王子寒组成的7人志愿者队伍成立，他们立即投入工作，像陀螺一样24小时运转，全力保障防疫物资的供应与输出。

“白天我们马不停蹄地为医院运输所需的防疫物资，晚上连夜为支援武汉的防疫物资备货，每天天蒙蒙亮的时候，一箱箱医疗物资已经整整齐齐码放好。”王乐回忆道。如果还有时间的话，王乐会为抗疫工作者家属运送慰问品，还自己出钱帮他们买菜、买药，尽全力保障抗疫工作者家属生活无忧。

把使命放在心上，把责任扛在肩上，把“顺丰精神”和“顺丰速度”践行始终。王乐常和身边的小伙伴说：“我们就是物资之间的传送纽带，我们慢下来了，整个抗疫的节奏也许就会慢下来，抗疫刻不容缓，需要我们全力以赴和全国人民共同打好疫情防控阻击战。”

（《中国邮政快递报》，2020年10月26日2～3版）

忠于使命　勇于担当
为夺取抗疫胜利贡献邮政力量

——中国邮政航空有限责任公司飞行部

记者　仲　驿

中国邮政航空有限责任公司飞行部在公司党委坚强领导下，始终把人民群众的生命安全、邮政企业的社会担当放在首位，先后承运了多个国家部委及集团公司交运的新冠病毒毒株、“干细胞”、体外膜肺氧合机等物资，以及转运来自白俄罗斯、荷兰、德国等10余个国家及地区的抗疫物资，累计执行防疫专(包)机任务28架次，运送物资411.9吨。复工复产以来，安全飞行11646小时，顺利保障了5725架次航班任务，成为全国民航系统首家也是唯一全面复工复航的航司，为夺取抗击新冠肺炎疫情胜利作出了突出贡献。

面对严峻形势，飞行部全面落实防控工作要求，成立防控和应急处置领导小组，按照认真、科学、冷静、快速的原则，结合民航最新防控技术指南和防控指令，5次动态修订飞行系统应急处置预案，同步跟进调整基础工作、专包机保障、机组重点防护和特殊情况处置，实现了无一员工感染、无一任务延误。

春节前夕，接到公司疫区专包机任务预先号令，全体员工立即进入24小时待命状态，主要骨干力量积极响应国家号召，迅速返岗。737/757双机型23套备份机组编排完成，70名飞行员进入执勤状态。

为保障专包机任务顺利实施和机组成员个人安全，飞行部相继出台多项规章制度，为顺利完成航空货运各项任务提供有力支撑。以王晓辉、黄宏佳、华斌、文建民为代表的一批优秀飞行人员，纷纷主动请缨，积极参战。副中队长、共产党员王晓辉作为邮航第一个主动请战、第一批进入疫区执行专包机任务的机长，逐一为后续机组提供运行提示和防护体会，保证了邮航向疫区运送抗疫物资任务的全面执行。在党员骨干的影响和感召下，不少同志在思想上向党员看齐、行动上向党员学习，田松、张远逸等同志在任务间隙向支部提交了入党申请书，积极投入抗疫一线接受组织考验。

在执行抗疫物资专包机任务的同时，飞行部从机组派遣、人员防护、飞行员食宿等多方面为全面复工复航做了充分准备。鉴于各地疫情防控政策存在较大差异，不少酒店拒绝湖北籍人员和飞过国际航班机组入住，给顺利复航造成极大困难。飞行部依据国家政策主动沟通、反复协调，征得了大多数外委单位的支持和帮助。《外委单位保障情况日报表》已经成为公司运行决策的一个重要依据。针对民航及铁路部门大量航班、车次取消，节后开航部分公司飞机均在外站的情况，采取整体统筹、就近安排的原则，确保每名机组成员都能精准派发、正点运行。

为确保任务安全圆满连续完成，飞行部采取了相对固定机组、配置专业防护、实施集中隔离的应急安全措施。大年初二起，王晓辉、张晓明、付少腾机组就一直坚守在专包机运输一线。为帮助机组消除后顾之忧，飞行部每日电话询问、每周两次专程慰问连续执行任务、集中观察的机组，并给他们的家庭送温暖，帮助解决后顾之忧，飞行人员求飞敢飞精飞积极性空前高涨。

疫情考验着每个人的意志，疫区人民也牵动大家的心。2月4日，飞行部就发起了“战胜疫情、邮我同行”募捐活动，募集38366元购置防护镜、手套等24630件支援武汉防疫一线。2月27日，飞行部响应集团公司号召，再次捐出10400元，体现出了灾难面前大爱无疆的精神品质。

（《中国邮政报》，2020年10月29日3版）

在大战中践行初心使命　在大考中彰显责任担当

——湖北省武汉邮区中心局

记者　仲　驿

疫情防控期间,武汉邮区中心局按照“国家有要求,邮政挑重担,人民有呼唤,服务不间断”的总要求,及时成立防控领导小组和工作专班,制定应急预案,储备防控物资;各部门负责人靠前指挥,优先处理发运防疫物资,紧急调配车辆,保证货源供应,为全面打赢疫情防控的人民战争作出了积极贡献。

武汉邮区中心局全体党员干部踊跃参加党员突击队,积极投身“亮身份、守承诺、作表率”活动,冲锋在运送防疫物资的第一线,下沉社区配合做好防控工作,5 名入党积极分子在抗疫斗争中火线入党。全局党员积极响应湖北省邮政分公司为抗疫一线捐款的倡议,募集爱心捐款 31500 元。全局干部职工克服疫情肆虐带来的心理压力和公共交通停摆带来的出行困难,奔赴没有硝烟的战场。自春节以来,全局上下排除万难,坚守岗位,武汉“封城”76 天,累计在岗人数

80946 人次，日均 1065 人次。全局干部职工用“邮政速度”同时间赛跑，用“邮政力量”与病魔较量，完美诠释了“人民邮政为人民”的初心使命。

武汉邮区中心局坚持以人为本，落实群众路线，做好员工关爱、动员，使全体员工自觉防疫。对确诊、疑似员工加强沟通联系，落实各项关心关爱措施，为他们送去慰问金，帮助解决生活困难，在全省第一个完成对确诊职工的保险理赔。同时做好防疫知识宣传和后勤保障工作，多次为在岗员工发放生活物资和预防中药，解员工的后顾之忧，使其全身心投入抗疫工作。

全局上下始终把人民群众生命安全和身体健康放在首位，成立防疫物资配送领导小组，组建专班，实施“三专”“四优”工作机制，对整车运送的防疫物资专车直投，简化交接流程，加快处理速度，累计发运防疫物资 85.32 万箱(件)、7.08 万吨。按照湖北省、武汉市防疫指挥部安排，承担省红十字会、省慈善总会、省青少年发展基金会、武汉市红十字会的防疫物资的专项配送工作，累计配送 42.55 万箱(件)防疫物资。他们抽调 20 名骨干组成专班，按照车等物资的原则，统一调配运输资源，确保防疫物资随到、随配、随送，第一时间送到抗疫一线。先后运送“人工肺”、呼吸机、“干细胞”等重要物资到各大医院，为“生命接力”抢时间，为援鄂医疗队运送个人物资和重要医疗设备，一路保驾护航。

武汉邮区中心局以使命必达的速度和家国情怀的温度，展现了“国家队”的实力与担当，邮政品牌形象深入人心。湖北省疫情防控指挥部、湖北省邮政管理局、武汉市交通运输局、武汉市邮政管理局、武汉市洪山区住建局、韩红爱心慈善基金会、华大基因公司等先后发来感谢信，对邮政人“讲政治、顾大局、有担当，召之即来、来之即战”的顽强作风和使命担当表示衷心感谢和崇高敬意。中央及地方多家媒体连续报道武汉邮区中心局抗疫工作，累计刊发、转载宣传报道数量已超过 500 余篇(条)。2 月 6 日的央视直播，累计在线观看人数超过 7000 万人，受到集团公司高度肯定。

坚持“精准施策”战术总原则，采取有力有序、科学周密举措，有效遏制疫情蔓延，做阻击战的最佳践行者，全局无一例因工作感染新冠肺炎。他们严格落实“三消毒”制度，每天对进出车辆、进出口邮件、处理场地进行喷洒消毒，确保寄递渠道安全；严格落实员工防护制度，为员工配备口罩，为抗疫一线人员配备手套、防护服、护目镜；严格落实现场封闭管理，严把入口关，三个出入口并为一个出入口，安排专人检查人员健康绿码及佩戴口罩情况，经体温测量正常后方可进入大院;严格落实“双测温双报告”制度,密切关注员工及家属的身体状况,做好疫情监测、排查、预警等工作,切实做到早发现、早报告、早隔离、早治疗。

(《中国邮政报》,2020 年 10 月 29 日 3 版)

搭建空中“生命线”

——邮航飞行部波音 737 一中队副中队长王晓辉

记者 仲 驿

疫情防控期间，王晓辉以不惧艰险、无私奉献的精神，严谨细致、一丝不苟的作风，精益求精、扎实过硬的技术，深得各方赞誉。他用实际行动践行了邮政人的初心使命，更彰显出邮政人的政治担当、社会责任和真情大爱。

疫情突发，主动请缨。2020 年的新春佳节，一场史无前例的新冠肺炎疫情在神州大地快速蔓延。为保障人民群众的生命安全，践行邮政航空的政治责任与社会担当，坚决打赢疫情防控阻击战，王晓辉以高度的政治责任感和使命感，第一个主动请战、第一批加入抗疫物资运输“战斗”、第一时间投身疫情防控一线，充分发挥了共产党员的先锋模范作用，以恪尽职守的实际行动践行着共产党员的初心和使命。

任务至上，大局为重。从 1 月 26 日开始至 3 月中旬，王晓辉连续在外奋战 50 余天，冒着有可能被感染的风险，不计个人安危，迎难而上，累计完成 16 架次疫区抗疫物资专（包）机运输任务，并成为邮政航空公司执飞此类任务最多的机长。

按照国家防控中心和民航局的要求，执行疫区航班后需要进行集中隔离，离家近在咫尺的王晓辉也不能与家人团聚。在这段时间里，他一心扑在抗疫运输一线，集中全部身心投入飞行，始终处于执行任务和准备执行任务状态，舍小家为大家的精神令大家十分敬佩。

攻坚克难，勇为人先。在疫情肆虐的关键时期，他率先执飞北京—广州—宜昌抗疫物资专机任务，开辟了向疫情重灾区湖北投送紧急抗疫物资的第二个生命救援通道。

当黑龙江省绥芬河口岸出现应对外防输入告急之时，王晓辉率领机组征战满洲里，把急需的防疫物资设备送到抗疫一线。宜昌和满洲里的两个机场都是邮航从没飞过的，自此，在特定形势、特殊时期填补了邮航飞行史的空白，为拓展邮政航空货运空间和提升运行能力迈出了极具意义的重要一步。

全力以赴，连续作战。为确保整个运输任务安全顺利完成，王晓辉主动为后续机组提供技术指导和安全防护提示。在他的带领下，738 机队成为邮航抗疫物资运输的主力军，先后承运了交通运输部、商务部、国家发改委、集团公司等单位抗疫物资运输任务 60 余架次，占公司抗疫运输总量的 97.3%，为全面复工复产、赢得抗疫胜利作出了重要贡献。

（《中国邮政报》，2020 年 11 月 4 日 3 版）

金融服务不断档　主动担当走在前

——中国邮政储蓄银行武汉市分行

记者　仲　驿

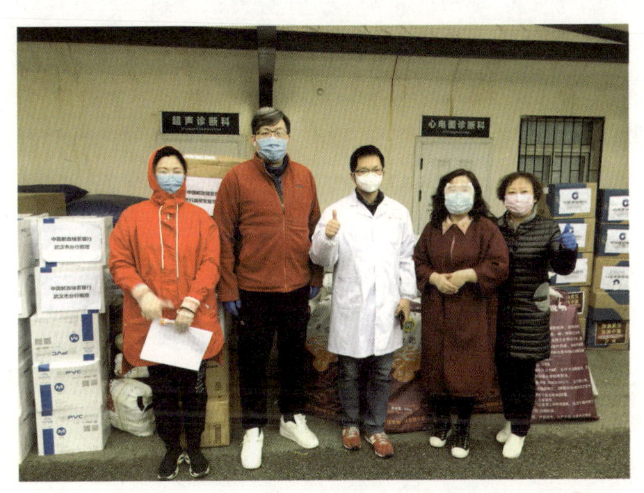

邮政储蓄银行武汉市分行为全力做好疫情防控期间的金融服务保障工作，充分发挥党建引领作用，动员全行党员干部职工冲锋在前，主动作为，坚持疫情防控不放松、抢抓发展不动摇，开辟金融服务绿色通道，精准有序推进复工复产。

疫情防控期间，武汉市分行领导班子严格落实现场值班制度，负责处理紧急事项，及时更新员工健康状况信息表，到应急服务网点检查防疫措施执行情况，并慰问一线员工。为确保武汉“封城”后全市养老金按时顺利发放，武汉市分行合理调配，安排全市邮政金融网点轮流开门营业，全力做好疫情防控期间金融服务工作不断档，保证服务安全顺畅。

武汉市分行信贷部门运用远程办公、紧急处理等方式，全力支持疫情防控所需药品、医疗器械及相关物资科研、生产等企业的信贷需求。信贷业务部门和各支行积极做好客户沟通工作，对客户还款逾期原因进行统计，将受疫情影响无法正常还款的客户信息及时向上级行申请免收罚息及征信调整等，并合理调整还款期限。

2 月 5 日，武汉市分行向全行各基层党组织和广大共产党员发出《全行基层党组织和党员要在防控疫情中主动担当走在前》的倡议书，号召全行党员干部带领员工在落实落细防疫措施的同时，不等不靠，以“追回失去时间”的必胜信念，投身经营发展工作。武汉市分行团委成立了抗击新冠肺炎青年突击队，配合做好全行应急物资的运送等后勤保障以及突发事件现场处置工作。全行 78 名党员积极参与所在社区志愿服务，协助社区为居民做好生活物资保障工作。

为确保社会大局稳定，武汉市分行实时监控网络舆情和客户投诉，做到及时沟通、主动回应社会关切。对突发敏感舆情，积极引导员工不造谣、不信谣、不传谣。对外，积极在外部媒体刊发信息 134 篇，大力宣传邮储银行和员工坚守一线、抗击疫情、支持配合政府的各项举措及感人事迹。对内，编发 28 期《战疫日记——武汉市分行党建工作信息》，加强对全行各单位抗疫先进事迹的宣传。

武汉市分行设立新型冠状病毒感染肺炎专项慰问基金，对疑似和确诊感染新型冠状病毒肺炎的职工，逐一电话慰问，并将专项慰问金通过微信转给员工，鼓励员工及家属坚定信心，保持乐观的心态，积极配合治疗，争取早日康复。武汉市分行在了解到因全城交通管制，小企业客户采购的 32920 只护目镜无法迅速捐赠到武汉抗疫一线的消息后，立即与武汉市邮政分公司进行紧急沟通协调，仅用一天时间就将这批防疫物资送往定点医疗机构。

武汉市分行全体员工捐款 17 万余元，向武汉市第一医院捐赠医用防护服 500 套、医用鞋套 500 双、一次性手套 10000 双、医用垃圾袋 12000 条。在抗击新冠肺炎疫情关键时刻，武汉市分行积极参与街道“为居民家庭提供‘一条鱼’保障”活动，为结对社区居民送去了 500 条新鲜活鱼。同时，为社区困难群众送去了大米、食用油、猪肉等生活必需品，帮助居民渡过难关。

（《中国邮政报》，2020 年 11 月 4 日 3 版）

强化责任担当　创新产品服务

——中国邮政集团有限公司邮政业务部

记者　仲　驿

新冠肺炎疫情暴发以来，集团公司邮政业务部在集团党组统一领导下，严格贯彻落实中央精神和决策部署，发扬“忠、专、实”作风，履职担当，奋力战疫，有力保障了中国邮政“四不中断”“四免费办”服务承诺，为切实履行邮政行业“国家队”责任担当作出了贡献。

疫情防控期间，邮政业务部在集团公司副总经理康宁的带领下，成立疫情防控工作组，多次召开专题讨论会，逐项明确任务、逐级压实责任。各部门领导、各处(局)负责人及相关部门员工坚守工作岗位，放弃休假，夜以继日、齐心协力、全力以赴，抓实抓细各项工作落实，保障了服务畅通。全体党员签订承诺书，带头遵守政治纪律，落实防控措施，普及科学防控知识，做好疫情信息传播工作。动员支部党员和全体干部职工捐款4.54万元，分批次向宜昌市和咸宁市邮政分公司捐赠2.4吨消毒液。邮政业务部总经理王志奇代表集团公司出席国务院联防联控新闻发布会，介绍中国邮政疫情防控和复工复产有关情况，进一步发挥邮政在全社会推进疫情防控和复工复产中的先锋作用。

邮政业务部建立网点复工日通报制度，加强疫情防控调度督导，组织各级做好营业网点员工防护和网点服务，确保疫情防控工作执行到位。有效利用普服管理系统，利用 App 看板动态追踪重点质量指标运行情况，持续加强信息化管控和通报考核力度，兼顾疫情防控、复工复产，合理安排开业网点，确保网点人身安全和各项业务规范办理。疫情防控期间，普服运行质量总体稳定，建制村直接通邮率保持在 100%，打通党报党刊投递堵点，全国县及县以上城市党政机关《人民日报》当日见报率达 84%。

邮政业务部强化责任担当，充分发挥邮票的政治文化宣传功能，宣传铭记抗疫英雄壮举，成功组织举办了“众志成城　抗击疫情”邮票首发暨捐赠活动，累计捐赠邮票、邮品 4300 万元，为近年来发行抗疫救灾邮票捐赠额最高的一次。为确保机要通信畅通运行，邮政业务部下发疫情防控期间做好机要通信的紧急通知，配合寄递事业部及时解决铁路大面积停运相关列车问题（涉及机要运邮车辆 11 对），确保了机要通信万无一失、安全畅通。此外，邮政业务部主动对接中国妇女发展基金会，开通防疫捐赠物资绿色通道，专人专车安全送达防疫物资，共完成 11 批次价值 600 万元防疫物资及 20 多万套防护服的寄递服务。

疫情防控期间，邮政业务部创新产品服务，满足疫情期间人民用邮需求。制定邮票发行应急预案，及时将线下零售和预计兑付转为线上销售及网点自提新销售方式。同时，邮政业务部依托邮政媒体，加大防疫宣传舆情监控力度。紧抓疫情防控热点，组织各省级分公司利用微信朋友圈广告、腾讯新闻线上媒体和网点视频、智能包裹柜、社区宣传栏线下媒体助力政府和企事业单位等开展防疫知识、复工复产复学宣传。组织发行防疫图书 25 万册、文创产品 5 万套。强力推进有声图书馆、员工知识礼包、智慧教育分享等项目。围绕疫情线上宣传需求，推出在线教育、党建学习专题产品，创新产品功能和附加价值，扩大数字明信片影响力，截至目前，累计转发 189 万枚。

（《中国邮政报》，2020 年 11 月 4 日 3 版）

与时间赛跑

——寄递事业部运营管理部运输管理处副经理白炜翔

记者　仲　驿

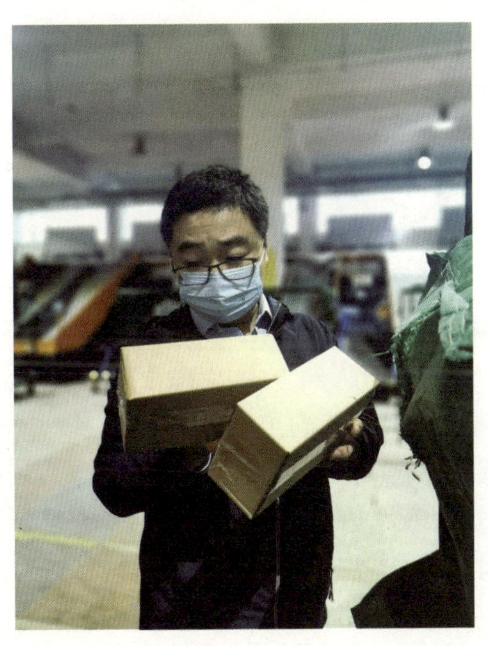

自1月26日起，白炜翔主动放弃春节休息，坚守工作岗位，投身抗疫专机和邮件航空运输组织工作中，共组织实施了29架次抗疫专机运输任务，运输防疫物资4.8万箱、340吨，圆满完成了国家发改委、交通运输部等部委下达的防疫

物资运输任务。

国务院应对新型冠状病毒感染的肺炎疫情联防联控机制生活物资保障组下达的 ECMO 及大功率呼吸机等重要设备的运输任务事关生命、责任重大，每一次任务都是一次重大考验。白炜翔克服时间紧、环节多等诸多困难，对内精心设计、统筹安排，调动收寄、运输和投递各环节通力合作，对外协调国家发改委确定交接方式、解决航空运输难题等，在运输过程中事无巨细，逐点、逐环节监控运输状态，确保 11 批次重要设备均能在 24 小时内全部运送到位，成功搭建了空中“生命线”。

各国援助物资的运输任务庞杂、情况多样、周期漫长，白炜翔能够根据不同情况，妥善安排运输计划，圆满完成全部援助物资的运送任务。在高峰时期，需要同时处理 5 个国家的援助物资运输任务，白炜翔忙而不乱，有序安排运送计划，高效解决物资体积偏差、物资破损、清关延迟等异常情况，确保物资安全准时送达，得到了有关部门的肯定。

防疫物资运输就是与时间赛跑，白炜翔持续创新组织方式，优化运送流程。2 月 5 日，执行交通运输部第 7 号和第 9 号紧急运输指令时，他在 1 小时内就完成了全环节方案制定工作，采取调机和正班调整相结合的措施，迅速将 2 架 B737 飞机保障到位，在接收指令的 12 小时内就将 29.8 吨医疗物资自广州运至武汉；2 月 11 日，执行交通运输部第 19 号紧急运输任务指令时，他紧急采取预留舱位、微调航班起飞时间等措施，在 7 小时内就将 188 箱防护服从南京运至武汉；2 月 24 日，在干细胞的运输中，为解决干细胞存放时间短的问题，他打破常规组织方式，采取手递手、人盯人的方式，保障干细胞 7 点自上海出库，12 点前武汉病人已完成用药，全程用时不到 5 小时。

针对湖北进口运能不足问题，白炜翔及时增开邮航加班航班，共组织实施至武汉航班 136 架次，运输以防疫物资为主的邮件 55 万件，累计达 2400 余吨。面对业务量快速增长、民航执行率极低、邮航机组资源短缺的情况，白炜翔创新性地提出了自主航空网动态复航方案，2 月 3 日起逐日根据业务量变动情况，动态安排邮航执行班次和邮路发运计划，直至 2 月 13 日自主航空网全面复航，有效保障标准特快邮件运输主通道畅通。

（《中国邮政报》，2020 年 11 月 5 日 3 版）

邮航，随时可以起飞

——邮航运行标准部副总经理兼国防动员办公室主任白煜冰

记者　仲　驿

白煜冰从1月26日起，就一直战斗在疫情防控的第一线。作为邮航运行标准部负责人，圆满组织完成疫情防控期间紧急物资运输专机和国际航线增开工作，体现了一个党员领导干部的责任与担当。

作为邮航国防动员办公室主任，白煜冰负责对接军方、民航局重大任务工作，同时作为运行标准部负责人，又担负着公司内部的运行组织协调工作。在武汉“封城”后，邮航下达了随时做好执行紧急运输任务的指令，白煜冰会同生产运行部门制定《疫情期间邮航可提供运力资源评估报告》和《请战书》，代表中国邮政航空公司向民航局重大运输办公室请战——“邮政航空，已经做好准备，随时可以起飞，请民航局领导放心，请民航局重大办下达任务。”

为统一信息传递、提高工作效率、及时领受任务、快速运输紧急医疗物资，他将自己设置为联络员，密切保持与民航局、民航各地区管理局、民航局运行监控中心、民航局相关地区监管局、运行机场、邮航各生产运行单位的联系沟通，在民航局重大任务运输工作群内24小时盯守相关信息，确保信息获得及时准确。

2月26日，白煜冰接到民航局任务，和国货航合作采用两架飞机跨境接力方式，将中央指导组部署紧急采购的16台ECMO从德国法兰克福最快运至武汉。白煜冰带领邮航保障工作组优化了整体运行方案，凭借充分的沟通、优化的路线、完美的航班衔接，只用15小时便将这批物资提前运抵武汉，比原计划时间提前2天。

4月14日，国务院联防联控工作组决定向黑龙江紧急调拨一批医疗物资，民航局向邮政航空和另一家航空都发出了任务需求。另一家航空表示可以提供波音747或者波音767全货机，一次性完成物资运输任务。白煜冰并没有放弃，全力争取，向民航局领导汇报中国邮政的国企担当、全网优势、空地无缝衔接以及邮政绿色通道寄递优势。“国家有要求，邮政挑重担”，只有在这个时候才能彰显中国邮政的责任担当！最后，任务确认由邮航执行，圆满完成了3天5架次、全机型的武汉—牡丹江、武汉—哈尔滨、武汉—满洲里紧急医疗物资援助运输工作。

自1月25日中国邮政紧急开通防疫捐赠物资绿色寄递通道，启用邮航专机，全力做好防疫物资的运输工作以来，白煜冰已经累计组织参与邮航抗疫物资飞机147架次（含执飞专项任务29架次，执行南京—武汉正班、加班118班）。其中，白煜冰负责的邮航国防动员、重大运输工作多次受到民航局的肯定和表扬。

（《中国邮政报》，2020年11月5日3版）

永不向困难低头

——南京集散中心陆侧邮件作业区员工邱纪东

记者　仲　驿

邱纪东曾在南京服役4年，退役后进入上海邮政。2012年，邱纪东作为全网支援人员借调至南京集散中心。支援结束后，邱纪东为大家舍小家，毅然决定留在南京集散中心。他踏实勤恳的工作态度和业务能力，赢得了领导和班组同事的一致认可。

疫情防控期间，在大部分企业未复工的情况下，邱纪东提前从上海老家返回南京。作为一名基层班组长及基层党员，邱纪东坚决贯彻落实南京集散中心的各项工作要求，及时统计班组员工在春节期间的各项出行情况。对班组内因疫情防控无法正常复工的员工，邱纪东就如何在家做好自我隔离、身体状况摸底等一系列问题与其沟通，在做好疫情防控的同时，圆满做好员工心理疏导及安抚工作。

自2月6日南京集散中心复工以来,邱纪东充分发挥党员先锋模范带头作用,冲锋在生产第一线,带领班组员工科学防治,积极投入疫情防控及邮件生产工作中。陆侧封发班组受疫情影响,近1/3人员无法到岗作业。在缺人的情况下,邱纪东迅速调整格口人员安排,保证邮件的正常落格处理。

为了缓解航空运输压力,满足防疫物资运输需要,2月21日,集散中心开通了南京—武汉一级干线临时汽车邮路,带运发往湖北全省标快邮件及防疫物资。邱纪东主动承担发往武汉的17.5米的加班车物资邮件的扫描处理工作,与此同时,还积极组织员工开展班组间的协调配合,动员封发班员工在邮件等待期间帮助转运班组进行邮件接卸、过检工作,促进救灾物资全流程绿色通道运行顺畅,加快了防疫捐赠物资的优先处理、优先送达。

邱纪东作为基层党员同志及基层班组长,在缺人的不利情况下,以身作则,坚持一线生产。在做好现场安全防控同时,打破传统班组界限,带领封发班的全体员工支援转运班组卸车、过检、装车。在工作中,邱纪东以身作则,不管是日常工作还是临时突发任务,都主动解决,不向困难低头,永不服输,凭着一腔赤诚的奉献精神,吸引着、感染着、团结着身边的每一个人。

关键时刻拉得出,危急关头冲得上,正是一个个像邱纪东一样的基层党员同志、基层班组长,疫情期间用实际行动践行着"人民邮政为人民"的宗旨,团结身边所有同事,用责任与担当传递爱心和希望,才使邮政人圆满打赢这场防疫生产攻坚战。

(《中国邮政报》,2020年11月5日3版)

充分发挥党员领导干部带头作用

——中国邮政储蓄银行仙桃市支行

记者　仲　驿

疫情防控期间，位于全国疫情中心、世界"口罩之乡"的邮政储蓄银行湖北省仙桃市支行，充分发挥党员领导干部带头作用，连续80多个日夜奋战在抗击疫情第一线，用实际行动践行了国有企业的担当、共产党员的初心使命。

仙桃市支行领导班子坚决落实各级疫情防控要求，坚持属地管理、深入一线、靠前指挥、压实责任，成立了仙桃市支行疫情防控领导小组，制定了分工明确的疫情防控应急预案，先后4次召开疫情防控领导小组会议，确保各项疫情防控具体措施落实到位。为保证客户及员工健康安全，仙桃市支行安排网点对营业场所进行消毒,并为员工配好配齐各类防疫物品。

1 月 30 日晚,仙桃市支行在收到湖北省分行要求其充分发挥“口罩之乡”资源优势,紧急协助采购全省邮储银行防疫口罩的电话通知后,迅速与政府领导、合作伙伴、企业客户多方取得联系,连夜筛选质量可靠的口罩企业,反复甄别客户的信誉、生产能力、原料储备等情况,最终与湖北海腾无纺布制品有限公司达成采购 50 万只口罩的意向。疫情期间,仙桃市支行共为全省邮储银行筹集口罩 111 万只,分 4 批完成发货,占全省采购量的七成以上。他们不畏疫情困难,紧急成立防疫物资支援组,当面临工厂缺少人手时,支援组成员主动清点数量、封包、装运;当面临邮件拥堵时,多方联系咸宁邮政速递协调收寄发货;当面临政府对口罩等防疫物资进行管控时,仙桃市支行紧急拜访市领导汇报情况,获得相关批文,四处联系社会车辆,申报通行路单,有效缓解了全省防疫物资运输和采购困难。

疫情防控期间,仙桃市支行全面部署做好金融助力企业抗疫工作,与防疫物资生产与销售企业取得联系,逐户了解客户资金需求情况,紧急开辟信贷服务绿色通道,累计走访客户 44 个,发放贷款 28 笔,累计金额达 15308.7 万元,其中重点抗疫企业放款 4 笔,金额达 11284 万元。

疫情关键时期,仙桃市支行积极响应仙桃市政府党员下沉社区的要求,号召全体党员积极投身地方疫情防控,主动履行国有大行担当。全行近 30 名党员干部第一时间到就近的社区报到,以“战时”状态加入社区疫情防控工作中,开展区域维稳、环境整治、卫生消毒工作,值守路口劝阻外出的居民,进入社区监测排查,登记返乡人员情况,叮嘱居民做好自身防护,勤洗手,不串门。每位党员都在临时分配的岗位上践行了共产党人的承诺,在党和人民需要的时候挺身而出,奉献了邮储力量。

(《中国邮政报》,2020 年 11 月 5 日 3 版)

忠诚履职　逆向而行

——湖北省武汉市武昌区分邮政公司运营管理部经理郭斌权

记者　仲　驿

1月23日上午，长期与妻子两地分居的湖北省武汉市武昌区邮政分公司运营管理部经理郭斌权就要踏上开往宜昌的火车，一声“封城”令下，他选择留下，忠诚履职，带领部门员工逆向而行。也就是从这天起，他一个人在武汉坚守阵地，妻子带着5岁和仅有3个月大的儿子在宜昌守候。农历大年三十晚上，电话那头3个月大的小儿子咿呀自语，郭斌权愧疚的心久久不能平静，年长独居的母亲此刻也不能照料，所谓“忠孝难全”无以言说。

面对疫情，郭斌权冷静分析，邮路千万条，防疫第一条。部分外地员工“封城”前返乡，投递人手严重短缺，此时更要保护好每一名投递员的安全健康。如果一名投递员感染，对邮路沿线的人民群众和单位都会造成威胁。只有做好全面防控，才能保证零感染！为了确保邮路安全防控工作得到落实，郭斌权每天到各个投递站点检查，督促站点消毒，测量上岗人员体温，要求作业期间人均间距不少于2米，并逐个叮嘱投递员按规范正确穿戴防护装备。

武昌区总面积107平方公里，覆盖15个街道，辖区人口130万，武昌区分公司运管部下辖7个投递站。疫情防控期间，7个投递站的全体投递员每天都能见到郭斌权，他这个运管责任人兼起了“炊事班长”，每天叮嘱他们吃饭，穿戴好防护装备。

1月23日至4月28日，运管部共进口个人包裹955191件，投递941436件，留存邮件13755件(收件人暂不能领取)，妥投率达到98.55%。为配合武昌各小区封闭管理，运管部要求各投递站设邮件消毒专岗，并加封外袋，向各小区分派定点人员，一一电话通知居民领取，并保持一定的间隔时间，既能准确送达，同时保障安全防控。

武昌区是中央指导组驻地及省委、省政府所在地，因此，运管部还承担着决策机关的邮件及党报党刊的专投任务，重要性不言而喻。郭斌权作为一名老党员，动员发挥邮路上每名党员的示范引领作用，要求他们提高思想站位，强化责任担当，确保及时、准确、规范投递邮件。1月23日至4月8日，运管部送达专投平信平刷2.8万多封、党报党刊81万余份。

1月23日以来，武昌区分公司共进口投递防疫物资51917件，全区邮路网络优先保障洪山体育馆、广西大厦2处方舱医院，中南医院、武汉市三医院、湖北省人民医院、武昌医院等10家医疗机构以及6家一线医疗人员住宿宾馆。中央及全国援助武汉的防疫物资源源不断，既为武汉取得战疫胜利增添了信心，也给邮政工作提出了更高的要求。邮车在路上穿梭，邮件被快速分拣投递，工作量虽大，但郭斌权逻辑清晰、沉着冷静指挥，大家工作有条不紊。

2月15日，武汉风急雪大。在郭斌权的组织和调度下，一条条绿色长龙战风斗雪，一件件防疫物资送到一线医护人员手里。因为双方都穿着防护服，彼此无法相认。此刻,感动围绕着这些最熟悉的陌生人,绿衣和白衣并肩战斗,大家互相加油打气:“武汉一定赢!”

(《中国邮政报》,2020 年 11 月 6 日 3 版)

召之即来、来之能战、战之必胜的“邮政铁军”

——湖北省武汉市邮政寄递事业部物流业务部

记者　仲　驿

疾风知劲草，烈火炼真金。自新冠肺炎疫情发生以来，湖北省武汉市邮政寄递事业部物流业务部员工全面落实防疫保障运输服务、支持企业复工复产等各项疫情防控任务，用实际行动践行初心使命，让“邮政铁军”的绿色旗帜在防疫保障一线高高飘扬。截至4月10日，物流业务部共完成各项物资配送5973吨，派出车辆749台班、出动人员700余人次。3月17日，武汉市委组织部印发通报，对在防疫物资保障工作中表现突出的物流业务部党支部予以表扬。

疫情就是命令，防控就是责任。疫情发生后，物流业务部率先响应，第一时间成立了疫情应急物流保障团队，及时开展疫情防控工作。面对严峻的防控形势，物流业务部严格落实责任制，实行24小时值班制度与疫情日报告、零报告制度，确保信息公开透明、畅通无阻。同时，要求全体员工做好自身防护，为外勤人员配备了防护服、口罩和护目镜，储备了消毒液和消毒器具，确保人员和生产工具安全。

1月23日凌晨，物流业务部打响了防疫保障“第一枪”。药企健民药业的紧急防疫药品无法运送，物流业务部临危受命，紧急安排2名驾驶员将1000余箱防疫药品运回武汉，为各大医院救治病人争取了宝贵时间。

2月3日深夜，武汉“封城”管控措施不断升级，物流业务部迅速集结10余名党员组成党员突击队，急赴国博中心，驰援防疫物资配送工作。大家面对困难不退缩，切实扛起防疫责任，团结一心、高效行动。

在国博中心战斗的日子里发生了无数可歌可泣的平凡故事。

2月6日，党员驾驶员夏阳波主动请缨，要求将600余件饮用水送到最危险的火神山医院，将危险留给自己；因任务重、时间紧，驾驶员吴航连续一个月未跨进家门，晚上睡在“半米空间”的邮车里，盖军大衣，吃面包和泡面，在国博中心一战就是60多天……大家心中只有一个信念：“国家需，邮政在，尽快将物资送到目的地，就能早点给患者用上医疗设施和药品。”同时，吴航向党组织递交了入党申请书，他写道：“国难当头，且危难的中心是我的故土，我们能置之不理吗？向组织主动请缨，是我们的血性和义务。”平凡的话语、心灵的呼唤唱响了火线攻坚主旋律。

疫情发生恰逢春节，物资短缺、运力短缺是物流业务部面临的严峻问题。为此，该部积极发动、合理安排人员及车辆，除驰援国博中心参与防疫物资运输外，还圆满完成了省防指医疗物资配送、方舱医院紧急物流调拨、医疗人员生活物资保障、重点企业民生物资保障、兄弟省份驰援物资的市内接转运输、普服邮件投递等工作。

2月中旬，物流业务部7名驾驶员冒着风雪赴京山运送3000余套床品，支援长江新城方舱医院建设工作；25日晚，内蒙古电视台专题报道了内蒙古、湖北两地邮政齐心协力，确保爱心鸡蛋及时送到52家医疗单位的新闻；3月中旬，护送外省份驰援医疗队物资返程，他们用最朴素的行动，对“逆行”的白衣天使表达了深深的感激和敬意。

有序推进复工复产，物流业务部在逆境中寻找机遇，主动对接国药、九洲通、健民、武烟等医药烟草重点企业，开展医疗防护及民生保障物资的应急运输配送服务，在外部运力停滞的情况下，逆境创收150余万元。3月21日，健民药业特意发来感谢信，并承诺与邮政保持长期合作并增加业务份额。

只争朝夕抗疫情，不负韶华勇担当。在这场没有硝烟的战争中，物流业务部全体员工用奉献诠释忠诚与担当，用行动践行初心和使命，为打赢疫情防控阻击战汇聚起了同舟共济、共克时艰的磅礴力量，再次证明了这是一支召之即来、来之能战、战之必胜的“邮政铁军”。

（《中国邮政报》，2020 年 11 月 6 日 3 版）

从日夜坚守到“隔路相望”

——内蒙古贡宝拉格收费所所长乌云巴特尔

本报记者　吴世哲　特约通讯员　张建萌　特约记者　乔　枫

工作之余美化站所环境

十月的贡宝拉格收费所，瓜果蔬菜馨香四溢，幼畜家禽膘肥体壮，秋日的阳光照射着公路旁的收费所，满眼金色的丰收景象。

刚刚从地里挖出的第一袋土豆，收费所职工陈艳刚赶忙挑出其中最大、最“面”的，送到了收费所1公里处的芨芨滩山上。“您说今年的雨水好，咱们的土豆一定是大丰收，到时候给孩子们做最爱吃的莜面饨饨，可是您却……”在阵阵秋风吹过的山头上，堂堂七尺男儿忍不住号啕大哭。在这里长眠的就是他亦师亦友的好领导——内蒙古公路交通投资发展有限公司锡林郭勒分公司贡宝拉格收费所所长乌云巴特尔。今年9月10日,上午还在为工作奔波的他,刚刚一过中午,却因突发疾病,倒在了他一生热爱和日夜付出的工作岗位上,年仅53岁。

把工作视同自己的生命

今年年初,突如其来的新冠肺炎疫情打破了原本平静的生活。按照上级部门的工作安排和地方疫情防控的要求,交通运输部门既要保障道路畅通、确保战"疫"物资运输和群众生活物资供应,又要保证干部职工不被病毒感染,责任重大。为此,乌云巴特尔每天几乎24小时都坚守在工作岗位上,无数次地上岗亭、进厨房、查消毒、测体温,事无巨细地叮嘱每位职工一定要"注意、注意、再注意"。

贡宝拉格收费所地处锡林郭勒盟与河北省的交界处,作为防控疫情输入的重要关口,自今年1月18日以来,乌云巴特尔很长一段时间没有离开过这里,一待就是67天。其间,贡宝拉格收费所在高质量完成道路保通和疫情防控工作的前提下,全体职工无一人被感染。

一次次放弃选择离家近的所站,一次次"忽略"家人的牵挂,在贡宝拉格收费所的10年中,乌云巴特尔始终把职工当成自己的亲人,把工作视同自己的生命,从收费岗亭到庭院宿舍、从严寒酷暑到春暖花开,他用执着的坚守、无私的关爱和不变的初心,在平凡的岗位上书写着共产党人的责任和担当,诠释着内蒙古交通人的誓言和承诺,展现着草原英雄"巴特尔"的宽厚与淳朴。

俗话说"铁打的营盘,流水的兵",贡宝拉格收费所自2011年8月投入运营以来,干部职工有新进的,也有调离的,团队里唯一不变的只有乌云巴特尔所长。生前他就常对大家说:"不论在什么岗位,一定要把工作放在第一位。"

每逢春节,人人都赶着回家团圆,但所站的不少职工都放弃与家人团聚,坚守在岗位上。为了让大家安心工作,整整10个春节,他都选择和大家在一起度过,没有陪妻子吃过一顿年夜饭,没有陪儿子看过一次春节晚会,他也从来不是第一个给自己老母亲拜年的孩子。

有一年夏天,赶上雨水特别大,恰逢那段时间又是车流高峰期,小轿车、客运车、货运车、大件超宽车、绿色通道车蜂拥而至,小站一时间"热闹非凡"。为了保证道路畅通,车辆安全通行,乌云巴特尔走上岗亭,带着职工们一起查验绿色通道、冒雨疏导车流、为过往车户提供暖心服务。那段日子,数不清有多少件衬衫被汗水浸透,数不清有多少句叮嘱回荡在职工们耳边,直到顺利完成工作任务。

“韩姐,外出采购辛苦了,赶紧进家喝口水。”“老臧,下班了少玩会儿游戏,多和家里人视频。”“大陈儿,工作累了,多吃点肉,赶紧往碗里夹。”乌云巴特尔亲切的话语犹在耳畔,慈祥的笑容仍在眼前。

在职工们心目中他无所不能

收费员、监控员、安全员、饲养员、财会、文秘……在职工们心目中,乌云巴特尔无所不能、无所不会,所里的职工只要有难题都会找他。2019 年 6 月,他还兼任起省界站三号地收费所所长,两个站加起来,有近百名职工,大事小情不计其数,工作虽然繁忙,他从来没有一句怨言。

职工贾利哲是收费所的一名普通收费员,乌云巴特尔发现他的动手能力特别强,喜欢做一些小发明、小创造,便经常鼓励他,还提出了不少关于自主创新的建议。

日子久了,两个人兴趣相投,就想着平时查验绿通车时收费员登高攀爬很危险,如果能用无人机在车顶实时录像,也就能减少安全风险。可是,买一台无人机费用可不少,乌云巴特尔便找到同学帮助搜集资料,还自费赞助贾利哲在网上采购设备。整整两个月,在一次次的模型制作、交流探讨、网络课程学习过程中,这台“具有自主知识产权”的无人机终于诞生了!当成功查验完第一辆绿色通道车辆后,贾利哲高兴地和乌云巴特尔所长拥抱在了一起,全站上下欢呼雀跃。正想着试验成功后,组织撰写科技创新汇报材料上报分公司,可是谁也想不到,材料只审阅了一半,乌云巴特尔就再也没有拿起笔……

翻看乌云巴特尔生前的微信朋友圈,几乎都是和贡宝拉格收费所相关的内容:贡宝拉格收费所“我们的路　我们自己修”,贡宝拉格收费所“拓展形式丰富社会主义核心价值观主题实践活动”,贡宝拉格收费所积极创作廉政书画作品……

贡宝拉格就是他的根,贡宝拉格就是他的魂。按照乌云巴特尔生前遗愿,家人把他的骨灰洒到了芨芨滩山上。职工们都说“有所长在,我们上班就安心”。而他生前常说:“孩子们好好工作,有啥困难告诉所长,所长给解决……”

(《中国交通报》,2020 年 11 月 9 日 3 版)

萤火之光点亮疫情防线

——大连海事大学后勤集团

特约记者　隋雪梅　通讯员　王红莲

疫情时期海大中心食堂教工餐厅

在抗击新冠肺炎疫情工作中，有的交通人奋战在海陆空交通网的节点，有的冲到一线协调运送各地战“疫”物资，而他们，则用另一种方式，守护着交通行业的未来。他们就是大连海事大学后勤集团1000余名默默坚守岗位的普通职工。

疫情发生后，海大后勤集团紧急行动、快速反应，第一时间成立疫情防控工作领导小组，科学部署落实落细疫情防控各项工作，始终把全校2万余名师生员工的生命安全和身体健康放在第一位，坚持服务保障和疫情防控工作两手抓、两手硬，构筑了海大疫情防控的第一道防线。

一身工作服、一条围裙、一把锅铲、一副口罩，这是海大中心食堂教工餐厅厨师长张小彪的“开工”标配。作为餐厅骨干员工的他，在今年这个特殊的寒假，每天不仅要炒菜做饭保证在岗教工们的餐饮供应,还兼顾起了新成立的临时食品超市的经营任务,为在校师生提供个性化的饮食需求。与张小彪一样坚守岗位的还有餐厅保管员赵楠和厨师王思琦夫妇。在疫情防控急需人手的关键时刻,夫妻俩本着“哪里需要我,我就去那里”的朴实想法,将8岁的孩子托付给家中老人,并从校外搬到了集体宿舍进行封闭管理。

“能为校园防疫做点事,我们愿意。”说出这样质朴话语的是来自物业消毒小组的骨干成员——臧树华、赵淑荣夫妇和徐世光。寒假期间,许多员工都已赶回老家过年,而他们凭借着“得天独厚”的位置优势,成为校园消毒的最佳人选。从大年初二开始,臧树华和赵淑荣每天背着40斤重的消毒药剂箱,一趟又一趟地穿梭在每栋楼的走廊和卫生间,手套下的皮肤已经被汗水侵蚀,捂得发白、起了口子。

“领导对咱放心,把工作交给咱,咱就要把工作做好。”来自修建动力中心的供热班班长吴茂山,以及“管道医护工”丛茂君、龙永祥在得知防疫保障工作任务加重时,三人不约而同放弃休假、主动战疫。在寒冬腊月里,他们走遍海大的每一个角落,用手将围挡和铁丝一点点串联起来,筑起校园防疫的“封锁线”。他们早来晚走,以“我是一块砖,哪里需要哪里搬”的精神坚守在供暖、供水的岗位上。

当凌晨3时突发供暖爆管时,当家属区突发供水爆管时,他们总是能立即响应,冲锋在前。寒风中,没有机器就人工挖沟,一干就是6个多小时,当水花与铁锹同飞舞时,早已分不清是汗水还是脏水,浸湿的衣衫凝结成冰,而勤劳朴实的他们却习惯了数九寒天里的“冷水澡”。

他们终日以校为家、日夜坚守,有维修的地方就有他们的身影,有抢修的地方就有他们第一个“冲锋陷阵”,这就是平凡的海大后勤员工的抗疫行动。

“新冠肺炎疫情防控工作正处于关键时期,我们一定全力以赴,让孩子们‘停课不停学,天天都精彩’。”

海大幼儿园全体教师为了录制高质量的教学视频,使出浑身解数,可谓“花样百出、各显神通”。30余名幼儿教师们,一遍遍高标准录制网课,让萌娃们在假期也没有停下成长的脚步。

海大海事公寓是疫情防控期间隔离观察点,是学生返校后的第一站。海大接待人员早早地完成防疫物资准备、隔离房间划分等工作,严格执行卫生防疫工作方案，严密设置了出入登记、入门手消、体温检测、灭菌消杀等各项管控措施，对公寓大厅、电梯、楼体等公共区域进行频繁消毒，为隔离人员一日三餐制定营养均衡的菜谱。

能力有大有小，岗位各有不同，但人们火热的情怀是一样的。正是因为有了许许多多普通人以凡人之力、微弱之光坚守岗位，贡献出一份份微薄的力量，才谱写了我们成功的战疫篇章。

（《中国交通报》，2020 年 11 月 9 日 3 版）

锚定初心　奋勇逆行

——深圳港引航站引航员陶杰锋

特约记者　林健芳　本报记者　林楚忠　王博宇　通讯员　李　宇

陶杰锋

面对困难作业，他自信勇敢、不畏挑战；面对年轻引航员，他谦和幽默、热心教授；面对疫情，他勇于担当、冲锋在前……陶杰锋现任深圳港引航站高级引航员，负责船队管理工作，从事引航工作十二载，从未发生安全责任事故，曾被授予"全国交通行业青年岗位能手"、交通运输部救助打捞局"救捞功臣"等荣誉称号，是深圳港引航站优秀的青年业务骨干。

疫情发生后，陶杰锋大年初二便辞别双亲，义无反顾投身保生产、抗疫情的引航工作中。当他得知站里考虑成立引航专班，负责出现新冠肺炎确诊病例船舶的引航工作时，立即表态“请组织优先考虑我”。在这场充满艰险和未知的斗争中，陶杰锋展现了引航人的坚定与担当。

疫情初期，人们对新冠肺炎认识不深，谈疫色变。许多外籍船员对中国引航员更是避而远之。为让船方放下戒备心理，陶杰锋每次登轮前都规范戴好口罩，做好个人防护，主动与船员保持距离，下船后做好清洁和消毒工作。他还化身疫情防控科普志愿者，为外籍船员介绍国内外疫情动态，科普防疫知识，讲解港口防疫措施，让船方放心。

随着国外疫情的蔓延，9 月 8 日，“达飞佩雷斯”轮两名船员新冠肺炎核酸检测为阳性。该轮原计划当日 7 时 30 分离港，后因审批原因和航道冲突，离港时间一再推迟，从 14 时推迟到 15 时、16 时、16 时 30 分……

作为引航专班的一员，陶杰锋直面疫情、坚守岗位、随时待命，待离港时间确定，立即登轮引航。

登轮前，陶杰锋穿好防护服，戴好口罩、手套、护目镜等防护用具，最终凭借出色的业务能力，安全引领该轮出港。待脱下防疫装备、做好消毒措施上岸后，已是深夜，陶杰锋独自走进为引航员准备的隔离留观室进行隔离，也期待隔离期满后的下一次引航。

作为引航站船队负责人，陶杰锋还肩负着船队管理工作。疫情防控期间，为保障引航船艇的良好技术状况，提供安全优质的海上交通保障服务，陶杰锋细心部署安排每艘引航船艇严格做好消毒、配备防疫保障物资等工作，给予船员专业的防疫工作指导，严格督促船员做好个人防护，到引航艇现场检查防疫工作、了解船艇技术状况、倾听船员的意见和建议。

疫情初期，引航船队船员或多或少对疫情存在畏惧心理，不太愿意多接触刚完成高风险船舶引航任务的引航员。为消除部分同事的畏难情绪，陶杰锋经常有针对性地对船员进行心理疏导，细心指导其做好个人防护，让船员吃下定心丸。目前，引航艇船队船舶技术状况优良，船员思想稳定，没有发生一例感染事故，为引航员提供了安全优质的海上交通保障服务，这都与陶杰锋细致入微的工作密不可分。

（《中国交通报》，2020 年 11 月 9 日 3 版）

国门“疫”线上的南丁格尔

——上海邮电医院战疫突击队

记者　仲　驿

在疫情防控阻击战中，上海邮电医院积极响应号召，派出由8名女医护人员组成的战疫突击队，全力做好境外疫情输入风险防控工作，支援上海市卫健委做好对入境旅客的核酸采样工作。

3月30日清晨，战疫突击队赶赴浦东国际机场海关临时集中隔离点支援，开启一线战疫模式。她们用自己的青春热血筑牢防线、守护生命安全，勇做抗疫逆风中的铿锵玫瑰。到达机场的第一天，大家便立即投入紧张的工作中，第一时间进入工作区域，快速熟悉流程、适应环境。姑娘们很快掌握了采集鼻咽拭子样本及抽血标本的要领,走进隔离点开始执行任务。

上岗的第一天,浦东国际机场就有临时通宵航班抵达任务,在人手紧缺的情况下,突击队主动请缨。她们耐心解释、快准稳操作,获得了旅客的理解和全力配合。通宵达旦的工作,对刚刚适应全副武装穿着防护服、佩戴防护口罩和护目镜的队员们来说是极大的体力和毅力的考验,但是8位姑娘没有丝毫怨言,克服自身困难,坚决服从安排。她们细心的服务和娴熟的技术也获得了一致好评。

隔离点的工作除了采样,还要轮换做引导客流、维持秩序,承担为旅客喷消毒液的工作。这就要求队员们要重复无数遍“请闭上眼睛”“请转身”“请抬脚喷鞋底”等指示语。由于戴着口罩面屏,需要大声喊话,连续几个小时下来,队员们嗓子干涩冒烟,但是该做的手势、该说的指示语一个不漏,毫无懈怠。

为铺平海外游子的归国之路,每名疫情防控工作人员都通力合作,其中穿脱防护服和防护用具无疑是最重要的环节。队员们互相帮忙、互相检查、互相指导,不允许有丝毫马虎和疏漏,坚决做到一旦进隔离点就要保证规范、避免交叉感染,百分之百确保防护安全。每逢休息时间,突击队队长戴美华便会组织队员们学习防疫知识和采样技巧,讨论细节,邀请其他志愿队交流取经,不断提升服务质量。

随着国际疫情形势日益严峻,入境旅客的阳性检出率较高,在其他医院更换人员的情况下,上海邮电医院8名女将毅然决定留下,继续进行第二轮隔离点支援工作。她们连续奋战42天,每天工作至少12小时,在航站楼停机坪9个临时采样点共完成1.7万余人次的采样任务,目前已取得了阶段性成效。

一个党员就是一面旗帜,受到队里党员和入党积极分子的感召,突击队3位“80后”“90后”队员郑重向党组织递交了入党申请书,她们说要向优秀看齐,更要成为榜样。

战疫突击队充分发扬不畏艰险、顽强奋斗的精神,克服了生理、心理及环境上的种种困难,出色完成任务,为邮政行业赢得了良好口碑;她们用热情、细致和耐心缓解旅客的不安与焦急;她们用专业技能守好国门,为保障人民群众生命安全贡献力量。她们是国门“疫”线上的南丁格尔,以实际行动践行医者使命,彰显邮政人的责任担当。

(《中国邮政报》,2020年11月10日3版)

交通人必须守好自己的责任田

——吉林省交通运输厅综合运输服务处处长李立冬

本报记者　张士鹏　张雨涵

李立冬(中)坚守疫情防控一线(本报记者张士鹏供图)

组织协调召开疫情防控视频会、专题会等会议28次,深入一线督查防控措施落实情况4次,制定印发疫情防控相关文件105份,协调各地开辟绿色通道420余条,落实应急保障车辆1200余辆,组织各地运送务工人员8955人次……新冠肺炎疫情发生以来,吉林省交通运输厅综合运输服务处处长李立冬坚持"疫情就是命令,防控就是责任",连续50余天坚守一线,有效防范了疫情通过省际公路运输通道输入,为打赢疫情防控阻击战作贡献。

责任在肩　生命至上

“我们只有想得全面，落在实处，才能打赢这场疫情防控阻击战。”作为吉林省交通运输厅疫情防控领导小组办公室主任，李立冬主动担当，配合吉林省疫情防控领导小组开展工作，全面履行交通运输行业疫情防控职责。

吉林省启动疫情Ⅰ级应急响应后，李立冬立即落实省交通运输厅党组的安排部署，协调各地从1月27日零时起，暂停全部跨省客运班线和跨省旅游包车客运标志牌审批，全省共289条客运班线、533辆省际班车停运。李立冬率领同事迅速代省疫情防控工作领导小组办公室起草发布第1号公告，在省界13处高速公路主线、23处国省干线公路和86处农村公路入省方向设立检查站，65个高速公路收费站出口实行临时管控，强化入省车辆人员（应急运输车辆除外）的管理检测，有效阻断了外来病例通过省际公路通道输入吉林。

为严防病毒通过交通运输工具和场站传播，李立冬组织制定了一系列行业疫情防控工作指南，提出实名售票、登记制度、控制客座率等防止疫情传播的有效举措；制定客货场站、道路客运车辆、货运车辆、城市公交车、出租汽车、货运企业、维修企业、驾驶员培训机构、道路运输从业资格考场、公路服务区、公路工程工地等11项疫情防控流程图，有效指导各地开展交通运输工具、运输场站、公路收费站和公路工程项目工地通风、消毒、测温等防疫工作，切实保障交通运输重点领域疫情防控工作落实到位。

人民至上，生命至上。严防行业从业人员感染是打赢疫情防控阻击战的重中之重。李立冬加强交通运输从业人员疫情防控知识教育和防控物资保障，要求一线人员佩戴口罩，配备消毒用品、护目镜、防护服等；加强厅机关和直属单位工作人员防控，实行办公场所通风消毒、入口体温检测、职工配餐等常态化防控措施。

真抓实干方显成效。疫情防控期间，吉林省交通运输系统干部职工未发生一例新冠肺炎病毒感染，保护了全省200万行业从业人员及其家属的生命安全。

管住点放开面　保通保畅保运

“这场疫情防控阻击战，我们的医护战友冲在防疫最前线，我们交通人必须守好自己的责任田，全力为疫情防控和群众生产生活提供强有力的交通运输保障。”随着企业复工复产和农村备耕生产有序进行，李立冬率领同事们贯彻落实打通“大动脉”、畅通“微循环”的总体要求，本着管住“点”、放开“面”的原则（即管住通风、消杀等疫控措施关键点，放开保通保畅保运这个面），统筹疫情防控和交通运输保障，切实做好“三保”工作。

全力保通，公路网络不阻断。按照“一断三不断”要求，2 月 8 日，李立冬组织同事代省政府和省疫情防控工作领导小组办公室分别起草并发布了《关于做好公路路网畅通和运输服务保障工作的通知》和第 5 号公告，实行“五个严禁”（严禁擅自阻断封闭高速公路出入口、严禁阻断国省干线公路、严禁硬隔离或挖断农村公路、严禁阻碍应急运输车辆通行、严禁阻碍生产生活物资运输），并对全省进行实地督导。仅半个月时间，吉林省所有高速公路、国省干线公路、农村公路防疫“卡点”全部撤销，各类阻断交通的情况得到有效解决。

聚焦保畅，应急物资运输通畅。交通运输部免收疫情防控期间车辆通行费政策出台前，李立冬组织协调各地、各有关单位在全省范围内开辟 420 余条绿色通道，将生产生活物资、地方政府组织的农民工包车、邮政、快递等车辆全部纳入应急运输管理范畴，按照“三不一优先”政策要求，保障应急运输车辆优先通行。与此同时，全力保障农村重点物资运输，印发《关于调整疫情防控期间应急物资运输保障有关政策的紧急通知》，将饲料、粮食、原材料等农村生产生活物资纳入应急保障运输范畴，督促各地认真整改农村物流不畅的问题，保障农村备耕生产等物资运输。

积极保运，便利百姓出行需求。李立冬主动协调各地组织应急保障车辆 1200 余辆，与卫健、公安、应急、人社、教育、工信、农业农村等部门强化信息共享，及时了解应急运输需求；联合省发改委、卫健委、民航安监局、沈阳铁路局、邮政局等六部门制定印发《关于统筹做好春节后错峰返程运输保障和疫情防控工作紧急通知》和《省际市际道路运输服务保障工作方案》，建立起重点群体出行保障协调机制，组织各地紧盯返程、复工、学生开学三个重要时间节点，全面摸排需求，精准安排运力，及时督导各地恢复省内道路旅客运输和城市公共交通运营工作。

“好好干，是最好的告慰”

李立冬兄弟姐妹 4 人，父母一直和他在一起生活。2019 年 6 月，母亲病逝，此后，他就和老父亲朝夕相伴。由于平时工作忙，春节小长假便寄托了父子二人尽享天伦之乐的期待。但是一场疫情让这个希望彻底落空。1 月 22 日开始，他每天“白加黑”高强度工作，忙于沟通协调、传达布置、制发文件、现场监管、报送防控情况等，几乎天天要忙到半夜才能回家。

2月4日，噩耗传来。那晚，当他结束加班，拖着疲惫的身子回到家中时，发现身体一向硬朗的父亲倒在地上，经确诊，父亲是突发脑溢血，临终前也没能给他留下一句话。

“防控任务重，大家都一样辛苦。现在正是危急时刻，我在家休息也不能安心，只有在一线好好干，加倍努力工作，早日打赢疫情防控阻击战，才是对父亲最好的告慰！”2月6日，料理好父亲的后事，李立冬第二天就毅然回到工作岗位。

在这场没有硝烟的战场上，李立冬承受着一年内接连失去双亲的巨大悲痛，坚守岗位，恪尽职守，用奋斗和奉献诠释着初心与使命的含义，以行动兑现着一名共产党员的庄严承诺。

（《中国交通报》，2020年11月11日4版）

倾情“微”行动　织牢防控网

——河北高速公路集团有限公司石安分公司石家庄收费站

特约记者　闫　晶　陈红宇　本报记者　张雨涵

石家庄收费站岗前监测体温(特约记者陈红宇供图)

今年年初,一场没有硝烟的战争因新冠肺炎疫情而爆发。

走进河北高速公路集团有限公司石安分公司石家庄收费站,有一群忙碌的身影,他们临危不惧,逆向而行,聚起了人心,默默无闻地用点滴之力筑起石安抗疫的“钢铁长城”。

守好石家庄东大门

2 月 3 日,农历正月初十。

早上7时55分，石家庄收费站开始了忙碌的交接班换岗。办公楼前，10多名收费员整齐列队，整理仪表。五班班长刘娟挨个为即将上岗的职工测体温、做记录，分发护目镜等防疫物资，并按惯例进行岗前提示。

石家庄收费站站长、党支部书记、疫情防控应急小组组长邹金满在一旁反复叮嘱："现在是非常时期，大家一定要注意做好个人防护，口罩、眼罩、手套一定严格佩戴。"

彼时正值春运返程高峰，车辆来源地复杂。作为河北石家庄的"东大门"，石家庄收费站高峰时段日均车流量突破10万辆次，防疫形势严峻。

石家庄收费站按照"防、查、治、控、稳"五字方针，织密疫情防控网——第一时间成立工作专班、制定防控预案、购置防疫物资，细化注意事项、交接班流程、规范异常情况处置流程；结合收费工作实际情况，梳理制定"五必须"，即必须佩戴防护用具上岗，必须排查职工及家属近期出行史，必须对宿舍办公楼及收费岗进行全面定时消毒，必须每日上报体温并建立全员防控台账，以及必须设立站区检测点和隔离室。

一项项部署迅速落实，防疫工作有条不紊。副站长安艳敏自大年初二开始，就坚守在岗位上，实时督导职工防护、站口疏堵保畅、处理突发情况。三班班长田青利用班组会向员工宣讲防疫知识，主动协助当班收费员消毒CPC卡和钱币，切断病毒传播渠道。"从人员排查到信息收发，从消毒通风到体温检测，从食材采购到物资管控，大家齐心协力，确保每项工作落实到位。"邹金满说。

防疫先行　保畅同步

石家庄收费站是进出石家庄的主要通道之一，也是疫情防控的关键站点。今年2月7日，该站积极主动配合地方政府和公安、卫生等部门在站口设置卫生防疫临时检测站，协助查验。

随着"逢车必检"防控模式启动，石家庄收费站第一时间抽调多名党员干部职工投入配合，组织全体党员和收费骨干组成疫情防控志愿队，轮班驻守一线，协助检疫部门等完成约47万辆车次的排查检测任务。这其中不乏家中尚有小孩需要照顾的康聪科、身体状况一直不太好的魏文文等党员同志，他们主动请缨，用行动彰显了党员的担当精神。

防疫先行，保畅同步。石家庄收费站是应急救援物资运输的重要关卡。疫情防控期间，石家庄收费站设置 4 条防疫专道，优先保障防疫物资运输。同时，根据站口车流量情况及时加开车道，以“春雨服务”品牌为载体，为过往驾乘人员提供优质服务。

“我们严格落实‘三不一优先’政策，实行应急救援物资车辆免费通行，多措并举做好通行服务保障，确保防控物资及时送达抗疫一线。”邹金满介绍，截至目前，已累计提供防疫物资运输车辆及负压救护车安全快速转运服务约 1.2 万次。

践行初心“冲锋兵”

惟其艰难方显勇毅，惟其笃行方显珍贵。在疫情防控关键时期，涌现出一批优秀的党员干部和入党积极分子，他们不怕牺牲、不辞辛劳、无私奉献、忘我工作、连续作战，以超常的工作状态投入到疫情防控阻击战中，用血肉之躯筑起了疫情防控的“钢铁长城”。

田青看似柔弱的外表下，却有着强大的内心。疫情防控期间，她带头做好防疫，合理安排班组日常工作，及时处置各类突发情况。

“不是党员，我也上！”石家庄收费站车流量大，堵车情况时有发生，作为入党积极分子的田青主动申请加入党员应急小组，连续坚守岗位，替班替岗，为抗疫物资运输争分夺秒。

高强度的工作背后隐藏着失去父亲的痛楚。那时，田青的父亲刚去世不久，有人劝她多休息几天，可她硬是擦干眼泪，处理好事情后匆匆返回岗位。“比起一线医护人员，我做的这些都微不足道！”田青话语柔弱却掷地铿锵。

披荆斩棘，风雨无阻；不忘初心，负重前行。

自防疫工作开展以来，石家庄收费站 146 名职工，个个争当“冲锋兵”，苦事、难事、累事都往身上揽……无数个寒风凛冽的夜晚，一名名佩戴党徽、团徽的疏导员在站口检疫点引导车辆，一站就是几个小时。

“这时候，需要我们发挥党员的模范带头和青年主力军作用。”邹金满坚定地说。疫情防控，他事无巨细，熬红了双眼，累哑了嗓子，连续坚守岗位一个月。安艳敏主抓收费工作，坚守岗位不撤退，亲自为上岗职工测量体温，检查防护用具佩戴是否到位。一班班长刘增强、魏文文夫妇在防疫期间工作量加大，孩子无人照看；孙颖刚做完阑尾炎手术第三天便上岗……在这场不见硝烟的战斗中，石家庄收费站干部职工人人在一线，个个是战士，他们不忘初心、牢记使命，用一点一滴的“微”行动，描绘出抗疫路上的动人风景！

（《中国交通报》，2020年11月11日4版）

心在路上　路在心上

——宁夏公路管理中心固原分中心

本报记者　张雨涵　特约记者　徐　晴

固原分中心职工清扫路面积雪(本报记者吕金蓉供图)

他们是守卫宁南的公路卫士,丝路古道上的一抹"橘红"。面对突如其来的新冠肺炎疫情,宁夏回族自治区交通运输厅公路管理中心固原分中心全体成员坚守初心,共担使命,一心坚守宁南大门,诠释着固原公路人"心在路上,路在心上"的敬业精神,描绘着最美交通人的时代画卷。

战"疫"前沿显担当

巍巍六盘,屹立萧关。

固原,宁夏的"南大门",是疫情防控扼守陕、甘、宁三省区的重要交通节点,车多人杂,对打赢疫情防控阻击战意义重大。

固原分中心坚守着固原市四县一区共1000多公里的国省干线公路主动脉。1月22日,自治区交通运输厅召开新冠肺炎疫情防控工作紧急电视电话会后,固原分中心第一时间召开专题会议,传达习近平总书记对疫情防控工作的重要指示批示精神,坚决贯彻落实上级有关部门重点防疫工作要求。

心无旁骛抓落实,埋头苦干解难题。固原分中心迅速成立工作机构,压实责任,及时组建疫情防控指挥部、8个应战工作组,以及党员先锋、联防联控、应急保通、后勤防护4个突击队。为做到责任分工明确、应对措施到位,固原分中心还积极与辖线地方政府对接建立联防联控机制,及时安排专项资金采购防疫物资。

养护一线保运行通畅,疫情防控工作及时到位。固原分中心什字公路养护站全力做好蒿店治超站疫情防控点各项工作;沙塘公路养护站安排专人坚守毛家沟省界防控点;三营公路养护站24小时专人专车驻守孙家河防控点,布设导向牌、消毒草帘等设施设备。

堡垒筑在一线,党员冲在一线。

固原分中心各党支部相继组织开展了"疫情就是命令,防控我必有责"主题党日活动,全体党员干部主动请战、全员上岗。固原公路养护站党支部书记、站长马德福自春运保畅和疫情防控工作开展以来,连续几个月未能回家看望妻儿和年迈的母亲;隧道养护站副主任焦发海放弃调休,告别卧病在床的母亲,安顿好妻子,哄着哭喊"爸爸"的女儿入睡后,义无反顾地上山保畅;隧道公路养护站年轻党员罗永福,面对即将分娩的妻子,选择舍小家顾大家,也加入到这场没有硝烟的战斗中,践行共产党员的初心与使命!

护航复工复产

随着战"疫"取得阶段性胜利,固原分中心坚持防疫保畅两手抓,确保复工复产工作安全平稳有序进行。

为持续做好疫情防控工作,固原分中心累计投入9.6万元疫情防控专项资金,为一线职工配备口罩、手套、酒精等各类防疫物资,为辖区7个省界防控点、8个公路养护站和6个地方养管省界防控点发放牛奶360箱、方便面490箱、矿泉水490件。同时坚持对到岗职工进行班前测温登记,按时完成机关、8个养护站、23个作业站、37辆作业车辆的"日消毒"。

全国复工复产加快推进，强化公路保畅是关键。固原分中心严格落实"四长制"和领导包片责任制，确保"一断三不断"目标完成；开展春季公路大整治工作，制定实施方案，落实工作责任，调配各类养护材料，确保各项任务按期完成；开展路况质量调查，为病害处治和预防性养护工作的开展奠定基础；集中进行路域环境治理，确保辖养公路环境整洁干净；加强隐患排查整治，做到隐患治理任务一一落实，安全隐患全部销号。

甘为"铺路石"

固原地处黄土高原山岭重丘区，自然灾害频发，公路线形差、隧道桥梁多、坡陡弯急、路况复杂，公路养护难度高、任务繁重。

今年1月底，正值春运高峰和疫情防控关键期，固原地区普降大雪。固原分中心全体干部职工立足岗位，积极配合属地相关部门完成了辖区普通国省干线公路20个疫情防控点的设置、疏导、协助等各项工作。

"我退休后有大把时间休息，现在我申请上一线，不能给防控工作拖后腿……"即将退休的西吉养护站老职工李万柱，患有高血压，仍在坚守岗位。王洼公路养护站组织职工凌晨6时为疫情防控点除雪保畅……自疫情防控工作开展以来，先后有18人获媒体报道，一位位固原交通人甘当"铺路石"，与全国人民同呼吸、共命运，肩并肩、心连心，用担当与奉献，绘就团结就是力量的时代画卷！

（《中国交通报》，2020年11月11日4版）

前沿阵地勇向前

——重庆市交通运输综合行政执法总队高速公路第二支队四大队

本报记者　朝　霞　特约记者　赵小雪

执法队员坚守一线，雨中测温(特约记者赵小雪供图)

重庆市交通运输综合行政执法总队高速公路第二支队四大队，肩负着沪蓉高速公路鄂渝省界至奉节段的高速公路交通综合执法的职责，而大队驻地重庆市巫山县是湖北省经沪蓉高速公路进入重庆的“东大门”，更是重庆疫情防控的前沿阵地。

检测站就是主战场

1 月 23 日，武汉“封城”。重庆市交通局在市委、市政府的统一指挥下，迅速响应,在鄂渝省界设置防疫检测站,逢车必查,逢人必检,严防输入。

沪蓉高速公路巫山服务区是全市4个一级防疫检测站之一,是出鄂入渝的第一道关口。面对汹涌疫情,身后是3000万重庆人民,四大队深感责任重大,立即通知全员到岗,迅速动员部署,以巫山服务区防疫检测站为主战场,举全队之力投入到疫情防控阻击战之中。

四大队按照"一断三不断"、人车检测全覆盖、通行无堵塞的要求,严格落实入渝车辆防疫检测措施,建立"每日调度、每日研判、每日专报"的工作机制,从加强组织领导、强化宣传教育、梳理应急预案、落实值班制度等方面制定详细的工作方案。

在检测现场,四大队科学渠化检测通道,采取增设车道、增派力量、分车型管控、提前采录信息、优化检测流程等措施,提高检测和通行效率,保障救护、应急和重点生活生产物资等车辆优先快速通行;加大疫情防控宣传力度,在各收费站、服务区和人行天桥等醒目位置悬挂宣传标语,在疫情检测站设置公告牌,大力宣传疫情防控政策和防疫知识;加强与相邻湖北高速公路交警、路政等单位的协作联动,保持信息互通、数据共享,及时对接渝鄂两地防控政策,发布高速公路路况和防疫信息,引导驾乘人员合理规划行程,提前做好防疫检测准备。

疫情不退我们不退

"我们是党员,就应该战斗在抗疫第一线。疫情不退我们不退!"在疫情防控的关键时期,四大队党支部书记、大队长杜连玖每天休息不足5个小时。1月29日,他更是连续工作达23个小时,走了近4万步。这么多天下来,他两眼都充了血,嗓子都嘶哑了。同事们看他太辛苦,劝他多休息一会儿时,他都会说:"不在现场,我心放不下,睡不着。"

一名党员是就一面旗帜,一个支部就是一座堡垒。巫山服务区检测站每天投入工作人员70余人,24小时不间断检测,每日检测车辆750余辆,日均检测入渝人员1800余人,工作量大,任务繁重,大队全体职工经常"5+2""白+黑"连轴转,人均每天步行2万余步。疫情发生后,四大队党支部迅速发出"逆行抗疫情,党员作表率"号召,组织党员先锋队、青年突击队率先垂范,冲锋在前。

"退役不退色,在疫情前面要保持军人本色。"勤务一中队中队长蒋斌是一名共产党员,在抗击疫情第一线,他耐心宣传防控政策、维护交通秩序,每天同样的动作和话语都要重复数百遍。连续高强度的工作,让他的腰椎间盘突出更严重了，有时痛得满头大汗，但他咬紧牙关，坚决不肯撤离，一直坚持到疫情进入常态化防控阶段才请假就医。

在疫情防控期间，四大队全体职工不惧天寒地冻，不畏风霜雨雪，放弃合家团聚，远离父母妻儿，勇敢地战斗在抗疫一线，日夜不辍，风雨无阻，共检测车辆3万余辆，检测人员6万余人，用实际行动诠释了交通人的初心、使命和担当。

（《中国交通报》，2020年11月16日3版）

牢牢守住省界关口　全力以赴保通保畅

——南平市交通运输局

刘晓倩　实习记者　孙孟尧

武夷山公路分局路政员在高速公路口查验点进行信息登记工作(刘晓倩供图)

自疫情防控阻击战打响以来,福建省南平市交通运输局迅速组织市、县两级交通运输干部职工,牢牢守住省界关口,不折不扣落实查验任务,全力以赴保通保畅,为保护人民群众生命安全和身体健康、保障经济社会平稳运行作出贡献。

作为福建"北大门",南平市境内设有13个省界查验站,占全省三分之一,承担着守好省界疫情防控第一道关口的重任。疫情就是命令,防控就是责任。南平市交通运输部门工作人员取消休假,迅速投入工作,建立起疫情信息日报告、24小时值班、应急力量24小时备勤等制度。

南平市交通运输局严格落实领导挂点、检测点负责人、班组长负责制，13 个省际查验站分别由处级领导挂点指挥，确保相关政策、保障措施落到实处；持续强化查验站安全布控投入，严格落实体温测量、安全防护措施，规范检测操作规程，确保检测人员生命安全和防疫安全。截至 2 月 24 日省界查验站取消，南平市累计检查车辆 26 万辆次、人员 68 万人次。

省界查验站取消，南平市交通运输部门重点开展高中风险地区人员排查工作，督促全市机场、铁路客运站、汽车客运站落实“八闽健康码”核验与体温测量工作。截至 11 月 4 日，共检测进出南平市辖区的航班 893 架次、人员 5.5 万人次，铁路 299.3 万人次，道路客运 220.4 万人次。

南平市交通运输系统党员干部下沉一线，扎实开展“机关联乡村、联社区、联企业”活动，用实际行动践行共产党人的誓言，协助社区工作人员做好人员及车辆的动态管控、信息登记、身份查验等工作；局机关还抽调优秀干部派驻重点物流企业助力企业复工复产。

打通“大动脉”，畅通“微循环”，交通运输系统要为复工复产当好“先行官”。南平市交通运输局组建了交通保畅通专班，通过专员派驻、发放通行证、开通公交专线、“点对点”包车服务等方式，有力保障了重要生活物资和企业复工复产的交通运输需求。按照年度目标不变、任务不减的要求，成立了项目复工协调服务组，科学制订复工计划，组织落实人员返岗、工地防疫管理等工作。

3 月 22 日，南平市 2 个高速公路互通续建项目、16 个国省干线公路项目及 29 个农村公路项目全部复工，累计返工人员 1700 余人次。疫情防控期间，南平市交通运输局累计发放车辆通行证 1243 张，组织运输生产生活物资 8.46 万吨，开通 66 条企业及园区公交专线，组织开展企业员工复工包车服务 56 趟次。

（《中国交通报》，2020 年 11 月 16 日 3 版）

等不起慢不得坐不住的“大家长”

——云南交投昆明西管理处安宁西(温泉)收费站站长马永平

杨颖融　文/图

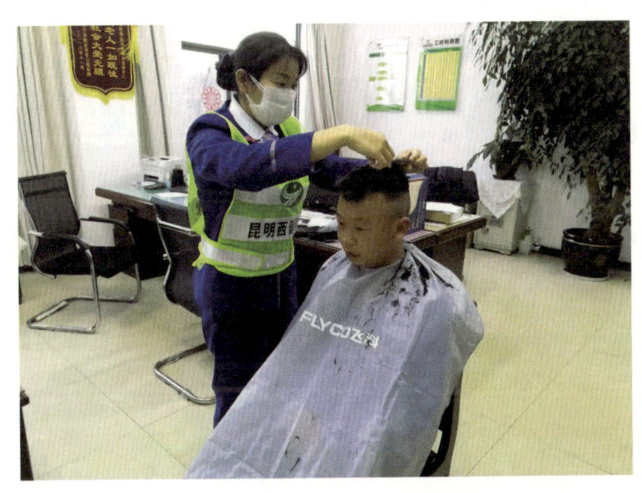

马永平为防疫一线的“战士”理发

最危险的一线,她挺身而出,主动作为;最苦最累的基层,她驰而不息,日夜坚守。她是马永平,云南省交通投资建设集团昆明西管理处安宁西(温泉)收费站站长。作为收费站大家庭“家长”的她,也是一名党员。

1月24日,农历大年三十,马永平正与家人吃着团圆饭,这是多年来,她难得一次回家过年。一个急迫的电话中断了这来之不易的欢聚。高速公路既是遏制病毒传播的重要环节,又是保障医护人员等重点人群出行和防控物资供应的重要通道。面对疫情,马永平说,必须在“关键时刻冲得上去、危难关头豁得出来”。接到任务后，她匆匆叮嘱家人注意安全后，便奔赴“战场”。

从返岗开始，马永平便日夜鏖战。一方面认真落实“一断三不断”工作要求和“三不一优先”运输保障措施，确保各类应急物资和援鄂医疗队等顺畅过站；另一方面全面做好本单位和所在区域的疫情防控工作，带领在站员工开展消毒杀菌、登记排查等工作，每天利用微信和QQ等通信工具给员工普及疫情防控知识，做到全员防控。

疫情防控初期，防疫物资十分紧缺，马永平看在眼里、急在心头。普通医用口罩的有效防护时间是4小时，购买的口罩很快就被用完了。然而，各医院、药店都无法购买到口罩。她买来棉布、纱布、保鲜膜自制口罩。把制作好的口罩用开水煮至沸腾后再用酒精消毒，这种自制口罩能确保上班员工每4个小时更换一次，得到基本防护。

防护问题暂时解决了，马永平悬着的心还没放下，她开始四处动员自己的亲朋好友帮助寻找防疫物资，打电话打到嗓子沙哑。休息时间，她还一家一家地联系应急物资厂家。收费站岗亭、办公室、公共通道、会议室、厨房和卫生间等场所每日消毒，员工有了相对安全的工作环境。井然有序的背后，她不知费了多少口舌、奔波了多少路程、耗费了多少精力。

疫情防控期间，服务行业受到限制。为了确保安全，收费站休息的员工也尽量不离站，减少与外界的接触。这样一来，员工们产生了新的困扰，头发长了没人打理，影响到了工作时的仪容仪表。马永平开始发挥特长，为同事理发。大伙儿把她的办公室亲切地称为“站长美发屋”，叫她“最美理发师”。

后来，她又了解到安宁市公安局连然派出所的民警、辅警也在不分昼夜地坚守，无暇打理头发，就主动来到派出所，为防疫一线的民警、辅警理发。20余名警察接受了马永平的“星级服务”。民警们向她致谢，马永平说：“疫情来了，你们日夜坚守，工作任务更加繁重，我想用这种方式为疫情防控出一份力。”

在抗击疫情的过程中，马永平始终以“等不起”的紧迫感、“慢不得”的危机感、“坐不住”的责任感，冲锋在前，充分展现了新时代党员无私奉献的情怀，真正做到守土担责、守土尽责，用行动践行了党员干部的初心使命。

（《中国交通报》，2020年11月16日3版）

危急时刻见证“国家队”责任

——中国邮政集团武汉市东西湖区分公司

见习记者　李明炫

23 时 30 分，接到 2 小时内运送防疫物资到火神山、雷神山等 5 家医院的指令，10 分钟后队伍集结完毕，1 小时 50 分钟完成转运任务……中国邮政集团武汉市东西湖区分公司与时间竞速，与疫情赛跑。

“东西湖区分公司在武汉市分公司党委的坚强领导下，全体员工做了邮政人该做的事情。党和国家给了我们巨大的荣誉，我们获评‘全国交通运输系统抗击新冠肺炎疫情先进集体’，这份荣誉属于每一个邮政人。”中国邮政集团有限公司武汉市东西湖区分公司党总支书记、副总经理张春平接受记者采访时说。

疫情暴发后，邮件业务量猛增。张春平带头第一时间落实省、市邮政分公司疫情防控紧急部署，带领东西湖区分公司292名员工进入“战时”状态。2月6日，一支由13名党员组成的党员突击队成立，突击队员吃住在单位，全力保障防疫物资转运。

疫情期间，东西湖区分公司累计投递邮件25.87万件，其中投递防疫物资10499件，转运“三会”（湖北省红十字会、湖北省慈善总会、湖北省青少年发展基金会）物资68781件，运送民生保供邮件386075件，为8支援汉医疗队免费收寄医护人员返程行李1688件。为确保4月8日学生上网课有教材，东西湖区分公司肩负起全区37家中小学的教材寄递任务。公司员工深入学校，现场对教材进行消毒、分拣、装袋、打包。仅用4天就完成了教材配送任务，累计收寄教材2.5万件，累计投递教材1.42万件，彰显了“国家队”的责任与担当！

“我们将倍加珍惜这份荣誉，在今后的工作中化荣誉为责任，化激励为动力，践行‘人民邮政为人民’的初心和使命。”张春平说，公司会把抗疫精神转化为推动邮政高质量发展的实际行动，为人民美好生活提供更加优质、便捷、高效的邮政服务。

（《中国邮政快递报》，2020年11月20日3版）

我们的队伍、我们的行业勇于担当

——乌鲁木齐市邮政管理局机关党支部

记者　王宏坤

近日，乌鲁木齐市邮政管理局机关党支部同时获评“全国交通运输系统抗击新冠肺炎疫情先进集体”“交通运输部系统抗击新冠肺炎疫情先进基层党组织”。这是新疆邮政管理系统获得此次表彰的唯一集体。“疫情期间，乌鲁木齐市邮政快递业第一个打通核酸试剂、医疗器械等重要抗疫物资进疆渠道，并专项保障全市医药配送服务。”乌鲁木齐局机关党支部书记房涛说，“我们的队伍、我们的行业勇于担当。”

新冠肺炎疫情暴发后，乌鲁木齐市邮政快递业先后两次发动抗疫攻坚。乌鲁木齐局机关党支部认真贯彻习近平总书记关于疫情防控的重要指示批示精神，主动担当、迅速行动、沉着应对，动员全市3500名邮政快递人员在岗坚守，发动邮政快递企业承运、寄递疫情防控物资1500余吨，调配邮政业疫情防控保障车辆600余辆，配送生活物资超7万件，为首府医疗防疫物资运输和小区居民基本生活物资保障作出了积极卓越的贡献。

“7月中旬，新冠肺炎病毒二度袭击乌鲁木齐。在没有任何心理准备的情况下，11名党员干部在一个小时内完成返岗集结，克服生活物资短缺等重重困难，打响邮政业抗疫‘第一枪’。”房涛介绍，危难之际，乌鲁木齐局协调解决420名快递小哥紧急出行，核发“疫情防控——邮政业保障车辆”通行证700余份，为寄递企业配发防疫物品2万余件。11名在岗职工，用47天艰辛与付出，换来了乌鲁木齐寄递业战“疫”斗争中的零伤亡。

7月17日，乌鲁木齐局主动对接市防疫指挥部，协调顺丰紧急开通杭州—乌鲁木齐抗疫物资专项保障渠道，为顺丰开通机场通行绿色通道，并动员顺丰、京东、德邦出动206辆抗疫运输车辆，参与城市医疗物资配送和居民基本生活物资运输。

（《中国邮政快递报》，2020年11月20日3版）

保障行业疫情防控指挥中枢高效运转

——国家邮政局市场监管司应急管理处处长王韬

记者　王宏峰

“荣誉属于我所在的集体，而不是我个人。作为国家邮政局应对疫情工作专班成员，职责所系，不敢有辱使命，我们必须把该做的事情认真做好，确保每个环节都严丝合缝不出差错。”王韬对记者说，“在疫情最严峻时期，许许多多邮政快递从业人员和基层邮政管理干部勇担风险、冒疫奔忙、奋战一线。有机会参与这场伟大的抗疫斗争，坚守行业疫情防控指挥中枢，确保疫情防控工作机制持续高效运转，是我们最大的光荣。而最令人欣慰的是，全行业数百万从业人员，无一人因为从事寄递服务而被感染。”

自今年1月22日国家邮政局启动Ⅱ级应急响应，向全行业部署疫情防控工作至今，王韬与同事们始终保持战斗状态，接收处理情况信息，起草印发文件材料,传达贯彻上级部署,应对处置突发事件,并且迅速建立和规范疫情期间行业运行监测、承运应急物资、行业疫情监控、推动复工复产等各项工作机制,加强与相关部门之间的沟通协作,及时总结推广经验,研究制定制度规范……保障了全系统全行业安全平稳运行。

他说:“我们的工作平凡而普通,其实就是付出自己的时间和精力,坚守岗位、严守纪律,对各种情况问题快速反应、认真应对,把每一项具体工作、每一个细节环节谋划好、协调好、落实好,避免由于工作上的延迟、差错,影响行业疫情防控和复工复产大局。”

王韬所在的部门还承担着重大活动寄递安全保障工作职责,经历过的大事不少,但是这次疫情防控工作带来的挑战远超以往。“疫情防控工作是在非正常状态下被动开展的,不确定性很大,这对我们的能力、定力、耐力提出了更高要求。通过打赢这场硬仗,我们摸索总结了行业疫情防控有效举措,也为今后推进行业安全和应急管理体系建设积累了宝贵经验。”

(《中国邮政快递报》,2020 年 11 月 20 日 3 版)

第一次体会用生命保护生命的厚重感

——内蒙古京邦达供应链科技有限公司张子奇

记者　范云兵

“扎硬寨，打狠仗。”张子奇的微信头像是一张他操控无人机采集地图的照片，照片上的这六个字是他勇敢“逆行”的注脚。“90 后”的张子奇是内蒙古京邦达供应链科技有限公司无人机、无人车操控员。

1 月 28 日，呼和浩特如意小区排查出 2 例新冠肺炎病例，有 37 栋楼宇 1800 多户居民的小区立即封闭。随之而来的，是网上购物量明显增大，“无接触配送”成为刚需。为方便居民物资采买配送，内蒙古京邦达迅速启动智能无人设备投递，张子奇主动请缨。

出发前，张妈妈非常担忧，但看到电视新闻中播放的病床上躺满迫切需要救治的新冠肺炎患者，她说："儿子，妈妈支持你。"出发时，张妈妈只能站在封闭的小区门口说："儿子，注意安全。"

无人车派送，首先需要现场采集地图，张子奇的工作就是采集地图。2 月 7 日 7 时许，张子奇只身开车前往如意小区。采集、制作地图需要 2 天时间，这期间，身着防护服的他不敢喝水、吃饭、上厕所，一心想着精确、精确、再精确。为了采集小区路况数据，张子奇操控着车辆，来来回回穿行在各个区域内，努力寻找可能出现的障碍物和其他不利因素，并用手机拍下周边环境，力求把最精确的数据传给技术员。

线路图编好了，无人车能运行了，可它会遇到哪些突发问题？不能正常运行怎么办？张子奇时刻关注着，当第一件快递被取走时，他才松了一口气。接下来的日子，无人车奔跑在小区里，张子奇坐在值班室监控着它们，直至 3 月中旬撤离。

一个多月的时间里，4500 多件急需的防疫物资和生活用品安全送到居民手中。"当听到客户说'整个小区的住户感谢你'时，眼泪再也止不住。"张子奇说，"我也是第一次体会到用生命守护生命的厚重感。"

（《中国邮政快递报》，2020 年 11 月 20 日 3 版）

我是邮政驾驶员，哪里需要跑哪里

——中国邮政集团昌都市分公司寄递事业部四郎扎西

记者　王宏坤

正值“双11”快递业务旺季，“全国交通运输系统抗击新冠肺炎疫情先进个人”、中国邮政集团有限公司昌都市分公司寄递事业部驾驶员四郎扎西每天开着装满报刊、函件和包裹的邮车，在西藏昌都和四川德格间不停往返。“我是邮政驾驶员，哪里需要跑哪里。日常工作中如此，抗击疫情时更是如此。”四郎扎西说。

1月27日，大年初三，他和另一名驾驶员各自驾驶一辆邮运车，手持昌都市政府、昌都市防控疫情指挥中心、昌都市邮政分公司3份通行证明向成都出发。

“得知需要派遣驾驶员前往成都运输防疫物资，我主动请战。虽然心里有一点害怕，但还是想在危难之际尽一份力。我的家人也很支持我，让我做好防护，一定要把防疫物资安全运回来。”四郎扎西说。

1月30日16时左右，他们马不停蹄地载着41吨防疫物资从成都往昌都赶。由于防疫需要，沿途的很多宾馆、餐厅都不开门营业。夜幕降临，气温又低，再加上路上都是冰雪，四郎扎西他们就在车上“将就”。“这次执行特殊任务，我们一路上只简单补给，靠糌粑充饥，靠冰凉的水解渴。就怕我们慢一分，昌都百姓面临的风险就多一分。”四郎扎西原本就患有腰肌劳损，由于冰雪路面又湿又滑，他白天开车特别专注，精神始终处于高度紧张状态，既顾不上休息，也无暇顾及腰部的酸痛。晚上停下来的时候，他才发觉胳膊疼、脚麻，腰更是难受。

2月3日中午时分，四郎扎西安全抵达昌都邮区中心局转运中心，昌都邮政立即投入到物资的交接分配工作中。“国家需，邮政在。只要国家有需要，我们邮政人随时可以冲上去。”四郎扎西说，这段经历也激励他更加努力做好本职工作，做一名“人民邮政为人民”的忠实践行者。

（《中国邮政快递报》，2020年11月20日3版）

让社区居民和快递员都满意

——黑龙江省邮政管理局人事处丁瑶

记者　黄桥茜

“当时除了我，局里还有其他党员干部冲到了一线，这份荣誉不是给我个人的，而是给整个黑龙江局的。”在获得表彰后，黑龙江邮政管理局丁瑶告诉记者，未来还将继续努力，在岗位上作出更大贡献。

今年2月19日，哈尔滨市疫情防控形势严峻，一线工作人员紧缺，在组织的号召下，丁瑶主动报名参与一线社区防疫工作，第一时间到社区报到。在得知工作任务是走访社区居家隔离的居民后，为更好地参与防控工作，他“狠心”把年幼的一儿一女送给年迈的父母照顾。

丁瑶走访的小区占地10万平方米,基础设施陈旧,除了一栋楼有电梯,其他全都得走楼梯。冬天的哈尔滨气温极低,但对一名共产党员来说,这些都不是困难。

有的隔离住户不能外出,产生厌倦或惶恐情绪,丁瑶和组内同志一起每日3次上门走访,为他们购买、运送生活必需品,收取快件,测量体温,通报防疫最新情况,协调专人回收生活垃圾等。有一次,一位居民一口气买了3箱矿泉水和其他生活物资,他一个人跑了3趟才把东西送上去。也正是因为他的任劳任怨,居民消除了顾虑,小区氛围和谐稳定。

疫情防控期间形势严峻复杂,全国各地的社区基本都实行严格的封闭管理,快递员只能在小区大门外等候。作为一名邮政管理系统的党员干部,丁瑶发现这个情况后马上和其他组员商量,希望能一起说服社区让快递进小区。"国家邮政局在新闻发布会上反复普及,快递不会传播病毒,我来自邮政管理部门,也已经在社区服务了一段时间,因此大家都很信任我。"经过丁瑶的反复沟通和工作,物业终于同意让快件统一消毒后进入小区。"我只是做了一点力所能及的事情,这样提高了派送效率,快递员和居民都能满意。"丁瑶说。

(《中国邮政快递报》,2020年11月20日3版)

在战“疫”中磨砺责任担当之勇

——中国民用航空局飞行标准司民用航空卫生处

本报记者　刘韶滨

新冠肺炎疫情的暴发，将中国民用航空局（简称民航局）飞行标准司民用航空卫生处推到了战“疫”的最前沿。

责任重大、使命在肩，作为民航疫情防控的核心业务处室，航卫处这支队伍在过去的10个多月里坚守初心、攻坚克难，无论是正式在编人员，还是临时抽调、借调的各专业领域成员，始终把人民群众生命安全和身体健康放在第一位，发扬艰苦奋斗的优良工作作风，充分发挥航空医学专业优势，为民航疫情防控工作贡献智慧与力量。

来之即战　心里装着人民

在疫情暴发前，航卫处只有副处长刘瑶和主任科员郭伟龙两名正式在编人员。随着疫情防控形势的变化，航卫处陆陆续续有新的成员加入。“在那个特殊时刻成为团队的一员，既担起了一份责任，也收获了一股力量。大家不分单位，召之即来、来之即战。”航卫处副处长刘瑶告诉记者。

民用航空医学中心民用航空医学研究所副所长祁妍敏是第一批加入航卫处的成员。1月20日，她和同事邱兵一起按计划到航卫处研究2020年工作，讨论修订《突发公共卫生事件民航应急控制预案》的事宜。当天习近平总书记专门就疫情防控工作作出指示，要求坚决遏制疫情蔓延势头。举国上下齐心抗疫的战斗已经打响，越早拿出一份可供民航各单位参照的疫情防控技术指南，就能越快阻断病毒传播的通道。在民航局领导的指示和飞标司领导的带领下，航卫处迅速行动，立即着手起草航空公司和机场的防控工作指南和技术指南。

没有迟疑，祁妍敏和邱兵直接投入到这个刻不容缓的紧急任务之中。“当时感觉一下子进入了‘战时’状态，团队里的每个人都打起了精神，一条一条地琢磨，一个字一个字地推敲，一直忙到了第二天凌晨。”祁妍敏说。

1月21日，工作指南随着《民航局关于进一步做好新型冠状病毒感染的肺炎疫情防控工作的通知》同步下发到各相关单位。两天之后，两本《防控技术指南（第一版）》也热气腾腾地编制出炉，吹响了民航全力投入疫情防控“主战场”的冲锋号，同时也是全国第一次提出要加强民航从业人员工作期间佩戴口罩、做好自身防护的要求。祁妍敏、邱兵以及民航医学中心民航医学研究所的另一名科研人员范锦辉也留在了这个团队中继续贡献力量。

曹佳铉是飞标司运输飞行标准处一级主任科员，同时也是一名货运飞行员。2月4日，他接到通知，为解决一线员工口罩短缺的难题，民航局将协调国家发改委从全国各地组织货源，为全国民航一线职工采购、发放口罩，制订分配方案的任务交到了他的手上，而他也正式被抽调到航卫处支援工作。

“给谁发？发多少？怎么发？这项工作看似简单，实则千头万绪、异常烦琐。当时口罩紧缺，我早一点把方案拿出来，各地的一线民航人就能早一点拿到口罩，保护自己和旅客。”曹佳铉铆足了劲加班加点，第二就拿出了完整可行的分配方案，第一批35.4万只口罩即刻发往全国各地。在随后的几个月里，曹佳铉成了航卫处的“口罩专员”，民航局采购、发放的269万余只口罩，包括支援民航定点扶贫的新疆于田、策勒两地的口罩,在他的协调安排、全程紧盯下,一只都没有弄丢。

无论是不是自己负责的模块,也无论是不是自己擅长的领域,只要接到任务,航卫处的每一名成员都能发扬“特别能吃苦、特别能战斗”的精神,把自己当作一颗螺丝钉,哪里需要去哪里,只因为他们心里始终装着人民群众。就如从飞标司维修处紧急支援的四级调研员黄欣所说:“既然我们的身份是国家公务员,就要时刻为人民发光发热,事情到了自己手里,哪有推辞的理由!”

发挥优势　一个人就是一个团队

“作为民航疫情防控政策的处理中枢,我们团队人员构成多元,并且有各自的专业背景。团队中有航空卫生专家、飞行运行专家、维修技术专家、数据分析专家等,散开来能独当一面,聚在一起能群策群力。”刘瑶说。

在团队成员中,郭伟龙毕业于北京大学医学部,具有疾病预防控制的专业背景;祁妍敏长期扎根航空医学领域;范锦辉则是民航医学中心公共卫生研究院的研究员,还有因工作需要进行紧急阶段性支援的民航华北局、东北局、西南局的卜炳乾、牟丹和但妍,都有丰富的航卫一线工作经验。专业的背景催生高度的敏感性,早在1月16日武汉出现疫情扩散端倪时,航卫处便敏锐地意识到防范的必要性,飞标司迅速下发电报要求民航中南地区管理局及辖区相关单位及时开展防控工作。

来自民航医学中心航空卫生办公室的高级工程师曹媛是一名数据分析专家,毕业于北京航空航天大学软件工程专业。疫情防控期间,她每天的任务就是与民航飞行学院的熊英博一起,收集与疫情和民航运行相关的数据并加以分析,制作成详细的报告为局领导提供决策支持。在疫情全球蔓延、航空运输成为阻击境外疫情输入的最前线之后,对国际/港澳台航班及输入性病例的统计分析为民航局研究制定相关应对政策提供了扎实的基础。“当时真是‘一个航班一个航班地盯’,因为只有精准的数据才能得出正确的结论。”曹媛对记者说。

团队的专业优势还体现为由航卫处编写的《运输航空公司、机场疫情防控技术指南》上。

“比如这一条:高风险航班,航空器空调系统应在飞行期间调至最大风量,确保舱内空气高效循环。”刘瑶指着《运输航空公司、机场疫情防控技术指南(第五版)》中的其中一个条款对记者说,“因为团队里有曹佳铉、熊英博两名经验丰富的飞行员,所以我们知道不同机型的驾驶舱空调系统的差别,才能列出这么具体的、可操作的要求。”

黄欣曾是航空公司的一名机务工程师，对飞机的结构、系统非常了解。“指南要求国际/地区航班应预留后3排座位，作为机上应急事件处理时设置隔离区使用。为什么是后3排？这是综合考虑飞机客舱中飞沫传播距离、座位间距、机舱内空气流动特点等多个因素后得出的结论。”黄欣告诉记者。

《运输航空公司、机场疫情防控技术指南》这一团队力量、集体智慧的结晶不仅得到了旅客、航空公司和机场的好评，而且在国务院联防联控机制的技术指南中被引用和收录，被国际航空协会向全球航空公司推荐，中国民航防控的主要原则也被吸纳到国际民航组织的有关文件当中。

精准施策　坚持创新

按照“保安全运行、保应急运输、保风险可控、保精细施策”要求，航卫处在过去的10个多月里坚持创新方式、加强防控制度设计，为提高行业治理能力和治理体系现代化作出了积极探索。

2月中旬，为了统筹疫情防控和经济社会发展，党中央、国务院提出了“突出重点、统筹兼顾，分类指导、分区施策”的重要指示。航卫处在充分领会指示精神的基础上，科学引入民航安全管理中基于风险的分层管理理念，综合航班始发地疫情形势、航班客座率、空中飞行时间等多个指标，创新制定了可量化的评分标准，将航班防疫等级分为高风险、中风险和低风险三级。针对不同的风险等级，明确相应的防护措施。

为防范境外疫情输入，航卫处落实局党组要求和司领导指示，细化航班熔断和奖励具体政策。对于风险较高的航线，熔断机制能够及时筑起“防火墙”，有效实现外防输入；同时，熔断不是彻底停航，而是给予航空公司整改的机会和时间。在这些举措下，越来越多国内外航空公司的国际/港澳台航班恢复运行，有些航空公司还开辟了新的国际/港澳台航线，确保了人流、物流的往来畅通。

在采访过程中，记者从团队成员口中听到最多的词是“为国效力”“不忘初心”。一场与疫情艰苦卓绝的战斗，让航卫处这支钢铁队伍磨砺了责任担当之勇、科学防控之智、统筹兼顾之谋、组织实施之能。他们必将慎终如始，奋力夺取疫情防控和民航安全发展双胜利。

（《中国民航报》，2020年11月23日2～3版）

抗疫路上　用科技保障民航安全

——民用航空医学中心民用航空医学研究所

本报记者　刘　璐

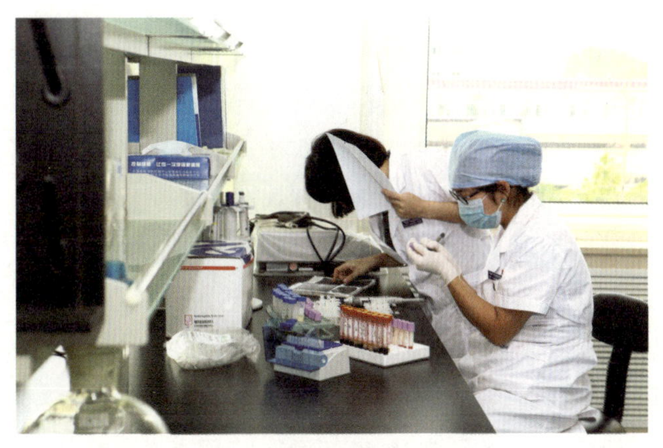

受新冠肺炎疫情影响，今年上半年的首都国际机场没有往年那么繁忙，夜里的机场更因寒冷而显寂静。中国民用航空局民用航空医学中心民用航空医学研究所的科研人员非常熟悉首都机场机坪深夜的模样。当航班上出现新冠肺炎确诊病例时，科研人员就要到飞机上进行环境采样，以对航空器清洁、消毒效果进行评价。由于飞机落地后的相关工作流程，医学研究所的采样工作全部都在深夜进行。

这只是民用航空医学研究所抗疫期间的一项工作。“这样也好，完全不耽误白天的工作。”科研人员们这样说。民用航空医学研究所副所长祁妍敏介绍，自新冠肺炎疫情暴发以来，民用航空医学研究所 30 名员工自愿加班加点，积极承担多重任务，在民航抗疫技术支持、行业抗疫技术指导、抗疫科研攻关等方面作出了积极贡献。

新冠肺炎疫情暴发后，1 月 21 日，在民航局的部署安排下，民用航空医学研究所公共卫生技术团队起草发布了《运输航空公司、机场疫情防控技术指南（第一版）》。随后，根据疫情防控节点变化及实际需要，按照科学防控、分区分级、精准施策的原则，结合疫情特点将运输航空航班分为高风险、中风险和低风险三级，进行精准防控。其后，技术团队对技术指南又进行了 4 次修订，共发布 5 版。

“第二版技术指南修订完成当天，北京下起了第一场大雪。完成工作已是凌晨 2 时。作为医学科研人员，虽然不直接冲在抢救一线，但一定要为打赢这场没有硝烟的战役贡献出科学智慧和全部力量。”祁妍敏说。

新冠肺炎疫情刚一暴发，与技术指南编撰同步进行的，还有民用航空医学研究所组成的专业公共卫生技术团队，专门负责推进的航空器消毒系列产品和缓蚀剂的适航审定及推广，为民航防控新冠肺炎经航空器传播提供可靠技术支持。同时，对曾搭载确诊旅客航班的多架航空器客舱和首都机场多个安检通道的环境采样，共计 485 个新冠环境样本（结果均为阴性），388 个细菌样本，清洁度样本 98 个，证实了航空器清洁、消毒工作的有效性。

每日统计汇总机组隔离情况、员工感染情况及旅客感染情况是民用航空医学研究所的又一项工作。民用航空医学研究所对民航从业人员中确诊患者的接触史、密切接触人员以及生活工作轨迹等进行信息汇总，先后整理相关报告 63 份；每日翻译《WHO 新冠状病毒病（COVID-2019）状况报告》《美国针对与旅行相关或社区环境中存在潜在 2019 年新型冠状病毒的人群进行风险评估和公共卫生管理的临时指南》等技术资料。

自第二版起，技术指南同步发布英文版，向全球推广中国民航疫情防控措施。应外交部邀请，民用航空医学研究所的专家们积极参加国际抗击新冠肺炎疫情交流会，代表中国民航在中国与中东欧 17 国及马耳他、拉丁美洲、巴基斯坦等国家和地区的新冠肺炎疫情专家视频交流会上，分享了中国民航的防控技术。

面对新冠肺炎疫情，中国民航人主动“逆行”，主动冲锋在前，而面对这未知的病毒和全新的抗疫工作，心中难免会有不安与紧张。此时，权威团队的专业指导就显得十分必要。民用航空医学研究所开通电话热线、搭建公共卫生协作组平台，主动承担起了全行业公共卫生技术咨询和心理援助工作。同时，应民航中南地区管理局邀请,为该辖区开通了航空公共卫生热线咨询电话服务,24 小时开机,并设立了全民航咨询电话及民航公共卫生协作组微信群平台,共有各航空公司及机场卫生人员 82 人参加,提供文件达 78 份,解答咨询问题 102 件,微信及电话咨询 61 次。

研究所心理技术团队开设了民航抗疫心理援助热线,为空勤人员提供一对一的心理咨询服务,接待了山东空管分局等多家单位关于航空人员、地面人员、体检医生在岗及复工期间如何做好心理支持援助工作的技术指导,对乘务员、安全员以及滞留武汉的空勤人员进行一对一心理咨询共 64 人次。

"'科技保障安全'是我们的航空梦。我们将以交通卫生防疫保障为目标,为航空医学公共卫生事业接续奋斗,为民航强国梦插上腾飞的翅膀。"民用航空医学中心科研人员这样激励自己。

(《中国民航报》,2020 年 11 月 23 日 2 ~ 3 版)

你护航起落　我佑你平安

——华北空管局综合保障中心

本报记者　高雅娜

“10 月 23 日，站在全国交通运输系统抗击新冠肺炎疫情表彰大会领奖台上，我的心情无比激动。当我从交通运输部部长李小鹏手中接过奖牌时，既感受到了无上的光荣，更感受到了沉甸甸的责任。”华北空管局综合保障中心党委书记赵培新说。

45 天没走出隔离区的牛志才、“拼命三郎”孟超……那一刻，过去 9 个多月的一幕幕犹如电影般从赵培新脑海中一闪而过。

自从新冠肺炎疫情防控战役打响以来，华北空管局迅速行动，制定了一个又一个方案，采取了一项又一项措施，严防死守，确保了华北空管局防疫工作的绝对安全。作为后勤保障执行部门，综合保障中心（简称综保中心）党委率先垂范，视疫情为命令，视责任如泰山，动员广大职工用忘我的奉献诠释共产党员的初心，让鲜红的党旗在疫情防控的最前沿高高飘扬。

1月26日，农历大年初二，华北空管局抗击新冠肺炎疫情战役刚一打响，综保中心就接到通知：190培训中心作为华北空管局第一个被列为疫情防控时期异地返京职工的隔离区域正式启用，当天13名职工入住。

紧急时刻，绿化负责人牛志才，一个有着35年党龄的老党员当机立断，接受最新指示：全面负责190培训中心隔离区现场管理工作，其间不能离开。时间仓促、任务紧急，老牛一口答应：没问题！就这样，只穿了一件红黑相间羽绒马甲的老牛临危受命，开始守护隔离区。

2月3日20时，老牛接到通知，晚上有3人从外地回来入住。前一天的降雪让本已寒冷的冬天更加寒意袭人，穿着羽绒服都觉得手脚冰凉。赵培新一行带着补充备用物资和一件特别给老牛准备的羽绒服来到了隔离区。

灯光昏黄，寒风瑟瑟，本以为只有保安在大门口值守，没想到最先出现的竟是老牛，身上穿的依然是那件红黑相间的羽绒马甲。

“牛哥，您穿得太少，可别冻感冒了，赶快穿上羽绒服！”赵培新关切地说。老牛接过羽绒服，连声说着谢谢：“没事儿，我总走动，不冷！”

3月10日，天空湛蓝，乍暖还寒。随着最后2名异地返京员工隔离期满，连续45天没有走出园区的老牛和其他8名同事终于走出了隔离区，圆满完成了特殊时期的特殊使命。

随着防范疫情工作的深入开展以及隔离点的不断增加，消毒工作成了防疫的重点。消毒液、酒精等物资变得紧缺，餐饮部主任孟超在忙食堂供餐的同时，又联系耗材供货商紧急购买消毒液、酒精等。春节期间耗材供货商无法送货，孟超两次自行驾车去供货商库房拉补充物资。看到孟超如此拼命，同事都称他为“拼命三郎”。

正是有了一位位像孟超一样的“拼命三郎”，综保中心仅用4天时间，就先后建成了5个隔离场所，保证了对需要隔离员工的妥善安置。

“2月21日14时，眼睛微热，体温计显示37.2摄氏度，身体没有明显不适。完成手头的工作，回家准备睡上一觉。没想到，刚躺下来，单位同事打来的电话着实吓了我一跳：我走后，大家开始测体温，有多名同事体温偏高。我赶紧穿好衣服去医院。一通忙碌之后，确定是普通感冒，有惊无险！”赵培新事后回忆。

2 月 26 日，在病好之后，赵培新第一时间出现在工作岗位上。“领导让我多休息几天，但是真做不到。我们综保中心人都奋战在第一线，关键时刻，我们绝不能松劲儿！”赵培新说。

没有轰轰烈烈的语言，只有实实在在的行动。在疫情集中暴发的春节假期，综保中心主要负责人从农历大年初二开始，全部取消假期，一直奔忙在疫情防控第一线。数据是最好的证明，见证了综保中心人的付出与辛劳：从 1 月 26 日至 5 月底，综保中心共下发各项防疫措施文件 13 个，召开防疫专题会议 36 次，接送发热人员和返京隔离人员 36 次……一个个鲜活的数字，一段段感人的故事，串成了综保中心勇挑抗疫重担的动人乐章。

一个阳光明媚的早上，赵培新的办公桌上摆着两张纸，工整的字迹透出了用心。原来，这是“90 后”员工苏杭的入党申请书。“在这次抗疫过程中，党员同志身先士卒，发挥了模范带头作用。我要向他们学习，敢于负责，勇于担当……”

“年轻同志的成长让我们感到特别欣慰。革命尚未成功，同志仍需努力。我们全体综保中心人将携起手来，为打赢疫情防控阻击战不懈奋斗！”赵培新在记事本上写道。

（《中国民航报》，2020 年 11 月 23 日 2～3 版）

非常战“疫”　科技赋能

——中国航信移动科技有限公司

本报记者　韩　磊

战胜疫情，关键要靠科技。中国航信移动科技有限公司（航旅纵横，简称中航信移动科技）从春节假期第一天起就 7×24 小时奋战在一线，利用大数据、人工智能等技术，发挥自身优势，推进新技术研发，为抗疫和复工复产提供了强有力的科技支撑，成为抗击疫情的硬核力量。

高效助力疫情防控

自疫情暴发以来，中航信移动科技始终关注行业需求。根据疫情防控需要，乘机旅客需要填写防疫信息采集单据。但由于没有系统支撑，航空公司只能通过发放纸质单据让旅客机上填写再回收的方式完成填报。这种方式成本高、效率低,还存在交叉感染的风险。

直击痛点,中航信移动科技团队在大年初二开始紧急开发“中国民航旅客健康申明填报系统”。只用了几天,2 月 4 日系统就正式上线。系统能够对旅客信息进行统一、实时的电子化采集和管理,支持旅客、乘务人员、行业监管部门等多方使用。自上线之日起,系统向所有航空公司、机场和行业监管部门开放,超过 69 家航空公司和 300 家机场的旅客通过该系统申报了健康情况。

在春节返程客流到来前,为了让旅客及时准确了解所乘航班的确诊信息,减少二次传播的可能性,中航信移动科技团队加班加点,仅用一天时间就开发出了“新型冠状病毒确诊患者同航班自动通知系统”。该系统能自动获取疫情航班信息,同步更新确诊患者的航班记录,并通过航旅纵横 App 的消息推送或短信,第一时间向该航班上的所有旅客发送疫情通知。

加速推动复工复产

在复工复产的过程中,人员的大规模跨省市流动给疫情防控带来了挑战。及时、准确了解旅客行程信息和健康情况,成为各地防疫工作迫切需要解决的难题。中航信移动科技与阿里巴巴的技术团队密切合作,紧急上线了“城市健康码”功能,在技术上打通了航旅纵横、支付宝以及地方政府之间的信息数据通道。

2 月 24 日凌晨 3 时,产品经理刘原铭仅用了不到 5 个小时的时间,就做完了健康码项目的方案。方案确定后,UI 组便开始投入到紧张的设计工作中。此后,产品部还与测试组共同承担了健康码项目的验收工作。

在“健康码”的基础上,中航信移动科技还与中国电科云合作,推出“畅行码”功能,打通“畅行码”与“中国民航旅客健康申明填报系统”之间的数据通道,以用户填报的信息为基础,进行大数据比对,生成“畅行码”。“畅行码”能够实时计算,具备密切接触者查询功能。中航信移动科技团队还将民航旅客防疫健康信息与自身登机牌二维码合二为一,推进多码融合,助力无纸化出行。

硬核力量背后的“温柔”

“危难时刻,我们那么渺小,能多做就绝不少做。你问我研发有什么困难,我们会自信地说没有。因为不管是什么困难,我们都必须努力克服。”移动科技人说。

就像大年初四晚上,“中国民航旅客健康申明填报系统”的开发任务打乱了北京小伙儿李文杰的春节计划。接到任务的他立即放下手头所有的事情,与同事沟通功能需求、讨论技术方案。高难度的业务、紧迫的时间给李文杰的研发带来了很大的压力。重压之下,他说:“这种紧急关头,任务交给了我,付出再多都值得。”

在这场与时间赛跑的战斗中,中航信移动科技的女性程序员柔肩挑重担,薛巧玲就是其中之一。这位来自安徽的小姑娘成为系统填报页面开发项目的主力。面对复杂的外部对接需求,入职仅半年的薛巧玲一开始慌了神。在部门同事的帮助下,她迅速冷静下来,调整状态,一边总结需求和系统规律,一边加紧开发组件。连续10多天,她都奋战至深夜。在项目开发收官阶段,她按照对用户体验的高标准、高要求,对项目代码再一次进行了全面复查,进一步提高代码效率和交互体验。

非常时期担起非常之责,关键时刻尽到关键之力。在这场战役里,中航信移动科技团队持续创新产品,为科技战疫贡献了自己的力量。

(《中国民航报》,2020年11月23日2~3版)

当好“守门人” 筑牢防疫“关”

——民航局机关服务局物管中心副主任王文涛

本报记者 张嘉宁

“24 栋宿舍楼、2300 多套房屋，居住着近万名民航局机关和在京单位的职工及家属，作为疫情防控的‘守门人’，我们筑牢疫情防控‘关口’，确保了疫情期间宿舍区人员零感染。这不是我一个人的力量可以做到的，是中心全体干部职工共同努力的成果。”全国交通运输系统抗击新冠肺炎疫情先进个人、民航局机关服务局物管中心副主任王文涛说。

今年初，突如其来的疫情，牵动着所有人的心。春节回老家过年的王文涛每天都会通过新闻报道关注疫情的发展情况。农历大年初三，只在家待了 3 天的他坐不住了,2000 多户居民和 20 余名值班人员的健康安全,无时无刻不让他牵挂于心。“因为经历过非典疫情,所以我担心疫情如果进一步蔓延,一旦道路封闭,到时候想回都回不去。”在提前预判情况后,当天他就告别家人,自驾回到了北京。由于民航局要求返京人员需要进行 4 天的居家隔离,王文涛回京后就马上通过电话、微信工作群组织在岗人员制定防疫方案,对物管中心防疫工作进行了具体部署,并在完成必要的隔离后,第一时间深入宿舍区防疫一线。

来势汹汹的疫情一时间让很多单位的防疫物资都显得“捉襟见肘”,王文涛则让采购人员于春节期间准备了一些消毒液和口罩,“手中有粮心中不慌”,这些物资在防疫初期派上了大用场。随着疫情的发展,市场防疫物资紧缺,防护用品不断消耗,为了不给上级部门增添负担,王文涛想尽办法通过多种渠道进行物资补给。在市场断货时,王文涛想到了政采供应商,相比普通供应商,他们业务合作对象较多,涉及各行各业,可能有更多的采购途径和资源。负责防疫物资采购的中心办公室副主任刘熠敏说:“果然,我们成功地在办公用品政采供应商那里买到了一批质优价廉的 84 消毒液、酒精和洗手液,及时保障了一线工作。他总是能把问题想在前边,并给我们拓展思路。中心为门岗值班人员配备的护目镜一时难以买到,主任就让我们去买一些摩托车头盔回来,同样可以达到阻隔飞沫的作用。待一些兄弟单位知道我们这个好办法再去买时,头盔已经断货了。”

“办法总比困难多。”这是王文涛在工作时经常跟职工们说的一句话。这些办法也是他在常年基层工作中总结出来、积累下来的。在疫情防控期间,王文涛坚持进行一线巡视。物管中心管理的 24 栋宿舍楼分散在 15 个不同的地点,涉及朝阳区和东城区的 10 个街道、13 个社区居委会,最北的在北三环、最南的在南二环、最东到东四环。“没想到,去年底新买的电动自行车派上了大用场。”王文涛打趣地说。不到一年,他骑着这辆车跑了 7000 多公里。由于冬天气温低,每天骑车在外边跑,他的膝关节受凉落下病根。“比起那些每天 24 小时在宿舍区门岗值班的同志,我这真不算什么。我给自己定的任务是每个宿舍点每周至少都要去看一次,除了巡查工作、与街道社区沟通协调问题外,更主要的是了解门岗值班人员的需求,为他们鼓鼓劲儿,他们确实太辛苦了。”为了加强宿舍区出入人员管理,同时减轻值班人员负担,疫情防控初期,王文涛组织对所有具备条件的宿舍区外围栏加装门禁系统。同时,组织编写了《物管中心新型冠状病毒感染肺炎疫情防控工作措施》,制定了中心疫情防控方案,每天将宿舍区消杀及职工体温监测进行登记，并将宿舍区居民返京人员信息进行汇总，形成台账记录在册。此外，由于宿舍楼位置涉及多个街道，各自的防疫要求和做法各有差异，王文涛就将一些好的做法推广到其他宿舍区管理中，取长补短、严防死守。

物管中心的一线职工很多是劳务派遣人员，从春节值班开始就坚守在岗位上。除了公共设备维修外，他们还要每天坚持进行门岗值守、人员登记、垃圾清运和卫生消杀，工作量显著增加，难免情绪有波动。在疫情肆虐、人心不稳的时刻，王文涛旗帜鲜明地要求全体职工不信谣、不传谣，明辨是非，坚定信心，科学防疫。他指出，宿舍区疫情防控责任重大，若人员感染、小区封闭，事关局机关工作人员安危，影响民航系统中枢正常运转。他与职工谈心，用自己的行动给他们打气，为他们树立“在党中央的坚强有力带领下，一定能够彻底战胜病毒”的信心。在他的感召下，物管中心全体干部职工共同努力，克服了人手少、压力大、风险高的不利因素，确保民航局宿舍区的安全稳定。截至目前，中心自管的物业小区未出现一例疑似病例或确诊病例，为民航局、北京市疫情防控作出积极有效的贡献。

（《中国民航报》，2020 年 11 月 23 日 2 ~ 3 版）

赤胆忠心守护“新国门”

——北京首都机场安保公司大兴国际机场分公司副总经理于增军

本报记者　张丰蘩

胸间佩戴红花，手上捧着证书，在同事的欢迎下，北京首都机场安保公司大兴国际机场分公司副总经理于增军回到了自己朝夕作战的地方。

作为全国交通运输系统抗击新冠肺炎疫情先进个人，于增军的工作从未停歇。自从1月25日大兴国际机场成立疫情防控领导小组起,忙碌便成为于增军工作的底色。

每天高强度工作10个多小时,穿梭在机场疫情防控区域的各点位,指挥在各部门间,吃住几乎都在机场,不分昼夜地投入一线;建立公司、部门、科室、班组四级防控组织,综合运用会议、值班、检查多种形式,建立讲评会、双值班、专项督导、常态检查和日常监察工作机制,保证防控措施落地……"最忙的那几天,手机铃声几乎没停过,工作到凌晨都是常态。"

在于增军的办公桌上,放置着《疫情防控工作方案》《疫情防控工作手册》《员工八小时以外管理办法》《员工宿舍封闭式管理办法》《疫情防控工作提示卡》等文件。根据疫情防控发展变化,于增军带着同事先后修订了61版方案。每一版都是一点点的经验积累和智慧总结,而这所有的制度、文件也成了北京大兴国际机场安保人抗击疫情最有力的武器。

"北京大兴国际机场地位特殊,安全保障使命光荣。"不同于任何一个机场,在做好防疫的同时,大兴国际机场还要面临转场和换季的严峻考验。尤其是3月29日,大兴国际机场开启了第二次换季转场工作,时刻增量高达每日698个,是首次转场每日时刻总量的两倍多。"每次转场,大兴国际机场都面临着航班量和旅客人数的大幅增加。每次转场我们都需要提前制定疫情防控方案,并结合客流量动态优化调整防控措施。"于增军表示。比如,结合航班转场后新增业务较多的实际情况,于增军和同事一起对涉及安保作业的76个岗位作业文件开展对标梳理,并在所有安保环节制定了风险防控和应急机制,以满足航班保障需求。此外,他还组织同事主动与南航、东航、国航等航空公司加强沟通联系,提前收集航班转场信息数据,有针对性地制定安检勤务组织方案,确保航班保障安全顺畅。

勇挑重担、身体力行。于增军的言行极大地影响和带动着身边的人。在他的感召下,分公司158名党员、296名团员积极主动参与疫情防控工作,先后成立疫情防控党员突击队、督察队以及团员突击队,用实际行动阻击疫情。在大兴国际机场疫情防控战场上,于增军带着这支队伍一如既往、拼搏向前,在保障机场安全运行的阵地里,在服务旅客乘机出行的画面中,闪耀着国门安检的风采。

而今,回忆起这段"有汗水也有泪水"的日子,于增军感触更深的还是身边那些奋战在一线舍小家为大家的同事。"这些工作不是我一个人做的,是我们分公司所有员工一起来完成的。”于增军说，“为了响应防疫隔离要求，大家基本上大年初一就来单位上班，3个多月来吃住在集体宿舍，往返于候机楼和宿舍的‘两点一线’间，未曾回家。有的同事家里老人住院病危，依然坚守一线岗位。有的同事刚当了爸爸，但没有时间陪伴刚刚生产的妻子和宝宝。”所有这些，于增军看在眼里、痛在心里。他知道，正是每个人的努力，才凝聚成了这支意志坚强的安保队伍；正是每个人的坚守，才成就了大兴国际机场旅客防控零失误、员工防控零感染、应急救援零投诉。

17年前，抗击非典，于增军主动请缨，挺身而出。17年后，他延续了这份责任，抗击新冠肺炎疫情，使命在肩，初心永恒。

于增军说，经过抗疫这场“硬仗”的洗礼，大兴国际机场安保人得到了快速成长。“当前，国内疫情防控取得了重大胜利，但常态化疫情防控一日不能松懈。我们将继续弘扬民航精神和抗疫精神，持续做好疫情防控工作，守护好‘新国门’，与大兴国际机场同成长共命运，打赢疫情防控阻击战！”

（《中国民航报》，2020年11月23日2～3版）

冲锋在前　保一方平安

——四川省机场集团航空地面服务有限公司孙经纬

本报记者　郝　蒙

孙经纬是四川省机场集团航空地面服务有限公司客运服务部国际客运项目分队长。在领导眼中，他是有担当的好员工；在同事眼中，他是靠得住的好大哥。新冠肺炎疫情暴发后，在无数个执行疫情保障任务的深夜，他总是头一个到“战场”，最后一个离开。作为一名党员，他勇担重任，践行了共产党员的初心使命。

疫情暴发后，孙经纬主动请缨，加入了国际进港客机突击队，担任突击队队长，带领6名队员坚守在国际进港航班保障第一线，参与了从英国、伊朗、巴基斯坦等国回国的包机保障工作。从寒冬到酷暑，他以坚韧的毅力与勇气，在抗击疫情的一线，用汗水与敬业担负起保障国际进港客机航班的重任。

8月27日，成都双流国际机场增加了一架凌晨2时从尼日利亚回国的包机。凌晨3时30分还有由金边飞抵成都的航班。两个客运航班同时进港，衔接时间相当紧张。疫情期间，按海关防疫要求，不同航班旅客不能交叉流调，这给现场服务带来了困难。孙经纬在现场从容安排这两个航班到达前、到达时、到达后的一系列准备工作与特情处理注意事项。工作中他"一人分饰多角"，精力高度集中，有序安排小分队队员点位，组织现场旅客进行海关健康申报。要知道，这两个航班有500多名旅客，从凌晨到清晨，经过长达6个多小时的保障，汗水浸透了孙经纬的防护服，泡白了他的双手，他仍没有一丝懈怠。眼看着航班保障快要结束，剩下最后一个环节——脱防护服。孙经纬说："这个动作看似如释重负，却尤为重要，不能有一点马虎。"在他的监督指导下，直到最后一名队员脱掉防护服，这一轮保障才算结束。

疫情当下，孙经纬用自己专业的精神，全心全意保障旅客的入境安全，确保队员的人身安全。在他眼中，越是疫情严峻，越是不能忘记真情服务，旅客的进港安危是第一要义。孙经纬带领的小分队自始至终贯彻着"真情服务"这一理念。每一次面对突发状况，孙经纬身为队长，总是毫无怨言地冲锋在前。

有一次，一个航班落地开门后，他们临时得知机上有一位坐轮椅的旅客。面对这种突发情况，孙经纬没有乱了阵脚。为了避免特殊情况影响整个航班旅客的及时入境，他与航空公司的工作人员一起将旅客抬下了飞机。

孙经纬告诉记者，疫情期间，入境旅客的行李问题同样也很棘手，少收、错提的情况很常见。为了解决这一问题，孙经纬不辞劳苦，常常在几个小时的航班保障之后，与边防、航企、政府和旅客隔离酒店多方交涉，协助旅客找回自己的行李，然后再处理航班的后续遗留问题。"真情服务"四个字，就像是横在孙经纬心中的一把刻度尺，丈量着工作的宽度，衡量着工作的广度。

疫情期间，遇到进港航班密集的时候，孙经纬经常是通宵连轴转。30多个小时穿着防护服，连熬两个通宵是常有的事。工作一忙起来，留给孙经纬的休息时间寥寥无几。

关爱组员也是孙经纬时常在做的事。身为突击队队长，孙经纬将自己当作队员们的大家长。为了队员们的身心健康，休息时，他常带着大家锻炼，倾听队员们的苦闷。一个航班保障结束后，他总是催促大家快点回去吃饭、睡觉，一个人默默处理余下的航班问题。

在疫情的考验下，孙经纬和突击队员们同吃同住同战斗，战高温，斗暴雨，守护旅客安全。不论是他还是其他突击队队员，都在“外防输入”的第一线坚守。无数个抗疫的日日夜夜，孙经纬都用真诚和执着，默默无私奉献，在平凡的岗位上书写着无悔人生。

（《中国民航报》，2020 年 11 月 23 日 2～3 版）

新时代机长的责任与担当

——浙江长龙航空有限公司机长雒浩

本报记者　赵　瑜

在抗击新冠肺炎疫情过程中，长龙航空全体员工都在工作岗位上默默坚守，以自身实际行动彰显着责任与担当。机长、飞行教员雒浩就是其中的一员，他爱岗敬业、作风严谨、技术精湛，至今无飞行不安全事件。他在工作中坚持“以德为之，以情动之，以行导之”的管理原则，在生活中秉持“乐于助人，亦师亦友”的心态。疫情发生后，雒浩主动请战并承担运送浙江医疗救护人员前往湖北的紧急航空运输任务以及其他相关抗击疫情的航班任务。

新年伊始，新冠肺炎疫情暴发，雒浩迅速响应，主动请求驰援湖北任务。

2 月在温州疫情最严重之时，雒浩主动申请带组在温州执行固定航线，先后隔离 2 次，共计 18 天。3 月 31 日，他主动请战执行武汉重大运输包机任务，迎接援鄂医护人员返回杭州，结束航班任务后严格按照要求隔离 14 天，用精湛的飞行技术和飞行管理干部的高度使命感、责任心保障了援鄂医护人员的安全返程。疫情期间，他主动执飞多个长龙航空首航航班，先后共计隔离 24 天。

作为空客 A320 副驾驶分部经理，在疫情期间，雒浩在做好抗击疫情工作的同时，仍然重视飞行培训。在空客 A320 副驾驶分部中以身作则，积极开展“传帮带，担使命”活动。他关注副驾驶成长，对副驾驶以问题为切入点，针对性地给予指导，持续开展分部针对性培训。2020 年上半年，其共开展 10 期低号位副驾驶培训，覆盖未开飞副驾驶——F3 阶段副驾驶 248 人；开展机长预备培训 7 期，覆盖 F3-FZ 阶段副驾驶 137 人；共开展 2 期转升机长面试培训，切实提高副驾驶转升机长面试水平，覆盖 20 名高号位转升副驾驶。

他身为民航飞行员，抗疫同时坚持飞行安全。疫情暴发后，作为工作已有 20 余年的飞行员和公司熟练检查员，雒浩在航班飞行和检查工作中，严格要求自己和团队，始终以飞行技术管理手册、FCOM（机组人员操作手册）、FCTM（机组训练手册）、运行手册、运行规范为依据，坚持安全第一、预防为主的方针，在抗击疫情的同时认真执飞好、保障好每一个航班。

面对疫情形势的不断变化，作为民航从业者，雒浩主动冲锋在前，支持国家复工复产。7 月 17 日，雒浩主动申请执行西安—比什凯克首航任务，并仔细研究航路情况，找到机场最近的航行通告，分析航路上的雷雨天气影响，评估运行风险以及可能出现的各种突发情况，做好周全准备。

此外，自新冠肺炎疫情暴发以来，长龙航空在浙江省疫情防控工作领导小组和民航局重大紧急航空运输协调办公室统一部署下，第一时间成立疫情防控处置工作领导小组，制定防控方案。长龙航空紧急调配航班，选派精干机组，安排技术状态最佳的飞机执行任务。至今，长龙航空共执飞 28 架次包机，承运 2900 余名援鄂人员、100 余吨防疫物资驰援湖北，飞行架次居全国航空公司第五位。为致敬“最美逆行者”，长龙航空向 3000 余名浙江省抗疫医护人员赠送了总价值超 1000 万元的长龙航空自营航线机票。面对疫区医疗物资短缺困境，长龙航空从乌兹别克斯坦、日本、泰国等国运回各类防疫物资 160 余万件，共计 18 余吨。2 月 16 日，长龙航空执行的四川广元—浙江嘉善包机开国内复工包机先河，先后执飞复工复产复学包机 80 架次，帮助 8300 余名务工人员和学生返岗返学，成为帮助经济快速恢复的“空中先行官”。长龙航空坚持不停航、不断航，积极响应民航局“客改货”要求，满足人民群众、货邮物资的基本运输需求。

（《中国民航报》，2020 年 11 月 23 日 2～3 版）

“小家”和“大家”　都是我们的家

——乌鲁木齐航空乘务长陈瑶

本报记者　王诗彧

2020 年 1 月 25 日，农历大年初一，乌鲁木齐航空有限责任公司乘务长陈瑶接到通知，要马上保障一个航班。这时，距离武汉“封城”刚刚过去 2 天，旅客无不行色匆匆、面色凝重。陈瑶来不及跟自己心爱的小女儿告别，匆匆打了个电话给家人，就义无反顾地踏上了航班保障之路。

在飞机上，陈瑶注意到，一个三口之家里只有小女孩戴着一个明显过大的口罩，爸爸妈妈都没戴。她上前询问时，小女孩父母说，实在买不到口罩了，唯一的口罩只能留给孩子用。这让陈瑶想到自己的小女儿，鼻子酸酸的。她把机组分配给自己的口罩送给了这孩子的父母,叮嘱他们注意安全。

这是今年初新冠肺炎疫情暴发之后,陈瑶执飞的第一个航班。此后,她又执飞了很多个航班,勇敢逆行于风浪中,一往无前。今年10月,有着10年党龄的她荣获“全国交通运输系统抗击新冠肺炎疫情先进个人”荣誉称号。

不惧疫情　以勇气坚守岗位

由于今年1月执飞过武汉—新加坡国际航班,当陈瑶再次回到乌鲁木齐时,她先按照社区规定做了核酸检测,又进行了半个月的隔离。隔离结束后,她又主动请缨,投入到航班保障工作中。

3月13日,陈瑶参与执飞乌鲁木齐—兰州—和田包机航班,旅客都是飞往和田的支教老师。“当时我并没有紧张或者害怕的情绪,只想着帮助这些人尽快回到自己的岗位上。”陈瑶说。

后来,陈瑶又多次执行复工复产包机任务。疫情期间的工作十分紧张。为了做好防护,乘务员都会尽量避免在机上摘下口罩。有时候,陈瑶能有七八个小时吃不上饭。在这种情况下,她依然微笑面对旅客,即使旅客看不到口罩后的表情,也能从她的眼神中看到安抚与坚定的力量。

7月,新疆个别地区疫情复发,陈瑶所在的小区由于疫情实施了隔离措施。被封在家中的陈瑶看到公司急需乘务员的消息十分焦急,在“解封”后一次又一次申请出战。8月,陈瑶又接到了运送新疆大学生返回西安学校的包机任务。她带领组员认真学习防疫知识,航前认真细致检查防护物品、消毒物资。她告诉组员:“虽然是特殊时期,但依然要践行‘真情服务’,帮助有需要的旅客,将每一位旅客安全送达目的地。”看着下机后返校大学生们开心雀跃的样子,陈瑶发自内心地为他们感到开心。

由于疫情期间航空公司采取集中管理,乘务员都在公司住宿,一住就是一个月,陈瑶发现,有些乘务员心理压力很大:有的年纪小想家,有的情绪低沉。为了帮助这些乘务员减轻心理压力,陈瑶主动开通了“心理疏导站”,当起了心理咨询师。许多年轻乘务员找到她,倾诉生活和工作的烦恼,她总是耐心倾听,给予劝解、帮助,用自己的正能量去感染每一位同事。

“我自己也是在工作中慢慢成长起来的,所以能体会这些孩子的不容易。”陈瑶感慨地说,“所以我希望能帮助每一位年轻的乘务员坚持下去,发自内心地热爱这份职业。”

“双飞”家庭　客舱就是“家”

童年时,陈瑶的梦想关键词就是“蓝天”“白云”和“飞翔”。长大后,她的生活和工作都与这些词结缘。她的丈夫刘皋汕是乌鲁木齐航空的一名航空安全员、安保组长,夫妻俩聚少离多,客舱就是他们的另一个“家”。

让陈瑶难以忘记的是,有一次小女儿跟着姥爷、姥姥外出旅行,返回乌鲁木齐时正好乘坐的是陈瑶和刘皋汕执飞的航班。迎客期间,刘皋汕在门口监客,陈瑶在登机口迎客,孩子一看到他们特别激动,想让爸爸妈妈抱抱。但由于陈瑶和刘皋汕都在工作岗位上,必须遵守工作规范,硬是狠着心没有满足她的要求,女儿伤心得哭了很久。

由于时间宝贵,只要有空余时间,陈瑶都用来陪伴家人、陪伴女儿。面对一次次“妈妈什么时候回来”的稚嫩童音,她心中充满不舍,但仍选择走向岗位,去帮助更多的人。

“作为一名党员、一名乘务长,就该冲在前方,全力以赴抗击疫情,用最专业的技能、最饱满的热情去服务旅客。‘小家’和‘大家’,都是我们的家。”陈瑶说。

(《中国民航报》,2020 年 11 月 23 日 2 ~ 3 版)

服务区100%“在线” 保通保畅保复工

——云南交投集团

李秋云 本报记者 王晓萌

顶风除雪恢复交通，确保群众出行安全、物资快速通行（云南交投集团供图）

设置503条应急防疫物资绿色专用通道；所有服务区不封闭、不停业；向湖北省咸宁市捐赠价值300万元的183吨物资；2月底，在建24个高速公路项目全部复工……新冠肺炎疫情发生以来，云南交投集团党委迅速成立了新冠肺炎疫情防控领导小组，在有序有力防控的前提下抓好保畅通、保复工及重点项目推进工作，为疫情防控和经济社会发展尽责尽力。

在疫情防控的关键时期，集团党委所属365个党组织积极响应对口支援湖北省咸宁市疫情防控工作的号召，捐款101.3万余元，1550名团员青年组建了51支青年突击队（小组）和青年应急保通队，24小时不间断冲锋在疫情防控和高速公路保畅第一线。

群众安全出行　物资快速通行

大年初一的强降雪，造成滇中、滇东北昆石、小龙等多条高速公路被迫关闭，云南交投集团所属昆明东、曲靖、昭通管理处快速反应，迅速指挥人员、调集物资设备，投入到交通保畅抗疫中，顶风除雪、砍树清障、救援解困、恢复交通，确保人民群众出行安全、物资快速通行。

云南交投集团下属各单位和部门积极加强与卫健、公安、交警、路政等部门协调，建立了疫情防控工作联动机制。高速公路省界入口设置7个卡点，收费站出入口、服务区设置疫情监测点166个，检测车辆255万余辆，检测发热人数153人，送医120人，有效防止疫情通过高速公路传播、扩散。

同时，云南交投集团所属257座服务区坚持全面运营，100%提供停车、加油服务，100%免费提供饮用热水，全面保障过往驾乘人员的需求。加油站储备油品4万余吨，24小时营业，价格稳定。每个服务区均增加疏导人员和保洁工作人员，加强餐饮、超市等经营场所的清洁和食品卫生工作，增加清扫消杀频率。

为保障职工安全健康，云南交投集团紧盯内部防控，组织对各部门、各单位所属职工开展全面监测排查，全面掌握相关信息。

应复尽复　能复尽复　能复快复

在确保疫情防控措施全面落实到位的前提下，云南交投集团全力推进在建24个高速公路项目复工复产，按照“先控制性工程、后一般工程、再逐一展开工作面、最后实现全面复工”的原则，保障“能通全通”工程顺利推进，做到“应复尽复”“能复尽复”“能复快复”。

狠抓“能通全通”在建项目推进，云南交投集团按照“一路一方案”的原则将目标任务细化到项目、工区，梳理明确季、月、周、日工作目标，精准制定项目推进方案。2月底前实现100%复工，并成立了9个督导组，加强统筹指挥和协调调度，开发建设了在建项目进度统计系统。

针对云县、凤庆县籍以外劳务人员不能及时返岗的情况，凤云高速公路建设指挥部积极与当地政府、总承包部协商，由地方政府就地招聘，破解项目用工难题。先后就地招聘、培训进城务工人员752名。临清、镇清高速公路建设指挥部派车辆到疫情监测点接运进城务工人员500余人。

为做好复工复产，云南交投集团全面打好政策、金融“组合拳”。积极配合地方政府抓住扩大专项债券发行规模的机遇，加大在建高速公路项目专项债发行规模，通过发行一批专项债，弥补地方配套和项目资金不足的问题。

（《中国交通报》，2020 年 11 月 24 日 8 版）

京通动脉上“打头阵”

——北京公交集团818路运营队长王宝利

李 一 特约记者 祝海燕 本报记者 梁熙明

每天的早晚高峰,站台上都能看到王宝利(左一)的身影(北京公交集团供图)

2020年疫情暴发后,为了防止新冠肺炎疫情扩散,很多公交线路暂停运营。北京公交818路率先恢复运营,服务北京东部城区群众搭乘公共交通出行。818路队长王宝利日夜奋战在工作岗位,保障线路运行畅通,成为“京通动脉”的守护者。根据统计,截至10月31日,818路在疫情防控期间累计运送通勤乘客超300万人次。

北京公交特别靠得住

1月28日,由河北省燕郊、三河通往北京市及通州北京城市副中心的17条运营线路全部停运。一时间,数以万计的乘客无法往返北京与河北之间,给百姓生活造成了很大困扰。为了保障北京东部地区市民的出行需求,818路在2月3日恢复始站发车运营,是疫情防控期间北京第一条恢复运营的跨省线路。

线路恢复运营初期,防疫工作是重点。自 2 月中旬开始,早晚高峰站台、重点路段的保障工作,王宝利都会参加,一天不落。每天天不亮,白庙村站台上就能看到王宝利穿着黑色大衣调派车辆的身影,查看客流、安排车辆。早高峰过后,王宝利又要赶到天洋城场站与调度人员核对运营车次、客流增减情况,并对加排备车、运营方案等工作进行沟通部署,以保证满载率不超标。每天中午,常常一碗泡面就解决了午餐。饭后,王宝利又要赶去郎家园站台查看回行客流情况,直至末班车将站台上的乘客全部安全送回,他才安心回家。

3 月,818 路每天最高客运量达 3 万人次,北京公交集团从其他线路抽调车辆支援 818 路,配车从原来的 6 辆逐渐增加到 100 余辆,最高时每日增发车辆达到 140 辆。白庙收费站乘客表示,候车时总能看到 818 路公交车一辆跟着一辆进站,心里觉得特别踏实,北京公交不管是运营保障还是防疫措施,都特别靠得住。

除了做好本职工作,王宝利还组织车队后勤保障组每天为参与站台服务的志愿者准备早餐,并赶在早高峰之前将早点分发到各个站点。晚高峰时段,王宝利会安排志愿者到郎家园车站维持秩序,确保排队“一米线”。那时,818 路既是出行大通道,也是安全大通道。

高效搭建专用道

5 月,北京市启动疫情防控二级响应机制,为了减少乘客出行时间、满足出行需求,王宝利在协助维护秩序的同时,还进行了深入的客流调查分析及路况勘测,将汇总数据逐级上报。在多方协调努力下,5 月 22 日,防疫公交专用道正式启用,一段由潮白人家至燕顺路南口,一段由东贸国际施工路段至白庙收费站。

防疫公交专用道投入使用的前一晚,王宝利紧绷的神经没有丝毫放松。下班后,他再次赶去潮白人家小区、欧逸丽庭、燕顺路南口,与交警队、路政、施工现场人员对专用道的搭建进行勘察和确认。一场突如其来的大雨打乱了原本的安排,为了保障专用道正常启用,车队管理人员冒着大雨,帮助施工队一起摆墩、立护栏,耗费 4 个小时才将专用道搭建完成。

5 月 22 日一早,为了引导驾驶员正确驶入防疫公交专用道,王宝利凌晨 4 时便来到潮白人家小区、欧逸丽庭、燕顺路南口等重要路段进行指挥,在车队管理人员的一路看护下,防疫公交专用道成功投用,大大减少了线路单程时间。

目前,818 路依旧是北京到燕郊、三河两地客流量最大的一条线路。为了使市民更安心,王宝利多次参与调研,10 月 26 日,818 路将末班车时间延长至 22 时,满足了更多通勤乘客的需求。

(《中国交通报》,2020 年 11 月 24 日 8 版)

抢卸防疫物资一定要“人等车”

——中国铁路武汉局集团有限公司汉西车务段舵落口站副站长郑文杰

王 强 本报记者 张雅凌

郑文杰做好装卸详细安排(王强供图)

郑文杰是中国铁路武汉局集团有限公司汉西车务段舵落口站副站长。武汉“封城”后,人们的生活、工作节奏一度被打乱。他提前给党员职工和委外装卸队“打预防针”,组建党员突击队,做好随时抢卸快送救灾物资的准备。从1月26日20时55分第一批大白菜到达车站开始,除2月5日至11日有6天的“空窗期”外,车站几乎每天都有救灾物资到达。只要接到装运救灾物资的车到达货场的信息,郑文杰就会立即带领突击队队员投入到卸车送货的“战斗”中。

2月15日,武汉雨夹雪。此前,郑文杰接到调度命令:当天晚上或第二天,将有2批共47车酒精和大米抵达舵落口站。他立即与收货方湖北省防疫指挥部联系，商定接卸汽车转运方案，还与装卸公司沟通制定卸车应急预案，并叮嘱突击队队员，一定要“人等车”，绝不能“车等人”，并提前组织调车人员于16日6时30分前对好货位。当天一大早，郑文杰第一个来到卸货地点，从接运人员进入货场的体温检测、接卸汽车的有序停放、装卸搬运、清点交接，到放行出站等均做好详细安排，严格把好人员防疫关。

针对酒精装卸安全要求高、人员劳动强度大等情况，郑文杰格外谨慎，及时组织党员突击队协助装卸搬运。从16日7时到17日2时，他始终坚守在现场，协调解决装卸人员和各市州转运人员餐饮保障，终于将39车500吨2.8万件医用酒精安全准确地装运分发到十七地的接卸汽车上，历时19个小时，保障了救灾物资的运输畅通。

2月17日，郑文杰接到通知，西安市捐赠给武汉市的9车生活物资将于第二天5时30分在货场交接，并卸车转运。他连夜制定方案，2月18日3时，郑文杰召集装卸工和作业人员来到现场，做好装卸各项准备工作；5时30分，西安市、武汉市进行了现场交接，随后货装人员开始抢卸。交接物资品种多，有蔬菜、水果、方便面和牛奶，装卸量大且包装重量不一，郑文杰立即组织技术骨干调整优化装卸方案，将9车救灾物资转运到武汉各区接驳的汽车上，以最短时间运抵医院，保证了一线医护人员的生活供应。

50多个日夜，郑文杰带领车站货运职工勠力同心，先后抢卸防疫救灾物资101车3099.1吨，展现了一名共产党员特别能吃苦、特别能战斗的优秀品质。

（《中国交通报》，2020年11月24日8版）

时时有人在　事事有人管

——中国联合航空有限公司飞行三分部党支部书记徐涛

鲍雅彬

徐涛统计中联航抗疫数据(高霖摄)

腊月二十九,本来要休假回老家探亲的中国联合航空有限公司飞行三分部党支部书记徐涛,通过媒体了解到湖北武汉发生新冠肺炎疫情后,主动提出取消休假,返回公司做好各项防疫工作。

在北京市还未出台具体的防疫政策前,徐涛以高度的责任感和大局观,当日组织召开支委会,提出支委一对一负责制,全面摸排分部的人员情况,分部经理负责机长,书记负责副驾驶,副经理负责春节休假人员,确保做到人员全覆盖。他用实际行动彰显了一个共产党人的初心与使命,为疫情防控率先筑起保护屏障，真正做到了守土有责、守土尽责。

当梳理到某飞行员将于大年三十从湖北老家返回公司参加航班运行时，凭着敏锐的洞察力和高度的警觉性，徐涛当即要求该飞行员尽量不要乘坐公共交通工具返京，在返京途中，要全程做好个人防护，返京后直接回家，不许到公司核心区或人群密集的地方逗留，到家后第一时间向支部报告，同时每天报备自己和家人的身体状况。为确保公司防疫工作的绝对安全，在该名飞行员返回北京的当晚，徐涛做出关键决策，果断取消了该名飞行员的后续航班任务。

该飞行员在返京后的第三天，感觉身体不适，徐涛要求其立即前往医院就诊，并询问家人情况，第一时间上报公司防疫办公室。在一周的时间内该名飞行员发烧两次，医院均以普通感冒治疗，第三次发烧去医院就诊后，被确诊为新冠肺炎。正是徐涛的高度敏感才避免了一次重大感染事件的发生，确保了公司的运行安全和防疫工作的稳定。

在治疗期间，徐涛全程跟踪其状态，同时做好心理疏导和解决家庭困难，当得知其爱人为公司乘务员并怀有身孕后，每天保持联络，并让自己的爱人关心其身体状况，每天视频谈心给予极大关爱和照顾。该飞行员于 2 月 24 日康复出院。

为确保公司各项防疫政策落实到位，徐涛连续 3 个多月统计上报各类信息，为确保上报信息的准确性，他每天晚上和经理、副经理梳理当日新增留观人员、解除留观人员、湖北滞留人员、训练离京人员、返京人员等人员信息，并总结支部当日的防疫情况。通过认真细致的梳理，精准掌握支部内的人员动态情况，人员覆盖率、信息准确率均达到 100%。

在疫情防控初期，公司要求全部人员就地自我隔离，徐涛提出分部每天要有干部值守，三支部建立了干部值班制度，徐涛主动承担起值班任务，每周值班不少于 3 天，确保分部“时时有人在，事事有人管”。

惟其艰难方显勇毅，惟其笃行方显珍贵。徐涛在平凡的岗位上默默奉献、艰苦奋斗，他说，作为一名老党员，一定要在疫情防控工作中发挥先锋模范作用，用实际行动践行忠诚担当的品格。

（《中国交通报》，2020 年 11 月 25 日 3 版）

保障营运秩序　建立防疫共识

——岳阳市交通运输综合行政执法支队公交执法大队

实习记者　贺哲野　本报记者　袁东伟

执法人员检查出租汽车(张湖摄)

今年年初,面对汹涌袭来的新冠肺炎疫情,湖南省岳阳市交通运输综合行政执法支队公交执法大队坚持“敢”字为先、“干”字当头。1 月 24 日,全队取消全员春节休假,并组建打非、市场督查、体温测量、内务等小组,逆行投入疫情防控战,为人民群众安全、出租汽车行业稳定有序构筑起了一道坚实的抗疫防线。

抓牢信息监管　实现精准防控

“特殊时期,部分车辆趁机谋取暴利,缺乏必要防控措施,且搭载乘客信息很难进行跟踪。这种情况我们要重点打击,切断病毒传播源。”岳阳市交通运输综合执法支队公交执法大队党支部书记、大队长任杰说。公交执法大队积极调度打非小组,采取灵活机动、错时执法的战术,密切与公安巡特警等部门联勤联动,精准打击了企图“趁乱捞一笔”的不法客运现象。

为有效遏制新冠肺炎病毒传染,公交执法大队双管齐下,一方面不断完善数据收集与信息监控渠道,另一方面做好防疫物资配给工作,最大限度阻断了疫情传播。

为提高数据收集效率,公交执法大队充分利用互联网平台的科技优势,通过“快约的”微信小程序,建立了乘客健康状况登记内容,扫码即可上报个人健康数据。

“我们当时对小程序开发公司提了三个要求,一是要求 24 小时有人值班;二是设立‘电子围栏’,以湖北为界,越界车辆将会发出通知警报,我们进行跟踪;三是由公司配合进行疾控检查工作。”任杰介绍,不少无视警告“闯栏”车辆被查出并进行隔离。

公交执法大队共计出动执法人员近 600 人次,执法车辆 200 多辆次,检查车辆 1000 余辆次,检查人员 2000 余人次,查处非法营运车辆 32 辆次,违规车辆批评教育近 40 辆次。同时,积极筹备与调配防疫物资,每天给驾驶员配发口罩并做好登记备查,要求城区营运车辆每天进行一次消毒。疫情防控期间,共计发放口罩 10 万多个,消毒车辆 7.6 万多辆次,测量体温近 8 万人次。

维护行业稳定　助力复工复产

岳阳市中心城区共有巡游出租汽车 1785 辆,网约车 43 辆,从业人员 4000 余人。疫情防控期间,出租汽车行业遭受重大冲击,行业营收锐减,从业人员举步维艰。

为推动行业尽快进入有序营运状态,公交执法大队积极与行业协会协调,与驾驶员沟通,及时推出了《关于针对疫情损失减轻驾驶员承包金和调整“出租车承包经营合同”的指导意见》,建议行业协会一定时段内免收承包金,并关联了“快约的”健康扫码的推广内容,配置基于扫码以减免承包金的考核指标,实现了对疫情防控、行业稳定的两手抓。

“那段时间,每天晚上都要和行业协会的人通一两个小时电话,商量他们与司机彼此的痛点、顾虑,谋求最大公约数。”回忆起与行业协会进行协商的日子,任杰记忆犹新。

在疫情防控过程中，岳阳市交通运输综合行政执法支队公交执法大队做到全面动员、全员参战、全力抗疫，为全面打赢疫情防控阻击战提供了坚实的保障。

（《中国交通报》，2020 年 11 月 25 日 3 版）

“哪怕走一夜，也要按时出乘”

——记全国交通运输系统抗击新冠肺炎疫情先进个人、郑州客运段列车长包继静

本报记者　肖培清　赵钰佩　本报通讯员　陈有会

11 月 25 日，郑州地区寒气逼人。6 时零 5 分，天还未亮，包继静就已抵达郑州东站的 28 站台，准备登乘当日首趟发往周口东站的 G6625 次列车。

包继静是郑州客运段一名“90 后”列车长。她家在南阳市方城县的一个村庄。今年 1 月 26 日，农历正月初二，她退乘从郑州回到家中仅一天，就听到受疫情影响村里封路的消息。她担心这会影响到下一趟出乘，决定提前返岗。但村里所有进出通道都有专人把守，外人进不来，村里人出不去。

包继静看着电视上那些触目惊心的数字，想到依然奋战在列车上的同事，暗暗告诉自己，必须按时回去。

父亲看包继静去意已决,便开车送女儿,但刚到村口就被堵了回来。包继静十分焦急,她和家人为此想了各种办法。终于,1 月 28 日 1 时,包继静在家人的陪伴下出了村庄。夜晚交通不便,包继静说:“哪怕走一夜,也要按时出乘。”他们借助手电筒的微光,在崎岖的道路上一走就是 6 个小时,几经周折走了 25 公里。7 时,他们终于抵达方城站。带着家人的叮嘱,包继静坚定地登上了开往郑州的高铁列车。

当天下午,包继静正常备乘,到车队报到。包继静的“最难上班路”被学习强国 App、央广网、中新网等 30 多家媒体平台推送,全网阅读量突破 2000 万人次。她的故事也被翻拍成微电影,在全路高铁列车上播放。

(《人民铁道》,2020 年 11 月 28 日 2 版)

一"马"当先守阵地

——记全国交通运输系统抗击新冠肺炎疫情先进个人、哈尔滨站安检车间值班主任马智慧

本报记者　刘英新　康　健

在哈尔滨站的安检测温区，经常会看到一个身材魁梧、面庞黝黑、穿着铁路制服的职工。从年初疫情发生以来，身为安检车间值班主任的马智慧经常守在运输系统防控疫情的前沿阵地。

今年农历除夕，下了夜班，马智慧本应回家过年，但看到疫情形势已经十分严峻，便和父母简单报个平安，选择了在岗位坚守。

根据防疫要求，哈尔滨站安检岗位前置，划出了单独测温区，测温合格的旅客再进入下一步验票安检环节。身为党支部书记的马智慧组织班组 11 名党员成立了党员突击队，并第一个拿起测温枪冲锋在前。

一天夜里，一名旅客通过测温仪时，测温仪报警了。马智慧立马让其他职工退后，自己冲过去把旅客带到一边复测，体温为 38 摄氏度。这名旅客表示，姐姐、姐夫年前自驾从武汉到哈尔滨，他自己这几天发烧。

马智慧立即与安检区旁驻站的医护人员沟通，将这名旅客领到隔离区，继续复测观察，体温已达到 39 摄氏度。旅客出现了急躁情绪，马智慧在旁耐心安抚，直到“120”将其接走。事后，得知该旅客并未感染新冠肺炎，他终于将悬着的心放了下来。他说：“我当时也害怕，但是越少人接触，危险越低，不能让班组兄弟姐妹上。即使被传染，也是我一个人的事。”

就这样，马智慧坚守岗位 4 个月未见父母，妥善处置 200 多名体温超标旅客。

（《人民铁道》，2020 年 11 月 28 日 2 版）

战斗在疫情防控的第一线

——记全国交通运输系统抗击新冠肺炎疫情先进个人、成都动车段成都东动车运用车间技术室副工长樊杨

本报记者　胡志强　本报通讯员　马明晶

“今天我们的主要工作是对来自疫情高风险地区高铁动车组的餐车、驾驶员室、监控室、广播室等重要场所进行消毒,并时刻提醒防疫人员对高铁动车组车厢两端连接处、行李架等部位进行消毒。”11 月 23 日晚,成都动车段成都东动车运用车间技术室副工长樊杨和往常一样带领同事在检修库内对需要重点消毒的高铁动车组进行作业。

樊杨的工作主要是负责高铁动车组检修,疫情发生后,还承担起了为高铁动车组及单位公共区域的消毒工作。今年初,樊杨主动请缨承担高铁动车组疫情

防控工作。

疫情发生以来,樊杨带着由5名党团员组成的疫情防控小组对入库高铁动车组终末消毒4000多次,其中对疑似或确诊旅客乘坐的动车组重点消毒作业99次。同时,他们组织开展车间各项防疫工作,指导协助共9个动车组一体化单位、主机厂及委外单位落实各项防疫要求。

为最大限度减少人员接触,樊杨依托该段搭建的远程传输系统,通过实时接收车载诊断数据,结合高铁动车组运营防疫信息,制订出多个高铁动车组精准检修方案。同时,他进一步加强疫情防控宣传和监督工作,并对车间内的厕所、楼梯间、更衣室等重点区域进行消杀作业,守护同事们的生命健康。

他的先进事迹先后被多家路内外主流媒体报道。他说,作为一名青年党员,自己只是在普通的岗位上做着应该做的工作。

(《人民铁道》,2020年11月28日2版)

疫情面前尽显担当

——记全国交通运输系统抗击新冠肺炎疫情先进个人、杭州房建公寓段宁波公寓党支部副书记孙文忠

本报记者　吴少妮

初冬的宁波，气温骤降。孙文忠一大早就在杭州房建公寓段宁波公寓组织房间楼道的消毒工作。

2月12日，入住公寓的一名保洁员被确诊为新冠肺炎患者。接到通知后，担任公寓党支部副书记的孙文忠当机立断，在汇报上级部门后，对公寓房间进行暂时全封闭管理，让疫情防控专业人员对所有房间进行彻底消杀。同时，他查询接待记录，第一时间摸清该名病人的具体入住时间。

孙文忠所在的宁波公寓是杭州房建公寓段接待量最大的公寓，每天约有来自全路近30家乘务单位的700多名乘务员入住，防疫排查工作量巨大。他迅速组织人手，摸排进过确诊病人房间的职工，及时进行上报、隔离。

接触过确诊病人的几名职工内心充满了恐惧，被隔离期间情绪波动明显。孙文忠站到隔离房间外逐个开导沟通，一对一开展思想工作，每天问寒问暖，渐渐稳定了他们的情绪。

公寓所在社区的居民得知公寓发现确诊病例的消息后，聚集到公寓门口阻止乘务员进出。孙文忠立即与居民代表、社区管理人员反复沟通，邀请居民代表现场查看防疫专业人员消杀房间以及日常消毒程序。最终，大家被孙文忠的真诚所感动。

同样，得知公寓有确诊病例的消息后，一些外包单位、洗涤厂家的服务人员打起了退堂鼓。孙文忠一边联系厂家，一边带领职工自己干，在完成工作的同时确保没有一名职工被感染。

（《人民铁道》，2020年11月28日2版）

“请战书”后见行动

——记全国交通运输系统抗击新冠肺炎疫情先进个人、南昌客运段直达车队列车员杨跃红

本报记者　冯国伟　本报通讯员　杨铭鸣

“作为共产党员，我郑重向党组织提出申请，自愿到抗疫前线支援，为保障春运及疫情防控贡献力量。”1 月 27 日，南昌客运段直达车队党员列车员杨跃红写下请战书，郑重地递交给车队党总支书记。

这是南昌客运段收到的第一份请战书。“在全国各地军队系统医院和地方各大医院医疗队都奔赴武汉的时刻，看到他们‘逆行’的背影，我被深深触动了。”杨跃红说，她参加过抗击非典的运输工作，有一定经验，作为共产党员，这个时候更应该主动走到战线最前面。

杨跃红是南昌客运段直达车队 D736/735 次列车乘务二组列车员。抗击疫情期间，她巡视车厢的次数更加频繁。由于车班的同事基本都是“00 后”，工作时间短，社会经验不足，面对来势汹汹的疫情难免有些害怕。这时，杨跃红总是冲在前面，给大家做好表率。遇到乘务员出现畏难情绪的时候，她就给她们做心理疏导，并用自己的经历激励她们：“病毒没什么可怕，只要按规定做好防护，增强自身免疫力，我们一定可以攻克这个难关的。”

在她的带动和影响下，车班同事渐渐放下了思想包袱，全力做好列车消毒和疫情防控宣传工作，主动向旅客介绍防疫知识，全身心投入到班组安全运输和疫情防控工作中。

每当看着旅客平安抵达目的地，杨跃红就会露出开心满足的笑容。她总是说：“为旅客提供优质安全的服务是我的职责，因为我是党员。”

（《人民铁道》，2020 年 11 月 28 日 2 版）

“逆行”是我唯一的选择

——记全国交通运输系统抗击新冠肺炎疫情先进个人、西宁客运段列车长海娇

本报记者　赵风斌　本报通讯员　吴正华

“口罩不能摘、测温不能减、预警不能漏。”11 月 24 日 10 时许，在准备由西宁发往广州的 Z266 次列车上，海娇再次向乘务员强调车厢疫情防控的“3 个不能”。

35 岁的海娇是西宁客运段广州车队 3 组列车长。从疫情发生后的第一趟出乘至今，这“3 个不能”她已经重复了上千次。

春节前，由于父亲突发脑溢血刚做完开颅手术，正在休假的海娇本想好好陪父亲过个年，不料，突如其来的疫情让她的美好愿望化为泡影。安顿好父亲、将10岁的孩子留给公婆后，她毅然加入到南下广州的乘务队伍中。

紧绷着神经，全副武装穿梭在车厢中，海娇为旅客登记信息、测量体温、宣传疫情防控知识、启动预警预案。每一趟出乘，她都要亲自为15节车厢进行一次彻底消毒，向旅客反复宣传防疫知识，至少在车厢来回奔走3万多步。

疫情发生之初，防护物资极度匮乏。海娇自掏腰包，高价购买了500只医用口罩，免费送给缺少口罩的旅客和乘务员。她每天要为职工进行3次体温测量，每2个小时要检查一次口罩、护目镜等防护用品佩戴情况。为避免乘务员聚堆就餐，她为每个人购买了饭盒，按车厢划定就餐区域。她牺牲休息时间，将自己的抗疫经验制作成H5网页，分享给乘务员学习。大家都亲切地叫她“海婆婆”。

她说：“虽然历经艰难，但作为一名党员，‘逆行’是我唯一的选择。”

（《人民铁道》，2020年11月28日2版）

“我是党支部书记，就该冲在最前面”

——记全国交通运输系统抗击新冠肺炎疫情先进个人、长沙站客运车间主任值班员张真铭

本报记者　陈明君　本报通讯员　麻灵芝　唐龙卿

车站进出站口、站台等地是他待得最多的地方。一旦发现发热病人或者车上交来发热病人，他总是第一个冲上去，做好现场组织工作。他说：“我是党支部书记，就该冲在最前面。”长沙站客运车间客运一班主任值班员兼班组党支部书记张真铭用实际行动诠释着一名共产党员的使命与担当。

参加工作13年来，张真铭严格要求自己，在岗位上坚持标准化作业，爱岗敬

业,任劳任怨。作为党支部书记,他率领班组党团员全力打造“星火雷锋服务台”,积极为旅客提供更为温馨的服务。疫情发生以来,他坚持当好排头兵,树立党员模范形象。

长沙站旅客日均发送量超5万人次,是疫情防控的重点场所。疫情发生以来,为四面八方进出站旅客测温成了班组最主要的工作。张真铭带领班组职工采取有力举措全力守好疫情防控“第一关”,重点做好进出站旅客筛查和体温监测工作,坚决做到应查尽查、全面登记,确保不漏一人。

防疫物资紧缺时,张真铭想方设法购置了护目镜、口罩、酒精等防疫物资,用于保护班组职工。同时,他耐心细致地督促每一名当班职工做好自身防护。班组80多名工作人员虽然身处抗击疫情第一线,却实现了零感染、零隔离。

不惧危险,冲锋在前,疫情形势最严峻的时候,张真铭忙碌的身影成了职工的定心丸。大家纷纷表示:“只要看到他在,我们就安心。”

(《人民铁道》,2020年11月28日2版)

临危不乱守安宁

——大连和尚岛海事处综合办公室主任

杜　滨　王智秋

王宁（左）在渤海轮渡上，对滚装船绑扎系固进行安全检查（刘世方摄）

疫情防控期间，他带头承担了现场监管和日常防控各项工作任务，对各个部门和环节进行严格把控、科学防护，有条不紊地安排好同事们的工作，悉心劝慰缓解他们的焦虑，确保防疫工作顺利展开。

他叫王宁，是大连和尚岛海事处综合办公室主任。在疫情防抗阻击战中，他无惧危险，临危不乱，充分发挥了党员的先锋模范作用，用智慧和行动为战胜疫情贡献力量。

事无巨细　尽职尽责

疫情暴发初期，王宁第一时间按照上级防疫工作部署要求，带领同事们对办公场所进行彻底消杀；针对处内疫情防控的具体特点，科学分析并列出详细的疫情防控重点部位清单；针对食堂采买环节，做到所有生熟肉类制品全部高温消毒。

同时，在申报受理台、政务大厅等窗口部位，推行非接触式业务办理举措，最大限度降低人员接触所带来的风险；加强内部管理，做好疫情防控期间处内防疫物资保障工作；严格按照防疫工作规定督促一线干部职工做好自我防护，确保了海事监管工作在疫情防控期间的正常开展。

7 月 22 日，大连市新增 1 例本土新冠肺炎确诊病例，而王宁的工作岗位距离疫情高风险地区仅有一公里之遥。尽管如此，他仍然坚守岗位，尽职尽责。

疫情防控期间，为了最大限度降低由于人员交叉接触带来的风险，王宁主动请战，让其他同事实行弹性工作制，自己与处内党员组建了党员突击队，把安全让给群众，把风险留给自己和党员同事们。

王宁连续在岗执勤值班 20 余天，在这段时间里，他积极对接当地疫情防控指挥部，做好防疫物资接收、清点、发放工作；作为支部宣传委员，他组织大家利用各种方式学习疫情防控前线医护人员的英雄事迹，主动与处内同事谈心谈话，他常说，“疫情并不可怕，只要采取科学严格的防护措施，完全可防可控。”在他的带领下，在岗执勤的同事们放下了思想包袱，积极主动投入到工作中。

王宁还主动与当地政府取得联系，组织处内同事全员参加了核酸检测。在检测过程中，他积极组织全处干部职工进行登记、采样工具发放、样本收集等工作，确保用最快的速度完成全处人员的采样工作，全处干部职工无一例感染。

勇于担当　冲锋在前

疫情防控期间，王宁带领同事们创造性地开展工作，多次协调无人机对封闭管理的大连湾滚装客运中心区域实施远程电子巡航，确保海事现场监管不因疫情影响而中断，有力地保障了烟大滚装客运航线的安全。

为做好辖区内船舶修造厂的现场巡视工作，王宁主动请缨，冒着夏日高温，身穿防护服带队实施现场巡视，往往十几分钟时间，身上的制服就被汗水湿透。每次巡视回来，换下的制服能够拧出水，防护手套中的汗水将双手泡得发白。在这种艰苦的环境下,他还是保质保量地完成了现场监管任务。

7 月 28 日夜间,一艘外轮在码头发生溢油污染事故,该轮 25 名船员均为外籍,且上一港来自疫情高发地区。王宁第一时间带队来到现场处置。对事故实施调查是海事部门的职责,必须在第一时间采集固定证据资料,但是登轮调查取证势必会与船员发生密切接触。

现场的代理对海事人员说:“小心一点吧,我们都不上去,你们在船下喊一喊,简单调查一下算了。”但如果这样,事故第一现场的照片等证据资料必然无法获取,怎么办?上还是不上?关键时刻,王宁说:“外籍船员在看着我们,代理和码头的职工也在看着我们,共产党员穿上防护服,跟我上!”在他的带领下,同事们克服了紧张心理,整整 3 个小时,他们严格按照程序对有关船员进行了询问并实施证据采集,共制作询问笔录 4 份、勘验笔录 2 份,采集证据照片 30 余张,采集样品 8 份。当这支队伍下船时,已经是第二天凌晨 1 时了。在码头值班的工人由衷地赞叹:“你们胆儿真大!”对此,同事们则响亮地回答:“防护到位,职责所在,守土有责!”

次日,王宁和同事们又再次登轮对事故做进一步调查,确保了事故调查工作按时顺利进行。他的行为赢得了代理、船员以及港航单位的高度赞誉。

面对突如其来的新冠肺炎疫情,王宁充分发挥了党员先锋模范作用,塑造了共产党员在关键时刻敢于冲锋、敢于担责、敢于发挥关键作用的光辉形象,用实际行动做到了让党旗在疫情防控一线高高飘扬,展示了新时代辽宁海事人的责任担当。

(《中国交通报》,2020 年 12 月 1 日 8 版)

织紧防控网 “红船”勇担当

——浙江省嘉兴市交通运输局

特约记者 罗俊峰 通讯员 齐世凯 本报记者 苗 蕾

工作人员在高速公路出入口防疫卡点开展疏导查验工作(嘉兴市交通运输局供图)

建立毗邻水路联防联控机制,优化省际水上卡点管控方案,统筹抓好疫情防控和保通保畅;加大水路方向境外疫情防控力度,强化嘉兴港到港船舶、船员管理;有序开展交通闭环管控、物资应急运输等工作,全力保障“一断三不断”……

红船劈波行,精神聚人心。疫情防控期间,浙江省嘉兴市交通运输局以“红船起航地”的政治自觉,全力做好交通管控、运输保障、复工复产等工作,坚决守好境外人员入浙关口。

成立工作专班严守 125 个卡点

在疫情防控严峻时期,嘉兴市交通运输局成立工作专班,对 63 个省际公路卡点、58 个普通公路卡点、4 个省际水上卡点实施封闭式管控，有效切断病毒传播路径。

嘉兴市交通运输局以“信息共享 + 全程跟踪”的管理方式，在全省率先开展湖北、温台铁路旅客管控工作，取得了良好效果；通过加强应急运力调配，开通应急专用通道等方式，累计检查车船 224.34 万辆(艘)次，摸排近 475 万人次。毗邻水路联防联控机制确保重点物资水上运输通畅、交通运输部门与公安部门两证联办互认机制保障车辆快速通行……嘉兴市交通运输局办理应急运输通行证 5108 张，服务 8.24 万吨重点物资顺利运输，阻断病毒传播的同时，全力保障交通运输安全畅通。

严防死守护安畅，经济企稳注“活水”。嘉兴市交通运输局实施驻企指导员“一对一”上门服务、落实减费优惠政策、创新“云上监督交底”机制等 22 项服务企业复工的措施，综合发力见效，助力交通运输行业逐渐复苏。为减轻出租汽车驾驶员的经营压力，嘉兴市交通运输局制定了全省优惠跨度和减免力度最大的帮扶政策，协调 12 家巡游出租汽车企业累计减免金额超 300 万元。

嘉兴还在全省率先全面开通公共交通助力复工复产，引导 218 家重点物流企业仅用 8 天时间全部复工；累计派出返岗包车 1791 辆、运输 4.1 万名员工；走访全市 127 家重点工业生产企业，进一步畅通市域人流、物流、商流。主动上门“引航”、提供定制公交服务、跨省协调解决煤炭及返岗人员运输等举措，赢得企业纷纷点赞。

守好浙江省大门

“点对点”一站式转运、“1 +8”工作制度全天在岗、闭环管理全程可控，作为境外入浙人员集中隔离的唯一地市，嘉兴累计向全省各市转运 4527 车次、1.7 万人次，圆满完成为浙江守大门的任务。

3 月 7 日，嘉兴大云境外来浙人员临时中转站正式运行，是浙江省唯一承接自上海浦东、虹桥两大机场境外来浙人员的临时中转站。嘉兴市交通运输局在 24 小时内完成了场地设置、运力保障及人员进驻工作，累计落实 77 辆客车、33 名骨干职工赴沪开展接站工作。

按照部署，嘉兴市交通运输局组织落实 18 个隔离点的人员转运、车辆保障工作。该局利用上海信息共享数据平台提前获得即将入浙人员的信息，由专班人员在上海浦东、虹桥两大机场逐一进行登记，传送至大云中转站并安排转运车辆。车辆到达后,还有专人对来浙人员进行体温监测,通知各市车辆进行转运,形成出发人数、到达人数、转运人数3个数据闭环,真正做到“点对点”一站式转运。截至9月底,嘉兴市交通运输局累计接纳境外来浙人员超过7500人。

(《中国交通报》,2020年12月3日3版)

把物资运输到需要的地方去

——湖南省吉首市佳洲供应链管理有限公司邓云

实习记者　贺哲野　本报记者　袁东伟　张雨涵

邓云检查卸料阀门(杨威摄)

“我两个外甥都当过兵,他们有时调侃说:‘舅舅你不当兵后悔吗?’如今我可以回应他们,今年我可没少往武汉一线跑,也算当上了前线的‘兵’吧!”湖南省吉首市佳洲供应链管理有限公司货运驾驶员邓云说,自己愿做新冠肺炎疫情防控战场上的“排头兵”。

武汉“封城”,众多工厂陷入物流困境。危急时刻,武汉市青山区下达15号战令,吉首市佳洲供应链管理有限公司积极响应,组织员工赴武汉参与疫情期间的运输维保工作，邓云便是其中一员。

邓云告诉记者，2月14日驱车前往武汉的路上，隔一会儿便可见检查关口、负责车辆登记的工作人员，空气中弥漫着消毒液的气味，紧张的情绪充斥着内心。“我不断调整着心态，逼自己尽快从一个‘运输人’向着‘抗疫人’转变。”邓云回忆道。

2月16日，邓云抵达湖北省中韩（武汉）石油化工有限公司，负责碳九、乙二醇、双环等化工产品的运输工作。“运输全程要注意两点，一是快速安全运输，二是疫情防护措施一定要做到位。”在夜以继日的运输工作中，邓云不断总结经验，确保不出现失误。

“家人开始很担心我的安全，但作为一名老党员，在国家危急时刻，我应当义不容辞地冲上前线，把物资运输到需要的地方去。”邓云说，无数个深夜里，只有在卸完最后一趟货后，他才得以通过手机和家人进行短暂的联系。因为不想让家人担心，时常会说一些善意的谎言。“我跟不知情的孩子、父母和亲戚们说，自己不是去武汉而是去广西了，到那边运输酒精，平时住在工业园区，非常安全。”邓云说。

除了对家人的思念，艰苦的工作环境也考验着这名老党员。很长一段时间，由于武汉的旅店、餐馆均已停业，公司宿舍也处于封闭状态，邓云的吃住问题只能在车里解决。“进入武汉前购买的60斤挂面、面包等食品，我稍加处理便可充饥，很长一段时间我是把车当成家。”邓云说。

尽管工作与生活上面临着诸多挑战，但每当邓云回忆起运输途中的种种经历，他便觉得什么都值得。“我遇到过一辆防疫物资运输车，交谈后得知司机从上海过来。一想到全国人民都在驰援武汉，我就更加坚定担起抗疫运输任务的决心，势必克服万难，为打赢疫情防控阻击战竭尽全力。”邓云说。

路途中的感动还有素未相识的陌生人带来的善意。“那次我和同事去蔬菜基地买点菜，老板知道我们的工作后，直接把蔬菜送给我们了。”邓云说。

在历时4个月的援汉征程中，邓云累计出车完成96趟次、运输3065吨物资，为抗疫一线提供了有力的后援支撑。目前，邓云虽已不用再以车为家，但往来武汉的产品运输，仍是他日常工作的一部分。

（《中国交通报》，2020年12月3日3版）

筑牢守卫国门的藏蓝防线

——首都机场公安局境外输入疫情防控专班

刘　莉

工作人员对入境旅客进行引导(首都机场公安局供图)

键盘敲不停、电话打不断、新指令传不休……这是首都机场公安局境外输入疫情防控专班工作时的忙碌场景。战时政治建警,党员冲锋在前,首都机场公安局境外输入疫情防控专班(以下简称专班)自成立以来,24 小时全天候运转,筑牢守卫国门安全的藏蓝防线。

在 T3-D 转运专区启动期间,他们坚持"专班运行、专职负责、统一调配、集中管理、动态评估、实时调整"的工作原则,以最实举措、最严要求落实疫情防控期间各项工作措施,最大限度降低疫情境外输入风险,为外防输入工作作出贡献。

保持“战时”状态，以最高站位、最快响应，迅速投入境外疫情防控主战场。专班坚持以上率下不松劲，将做好境外输入疫情防控作为当前最重要的任务，党员领导干部现场组织调度，维护秩序。转运过程中，公安、海关、边检、急救等多部门联动，推动各项措施落实落地。专班成立伊始便成立了临时党支部，充分发挥先锋队作用。自3月10日开始，专班始终坚持超常规勤务模式，全面加强T3-D专区秩序维护、空侧现场调度、陆侧车辆护送、国展对接协调等各项工作，特别是自3月15日起，所有国际/港澳台到港航班旅客全部集中转运，T3-D现场旅客积压严重，专班全体成员连续作战60余小时，确保了过渡期间转运安保平稳有序。

专班以最高标准、最严措施，全力开展入境旅客转运工作。为维护T3-D旅客专区秩序，专班在旅客等待区、行李提取区等重要点位设置警务工作点，将警力部署在最前端，并设置视频巡控、现场控制疏导等岗位，主动维护现场秩序平稳有序。在维护空侧转运秩序方面，专班明确T3-D旅客上客区、场内转运车组等各岗位工作职责，做到专人专岗，落实工作职责。与首都机场场内各单位建立沟通协调机制，统筹转运旅客运送情况。为确保陆侧沿途安全，专班特意设置6个转运警车组，每个车组均配备2名警力，并备齐警用装备，全时段常态化备勤，加强沿途视频巡控，强化交通疏导，最大限度确保转运车辆安全，将风险降到最低。

经过艰苦奋战，专班圆满完成首都机场T3-D处置专区警务保障工作，充分体现了首都机场公安不忘初心、牢记使命，勇担重任、冲锋在前的优良品质，用行动诠释信念，用忠诚守护平安，全力彰显了民航公安的坚守、责任与担当。

（《中国交通报》，2020年12月3日3版）

甘当抗疫先锋　一路逆行向前

——民航华北管理局航空卫生处党支部

本报记者　韩　磊

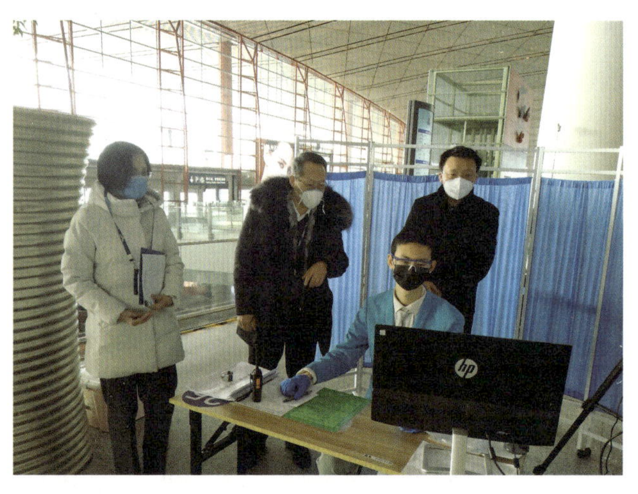

自疫情发生以来，民航华北管理局航空卫生处党支部充分发挥专业能力，甘当抗疫先锋。在疫情防控初期，他们克服了对疾病认识不足、防控工作协调难度大的困难，凭借敏锐的洞察力较早开展疫情防控工作；在疫情防控常态化阶段，他们抓好“外防输入、内防反弹”工作，在坚持压力不减、力度不减、措施不减的同时，积极落实分级分区、差异化的防控措施，助力民航运输量稳健回升。

1 月 22 日，华北地区民航新冠病毒肺炎防控工作动员会召开，紧急部署辖区内疫情防控工作。航卫处党支部全体党员干部迅速组织辖区内航空公司、机场和空管等单位启动疫情防控工作机制，落实航站楼和航空器通风消毒、旅客健康排查、健康申报、信息登记等疫情防控工作措施，建立疫情信息通报渠道，协调处置突发事件。在疫情防控工作启动后，航卫处党支部在短短10天内连续4次召开电视电话会议，协调首都机场集团、中航信、北京市卫健委、交通委等20余个单位，落实了一系列民航进京措施，主动架起地方政府和民航单位连接的桥梁，理顺了跨行业和跨区域的协调难题，助力防控信息交流、政策措施顺利落地。

为做好国际、国内高风险地区航班运行中机组人员疫情防控工作，航卫处党支部结合实际，编制了华北地区国际、国内航班运行机组人员新冠肺炎疫情防控相关工作文件，并根据疫情形势及时安排调整机组疫情防控措施，坚决筑牢防线。按照民航局和首都严格进京管理联防联控协调机制的要求，华北管理局抓实抓细各项防控工作，积极对接协调落实，重点加强进京通道疫情管控。航卫处党支部先后起草下发了电报40余件，上报各类报表600余份、工作简报120份，处理流行病学调查60余件，协调、解答了大量防控工作中的具体问题，保证疫情防控工作要求落地见效、措施持续有效。

在战“疫”中，航卫处党支部全体党员干部以身作则，加强疫情防控和行业安全监管，灵活采用现场检查、非现场监管相结合的方式，联合监管局对辖区内各航空单位的疫情防控工作、航空人员体检机构日常体检鉴定、航空公司航卫保障、机场应急救护等工作进行监督管理。

在严管的同时，他们不忘厚爱。为解决首都机场医护人员医疗防护物资短缺问题，他们积极协调100套防护装备；统筹安排东航山西航空人员体检鉴定机构承担所有京外航空人员的体检工作，并对符合条件的航空人员的体检合格证实施延期。

面对疫情，航卫处党支部坚持“三会一课”不间断，将党中央对疫情防控的最新要求落实到工作中去；他们在工作中及时总结经验，修订完善了《民航华北地区突发公共卫生事件处置预案》；在“大考”中，党支部给年轻同志加任务、压担子，整体战斗力得到了极大增强。

（《中国民航报》，2020年12月3日2～3版）

确保物资运输　守好空中门户

——民航华东管理局运输管理处

本报记者　钱　擘　通讯员　叶　挺

自新冠肺炎疫情发生以来，民航华东管理局运输管理处认真贯彻落实民航局党组和管理局党委的各项指示精神，辛苦奋战，确保各类防疫物资和援助力量快速运抵疫区、输向海外，做好外防输入工作，守护好上海、华东的空中大门。运输处全体同志召之即来、来之能战、战之能胜，他们按照不同时期疫情防控特点，有针对性地开展工作。

运输处组织协调各相关单位做好疫情防控期间的重大运输、特殊运输、危险品航空运输等航空运输保障任务，切实保障各类救灾物资、人员源源不断运往疫区。截至9月30日,保障重大运输任务396架次,运送医护人员46703人次,协助18602名中国公民回国,其中留学生6139人,运送物资1456.96万件、共13.42万吨。

他们协调联动,完成上海国际航班调整优化工作。一方面为解决上海两机场海关人员不足的难题,多方协调各航空公司,以最快的速度完成虹桥机场国际和地区航班转移至浦东机场运行;另一方面持续协调做好浦东机场入境航班的日均衡和落地时间的调整优化,有效缓解地方疫情防控保障压力,3月至9月顺利完成了上海约2000个航班、27.3万旅客的入境保障工作,为外防输入工作作出了突出贡献。

在疫情期间,运输处始终与中外航企保持实时联系,以一周为一个统计单位,对华东地区未来一周的日韩航班计划、订座情况、旅客构成等进行统计预测,发送至民航局、地方政府、各机场,一方面便于地方政府、机场做好入境旅客的预防和应对,开辟专门通道给予保障;另一方面为上级部门决策提供参考。为复工复产开辟绿色通道,采取"即来即办",简化审批手续、抓速度抢时间,确保进港物资第一时间送到收货人手中。

此外,为做好北京首都机场分流航班的处置工作,华东局成立了分流工作领导小组,明确工作目标和职责分工,确保分流航班落地后流程顺畅有序。截至9月30日,华东地区共保障首都机场分流航班87班,其中南京6班、旅客1232人,青岛79班、旅客13192人,上海2班、旅客507人。同时,他们重视疫情期间的消费者权益保护,一手抓疫情防控期间的各项航空运输保障工作,一手抓航班服务质量管理。疫情期间,特别是"五个一"政策出台后,国际航班锐减,收到大量消费者咨询和投诉,运输处一一回复,要求航空公司妥善处置,做好旅客解释沟通工作。

随着国内外疫情形势的发展变化,防疫物资出口航空货运需求剧增,上海浦东国际机场的货运保障能力也经受了前所未有的考验,运输处及时赴浦东机场货站和东航物流货站进行安全督导。

疫情防控工作任务重、任务急,运输处全体同志始终以高度的使命感为华东民航安全运行、高质量发展和疫情防控作出积极的贡献。

(《中国民航报》,2020年12月3日2~3版)

闻令而动　筑牢疫情防控民航防线

——民航中南管理局航空卫生处

本报记者　冯智君

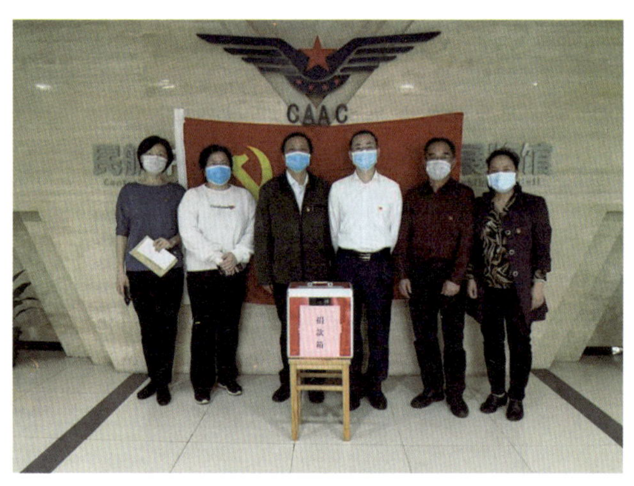

作为中南民航疫情防控的核心业务处室，民航中南管理局航空卫生处闻令而动、尽锐出战，迅速进入“作战”状态，肩负起中南局新冠疫情防控领导小组办公室职责。

航卫处始终将疫情防控作为最紧迫、最重要的政治任务，置顶安排、迅速贯彻，践行人民生命利益高于一切的承诺，全力保障重大紧急运输“空中生命线”畅通，全力筑牢疫情防控的民航防线。

1 月初，民航湖北监管局前方队伍发现疫情苗头，中南局航卫处迅速分析研判,将疫情防控列为重点工作来抓,要求各航空公司加强客舱巡视、强化机组防护,并组织监察员上机检查,宣传防疫知识,贯彻航卫法规,成为疫情前期防控工作稳步推进的重要基石。

随着疫情防控形势日益严峻,在民航局、中南局的统一指挥下,航卫处全体人员取消休假,协助中南局在全民航率先成立了疫情防控工作领导小组,制订工作方案,不断调整部署,升级防控手段,为疫情防控赢得主动权。“这场硬仗既考验忠诚担当,更检验治理能力和水平。”民航中南局航卫处处长郑洪说。

在中南局领导的案台上,整齐叠放着每天动态更新的抗疫日志以及汇总资料。航卫处主动作为、勇于创新,在人手紧缺的情况下,由郑洪带头,自己研究编程软件,对数据进行深入挖掘,将海量的数据变成可视化图表,为科学施策提供了数据支撑。之后,经过对战疫日记原始台账记录、整理、总结,通过高质量的大数据分析和整理,《民航中南局新冠肺炎疫情控制应急预案》正式发布。

受疫情影响,辖区航空人员体检工作面临难以开展的局面,如何在符合规章的情况下做好体检合格证及时审定换证工作,是确保空中生命救援通道畅顺的重要一环。“航卫处与民航局及辖区各体检机构密切联系,积极执行空勤人员体检合格证延期政策,落实体检合格证许可责任,保障辖区运行安全,确保了疫情防控期间不因飞行员体检合格证问题影响防疫物资的运输。”郑洪说。

自疫情暴发以来,航卫处承担广东省联防联控指挥部领导小组及其疫情防控组联络员职责,协助分管领导做好联防联控工作,及时落实省指挥部议定事项并将落实情况报省指挥办日例会,协助完成例会议定事项 60 余次。与此同时,与民航局、广东省进一步对接,落实防控信息上报等工作,实施发热零报告。按民航局 286 号文上报疫情信息 208 份,参加完成中南民航新冠病毒肺炎疫情防控工作信息报告 198 份。

(《中国民航报》,2020 年 12 月 3 日 2 ~ 3 版)

未雨绸缪　守土尽责

——民航西南管理局航空卫生处

本报记者　郝　蒙

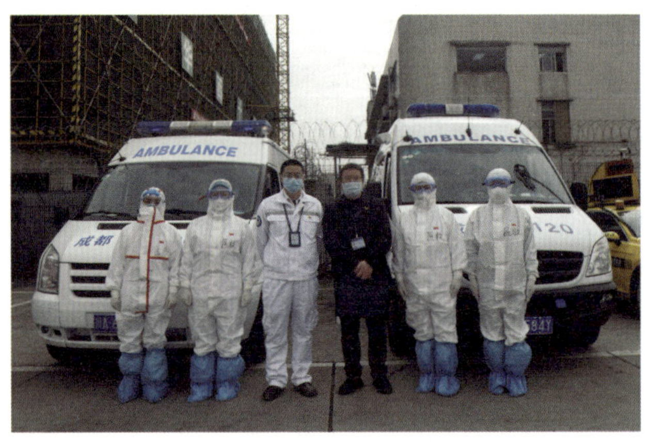

民航西南管理局航空卫生处作为西南局疫情防控工作领导小组卫生防疫组牵头部门,要负责统筹协调和指导西南辖区民航单位疫情防控工作。

自新冠肺炎疫情发生以来,航卫处党支部全体同志充分发扬当代民航精神,在疫情防控第一线践行初心使命,以责任担当守护好民航空中门户,最大限度避免疫情通过机场和航空器传播,维护广大人民群众、旅客和民航系统员工的生命安全和身体健康。

在日常工作中,航卫处党支部始终保持政治敏锐性,认真总结工作中发现的问题,及时发布有效预警信息,为疫情之始各单位迅速响应提供了有效准备。2019 年 12 月 31 日,国家卫健委公布相关信息后,航卫处高度重视、未雨绸缪,率先结合冬季流行性疾病传播风险对辖区民航企事业单位进行了卫生安全提示。2020 年 1 月 22 日，航卫处及时请示西南局召开电视电话会议，并根据民航局、西南局对防控工作的要求作出具体安排。

疫情对民航造成的影响随着时间的推移逐渐显露。航卫处党支部坚持狠抓党建，先后开展《强化党性修养、严打不作为》等党课学习，并结合每月一次的主题党日活动，强化党组织建设，强调党性修养，将党支部凝聚成讲政治、有作为、能担当的坚强堡垒。

自疫情发生以来，西南局航卫处督促辖区相关民航单位，制定西南局内部防控措施，指导督促辖区各监管局、民航各企事业单位科学开展防控工作。除此以外，他们还积极联系区内省级应急指挥部，努力为辖区民航单位争取资金和物资保障等支持，并及时协调医药企业，在全社会防疫物资紧缺的情况下努力协助采购，在关键时期有力保障了西南局、各监管局防疫物资的及时供应，为辖区多个民航企事业单位解了防护用品短缺的燃眉之急。

在疫情暴发之始，航卫处全体党员主动放弃休假返回岗位。在持续的疫情防控工作中，航卫处党支部不断总结和完善各项防控措施，目前，已经以西南局名义下发了 11 份指导性文件，指导辖区民航单位科学精准防控。

当疫情防控进入“外防输入、内防反弹”的常态化阶段后，航卫处的工作中心转向了督促辖区各单位慎终如始、时刻绷紧疫情防控这根弦，坚持在“事上练”，举一反三找漏洞，千方百计抓重点、攻难点、补弱项；充分运用民航局“熔断”机制，努力前移防控关口，织密后续防控网络，积极配合地方政府完成从“国门”到“家门”的无缝衔接闭环管理。虽然疫情传播风险持续存在，但西南地区民航一线员工仍保持着在工作中零感染的纪录。

（《中国民航报》，2020 年 12 月 3 日 2 ~ 3 版）

敢于担当　勇于作为

——民航新疆管理局运输管理处副处长朱焕

本报通讯员　新　宣

朱焕现为民航新疆管理局运输管理处副处长。自今年疫情发生以来，他聚焦管理局党委工作部署，尽职履责、敢于担当、勇于作为，助力行业和新疆维吾尔自治区打赢疫情防控阻击战。

疫情就是命令，防控就是责任。朱焕坚持把疫情防控工作作为最紧迫、最重要的政治任务，一直坚持无休。尤其是自新疆上轮疫情反复以来，他连续吃住办公室5周有余，持续不间断作战，先后参与完成多批次疫情防控人员、物资调运等重大紧急航空运输任务。他积极协调航空公司快速编排航班计划和安排运力，快速协调相关部门建立“绿色通道”，优先审批航班计划，及时完成各方运输任务对接，充分彰显了民航使命、民航担当、民航作为。

根据新疆管理局工作部署，朱焕自3月以来，参与自治区、乌鲁木齐市疫情防控指挥部相关协调工作。在此期间，他积极做好联系沟通地方与行业疫情防控工作，畅通联络机制，搭建协作平台，传达行业要求，凝聚抗疫力量，就建立疫情防控协同机制、保障国际航空运输通道畅通、提高政策信息标准公开透明和优化进港关联航班筛查流程等方面提出相关意见建议，持续强化协同配合，助力统筹做好疫情防控与民航安全运行保障工作。

朱焕坚持统筹做好疫情防控、民航安全运行和服务保障工作，重点监督做好航班大面积延误、取消、备降时的旅客服务保障工作，多次赴基层一线对进出港航班旅客服务保障工作进行调研和监管督导，确保特殊时期进一步增强广大旅客航空出行的获得感、安全感。

朱焕严格落实民航局和自治区有关要求，加强现场运行监管和发展态势监控，有效监督运行保障单位在确保安全和具备运行保障能力的前提下，科学、有序恢复航班运行。积极主动向航空公司宣传贯彻民航局疫情防控期间有关航线航班政策措施，提高效率，全力支持复工复产。按照自治区统一部署，协调建立了自治区农村富余劳动力返岗务工运输组织民航运输保障工作机制，助力自治区脱贫攻坚大业。

与此同时，根据管理局工作部署，朱焕还牵头撰写多份专项工作报告，及时向民航局、自治区等有关方面反映新疆民航疫情防控和运行生产态势，报告行业动态，积极建言献策，为坚决打赢疫情防控的人民战争、总体战、阻击战贡献力量。

（《中国民航报》，2020 年 12 月 3 日 2～3 版）

信念为翼　坚守阵地

——国货航武汉运营基地总经理王春雨

本报记者　韩　磊　通讯员　黎文婷　李卓燃

当一封来自湖北省疾控中心的感谢信寄到国货航武汉运营基地，感谢他们为湖北抗疫作出的贡献时，那些难忘而感人的战疫画面如电影般，一幕幕在国货航武汉运营基地总经理王春雨的眼前出现。

1月23日，疫情突袭，武汉“封城”。“这个时候党员干部就应该上一线！”王春雨立即收拾行囊，把“家”搬进了办公室，全身心投入到防疫工作中。他带领团队结合湖北省疾控中心的需求，迅速召开运输研讨会、制订相关运输方案。

平常，基地保障的多为窄体客机，宽体货机保障经验相对不足。为保障疫情防控期间在武汉天河机场往返的货机，王春雨奔走在货库与货舱之间，带领运营基地抗疫小组高效运转。根据保障特点，结合运营基地实际情况，王春雨向团队提出了安全不出偏差、人员不出差错、行李不出问题、交接不出纰漏的“四不”保障要求，在货站建立组织指挥机制，明确职责分工，做到组织保障到位、信息传递到位、人员培训到位、流程梳理到位、措施落实到位。

80多天“住”在单位，王春雨始终坚守在货运保障一线。“怎么不害怕，怎么没有牵挂？”回忆起那段艰难的时光，王春雨眼眶还是红了，“刚开始‘封城’的时候，没有人知道会发生什么，那种感觉就是压抑、恐惧。”与远在家乡的母亲打视频电话，母亲每次都忍不住流泪。在这种情况下，王春雨将信念化为了逆行的勇气。他感慨道：“祖国是我们最强大的后盾。身为共产党员，我的责任就是把平凡的事做好，把自己的阵地守好！”每天，看着满载医疗物资的包机抵达武汉，王春雨也越来越有信心。

在保障运行的基础上，王春雨还要确保员工的健康。他带领团队每天对员工及家属开展信息排查登记，不断织密疫情排查防控网。考虑到“封城”带来的不便，王春雨安排党员干部主动上门发放口罩、消毒液、酒精等防疫用品，解决员工在疫情期间的实际困难。同时，细心的他还格外留意员工的思想状态，积极宣传、教育、引导员工，帮助大家稳定情绪、增强信心。在大家的共同努力下，武汉运营基地所有员工及家属实现了零感染。

伴随着疫情防控形势持续好转、武汉复航，积极推进复工复产成了武汉运营基地的又一项重要任务。4月17日，从武汉天河国际机场出港的首班“客改货”航班平稳起飞，共装载货物31.9吨飞往德国法兰克福。面对首班包机保障任务，王春雨带领团队和客户反复沟通确认信息，多次往返国际库进行复尺，一件件货物反复比对，统筹多个项目科室人员制订优化装载方案。装载方案一改再改。王春雨和他的团队加班加点，心中只有一个信念：保障好航班，守好阵地。最终，他们顺利完成了保障任务，吹响了复工复产的冲锋号。

在这场战“疫”中，王春雨始终坚守共产党员的初心，主动担当作为，展现出了不畏艰难、勇毅逆行的风采。

（《中国民航报》，2020年12月3日2~3版）

作风优良　领衔党员模范先锋队伍

——东航北京分公司飞行一分部高级经理崔立刚

本报通讯员　李　盛

崔立刚机长是一名共产党员，现任东航北京分公司飞行一分部高级经理。在疫情防控期间，他及时在飞行队伍中传达防疫的各项政策，有针对性地进行疫情航班派遣，及时完成各项防疫抗疫工作。他还在分部范围内建立了党员模范先锋队，带领部门共产党员发挥先锋模范作用，主动承担重要且有风险的任务。

4 月 17 日，东航根据外交部、民航局的部署安排，派出一架空客 A330-200 飞机执行 MU7029 包机任务，从北京首都国际机场飞往俄罗斯首都莫斯科，运送 1588 件、共计 18 吨的“爱心包”等重要防疫保障物资。本次航班是东航首次执飞北京—莫斯科航线。在接到任务后，东航北京分公司立即启动包机计划，第一时间开展准备工作，与外交部、民航局、北京首都机场等单位进行沟通，短时间内完成飞机调配、指派机组人员、申请航班计划、申请蒙古国飞越批复、申请莫斯科起飞落地批复等多项工作。

东航北京分公司飞行部党委接到任务后，高度重视，立即研究部署，成立运输包机工作组。作为执飞机长的崔立刚自工作组成立后，便调整分部模拟机训练计划与航班排班计划，确保所有参与本次任务的飞行人员在执行任务之前都能完成一次相关航线的模拟机训练和通信训练，同时制订了详细的准备任务分工和时间节点，确保各项准备任务可以按期顺利完成。包机工作组针对包机涉及的规章、天气特点、区域要求、地形风险、场压运行、通信失效程序等要素编制了航线分析总结，并由教员进行了视频讲解；东航北京分公司飞行部还制作了模拟机科目，为人员熟悉航线和掌握风险进行模拟机训练。4 月13 日、14 日，包机小组成员依据航线分析总结，以及其他关于此次航班性质的特殊风险，完成了两次全流程桌面推演，进一步明确了航线相关风险和备降机场政策等信息，完成了各执飞人员自航班当日签到至航班任务结束机组到达隔离点为止的全部任务分工，并对航线涉及的所有航路、情报区、机场程序等进行梳理，尤其对其中的一些释压航路、特殊限制等可能威胁安全的因素进行了着重分析和讨论。

经过前期的全面准备，4 月 17 日，崔立刚驾驶 MU7029 航班于北京时间 10 时11 分顺利起飞，航班在北京时间 18 时 20 分平稳降落在莫斯科谢列梅捷沃机场，圆满完成祖国和人民交付的任务。这是东航北京分公司飞行部执行的第一次欧洲航线任务。随后，崔立刚积极组织分部人员又陆续执行了北京—洛杉矶、北京—巴黎、北京—马累等重要保障任务，多条航线都为东航首次执行。他带领队伍，连续多次在时间紧、任务重的情况下，有条不紊地完成了全部新开航线的各项准备工作，保证了航班的顺利运行，彰显了东航北京分公司飞行部"有战必应，有战必胜"的京鹰队伍风范。

（《中国民航报》，2020 年 12 月 3 日 2～3 版）

健康所系　性命相托

——南航北京分公司航卫室主任张惠

本报通讯员　南　旋

张惠至今还记得自己读医学院时宣誓的话：健康所系，性命相托。从沈阳地方医院的小大夫，到主任医师，再到南航北京分公司后勤保障部航卫室主任，入行时的誓言，张惠从不敢忘。

2019 年 12 月中下旬，张惠通过新闻了解到新冠肺炎疫情，她组织科室内部进行了探讨，又与医院工作的同学进行了交流。2020 年 1 月中旬，疫情形势越发严峻，接到疫情防控预警，张惠带领科室同事做了两件事：一是着手准备北京分公司新冠病毒感染肺炎疫情应急预案，二是联系供应商采购应急防疫物资。

“当时，我们希望疫情仅在局地范围发生。但很快我们发现疫情远比想象中来得猛。”张惠说。1 月 22 日，她带领航医连夜为飞机增配了 76 个防疫包，加班至深夜。

山雨欲来风满楼，张惠给所有航医打了“预防针”：我们不希望疫情蔓延，但眼下形势严峻，大家要做好思想准备，随时准备抗疫。

1 月 23 日，武汉“封城”，全国多个省（区、市）启动重大突发公共卫生事件一级响应。农历大年三十，张惠果断召回所有航医，科室同事第一时间返回，不少人刚刚回到家就接到通知，行李还没打开就又提了回来。张惠很欣慰，也很感动，因为没有一个人退缩。

面对防疫物资紧缺的难题。张惠发动了全体航医、同事、同学、亲人寻找防疫物资货源。她同时加入了 8 个医疗防疫物资群，24 小时在线关注货源信息，垫资抢订防疫物资。

防疫物资到货的第一时间，张惠又要带着航医去货站物流清点搬运。2 月 3 日，伊斯坦布尔机场捐献给南航、首都机场集团、上海机场集团的防疫物资到京，张惠和 2 名航医在零下 10 摄氏度的冬夜里，连续工作了 9 个小时。

“当时以为 2 个小时就能办完。可谁知，货物的清点分拨、手续办理遇到了一些问题，持续到半夜。”回到单位，张惠看了一眼手表，已经第二天 1 时 48 分了。

得知广州总部急需相关防疫治疗药品，张惠联系了多家医药公司筹措。通过多方打听，几经波折，终于找到货源，全力协调了近 3000 盒紧缺药品分批发往广州。

在疫情防控期间，张惠从未退缩，始终坚守在抗疫一线。这不仅仅因为自己是医生，更因为自己是科室主任。“你不干，怎么带动他人？员工不会信服你，大家都有一双明亮的眼睛啊。”

张惠的爱人是飞行员，在疫情初期两人忙得半个月没见面。后来，航班量减少，张惠在抗疫一线忙碌，爱人在家负责后勤保障。不管多晚回家，她都能吃上一口热乎饭。“以前，他经常出去飞，在家基本不做饭，我以为他做饭不好吃。

没想到，这次疫情我发现他做的菜还是很不错的。”张惠说。

工作25年，她仍然时时念着踏入医学院大门时的誓言，以及在地方医院工作时，老主任说的话——“医术可分高下，医德必须高尚”。

“踏踏实实做好本职工作，就是对这份职业最好的尊重。”张惠说。

（《中国民航报》，2020年12月3日2～3版）

疫情就是命令　防控就是责任

——民航陕西监管局运输处副处长滑磊

本报通讯员　西　瑄

在疫情防控阻击战中，民航陕西监管局运输处副处长滑磊挺身而出，舍小家顾大家，担任监管局防控领导小组办公室主任，承担机场联合防控指挥部沟通联络职责，积极贯彻落实上级各项部署要求，全力保障运输生产秩序，筑牢疫情防

控坚固防线，充分展现了民航一线监察员的责任和担当。

在疫情暴发初期，尤其在疫情防控最紧要阶段，滑磊连续多天吃住在办公室，坚持每天对陕西辖区16家民航单位各类疫情信息进行汇总上报，对各单位防控措施落实情况进行督促检查，共同织密织牢信息核查、体温监测、转送留观等全链条防控网络；积极与地方防控指挥部建立日常联系机制，搭建指挥部与民航系统沟通平台，先后协调解决各类问题30余个，把联防联控各项工作落细、落实、落到位，共同筑牢陕西民航疫情防控线。

作为一名青年党员，滑磊很清楚自己肩上的责任。"在这场没有硝烟的抗疫阻击战中，我们大家都不是旁观者。只要还能为这场战役尽一份力，发一点光，做一些力所能及的小事，我就一定会去做。"他说，"当领导把任务交给我时，我觉得既是组织对我的信任，又是给我的一份重托，更多的是民航精神的一种传承。疫情越严重，越是需要我们在一线坚守岗位。只有大家都安全了，小家才更安全。"

此外，作为运输处负责人，滑磊积极做好疫情防控物资航空运输保障工作，紧盯各保障环节不顺畅问题，发挥航空运输高效优势，畅通疫情防控人员物资运输"绿色通道"，现场组织协调完成各类重要保障26架次，转运物资14批次，充分展现了民航一线监察员的奉献意识和大爱精神。

随着我国境内疫情防控形势持续向好，滑磊按照"外防输入、内防反弹"工作要求，持续督促各单位严格执行《运输航空公司、机场疫情防控技术指南》，不断完善疫情防控举措，提升旅客服务保障水平，做好常态化疫情防控各项工作；主动申请加入监管局国际/港澳台分流航班保障专班，督促指导各单位加强协调配合，优化保障程序，完善远端防控和员工自身防护，做好国际/港澳台航班恢复运行及分流保障，顺利完成305架次国际/港澳台及分流航班和35架次国际/港澳台重要包机保障任务。

滑磊是西北民航人的抗疫缩影，他背后还有千千万万名监察员、飞行员、乘务员、管制员、地服人、医护人……与他一样，他们用自己的实际行动践行了当代民航精神。正是因为他们的默默付出、不畏艰险、英勇奋斗，把每一项平凡工作做好、做实、做细，织密织牢机场安全防线，守住陕西空中运输大动脉，让党旗在西北民航疫情防控一线高高飘扬。

（《中国民航报》，2020年12月3日2～3版）

坚韧不拔　向阳而生

——民航黑龙江监管局航务管理处一级主任科员平超

本报通讯员　贺　轩

在民航疫情防控队伍中，有这样一个人，不辞辛劳，积极响应，坚守岗位；作为民航黑龙江监管局抗击疫情的"排头兵"，她展现了新时代民航精神，不忘初心、牢记使命，她就是民航黑龙江监管局航务管理处一级主任科员平超。

在疫情防控初期，平超因急性咽喉炎引起重度感冒，但仍与民航东北管理局、黑龙江省委办公厅、黑龙江省疫情防控指挥部紧密沟通，承担多家上级单位交办的工作任务。平超每天工作接近15个小时，夜间常常是带病工作。虽然身体疲惫不堪，但她却信心满满："没有战胜不了的疫情，困难终将过去。相信党、相信国家、相信我们民航人一定能打赢这场战役！”

在黑龙江地区防疫阻击战打响后，信息即时共享显得尤为重要。平超第一时间建立了黑龙江地区民航单位疫情防控工作群、外航疫情防控工作群等，涵盖了辖区20多家民航企事业单位主要领导和主管信息上报工作人员。她懂得团结就是力量，平时的行政相对人此刻成了她并肩作战的战友。

抗疫工作群不仅是各类信息的集散地，也是答疑解惑、资源共享的有力后方。为了保证信息及时准确，平超明确要求群内人员24小时随呼随应，并建立健全疫情防控即时性报告、日报告、周报告制度。截至目前，该群整理辖区疫情防控信息约万余份，上报文件近千份，有效保证了信息传递上报的及时性和有效性。

平超的居住地与单位相距几十公里，开展一次机场现场检查有时要往返150公里，她从不抱怨，从不推脱，积极前往一线开展疫情防控检查，为各单位把好疫情防控的方向舵。同时，她还利用民航黑龙江监管局非现场监管中心，开展民航各单位疫情防控工作远程监察。

从疫情开始至今，为完成相关工作，她放弃了太多与父母相伴的时间，一心投入到工作中。作为唯一的女儿，对于父母的支持理解，她于心有愧。但辖区民航疫情防控工作有序开展，她深感自豪。作为民航抗疫一线中的一员，她的付出也许并不独特，但却闪光而珍贵。

于细微之处见精神，于艰难之处显品格。这一年，平超心系疫情。非典时，她还在高考，有人为她负重前行；现在，她已是光荣的共产党员，越是艰难险阻，就越要冲在一线。

战“疫”尚未结束，她将继续以积极的工作态度、饱满的工作热情、奉献的工作精神坚定地站在疫情防控第一线，坚决打赢这场疫情防控阻击战。

（《中国民航报》，2020年12月3日2～3版）